周新源　著

Localized Construction: The Taicang Model of Modern Apprenticeship

本土化构建：

现代学徒制太仓模式

上海教育出版社
SHANGHAI EDUCATIONAL
PUBLISHING HOUSE

序

进入 21 世纪以来，我国职业教育的蓬勃发展，对我国经济社会发展和国家竞争力提高起着不可替代的作用。当今，我们正面临百年未有之大变局，如何于变局中开新局，有效地应对社会、经济和技术的快速发展，提高职业教育的适应性，从而进一步满足我国经济发展对技能人才的需求，这就对职业教育的发展提出了更高的要求。特别是在经济转型和高质量发展的进程中，如何有效地借鉴国际上先进的职业教育经验，并逐步形成具有中国特色的职业教育体系，切实构建起既符合职业人才培养的一般规律，又彰显我国人才培养特色的现代学徒制，是一个亟待着力研究和解决的重大课题。

2019 年 2 月，《国务院关于印发国家职业教育改革实施方案的通知》要求："借鉴'双元制'等模式，总结现代学徒制和企业新型学徒制试点经验，校企共同研究制定人才培养方案，及时将新技术、新工艺、新规范纳入教学标准和教学内容，强化学生实习实训。"2020 年 10 月，《中共中央关于制定国民经济和社会发展第十四个五年规划和二〇三五年远景目标的建议》进一步强调："加大人力资本投入，增强职业技术教育适应性，深化职普融通、产教融合、校企合作，探索中国特色学徒制，大力培养技术技能人才。"显然，研究和借鉴国际先进的学徒制职业教育的经验，并进行中国化、本土化实践，是推进我国职业教育改革发展和构建中国特色学徒制的客观需要，其出发点和归宿点是以人为本，培养数以亿计的高素质劳动者和数以千万计的专门人才，特别是大批能工巧匠和大国工匠。

太仓位于江苏省东南部，总面积只有 800 多平方公里，常住人口约 83 万。作为一个县级市，为何太仓的综合实力连续多年位列全国百强县（市）前十名？为何太仓能吸引众多德资企业落户，成为知名的"中国德企之乡"？为何太仓能荣登 2020 中国未来投资潜力百佳县市之首？这固然与太仓位于中国经济高度发达的"长三角"，地理位置优越、交通发达便利等因素有关，但更多的是与太仓职业教育的特色化发展密切相关。20年前，在中国国务院副总理李岚清和德国总理格哈德·施罗德等中德领导人的见证下，"太仓德资企业专业工人培训中心"在北京人民大会堂签约建立，为以上海为龙头的"长三角"德资企业密集地区技术工人的培养搭建了重要平台，使中德职教合作进入了一个新阶段。太仓市委市政府、相关部门和职业院校，不仅潜心于"双元制"的本土化实践，而且也完成了教育部、江苏省有关现代学徒制试点项目，初步构建了基于"双元制"本土化的现代学徒制模式，即太仓模式，形成了中—高—本、职前与职后相衔接的基于现代学徒制的人才培养体系。如今，太仓模式在中德两国都具有很高的知名度和影响力。这一诞生于太仓本土的现代学徒制，不仅成为太仓职业院校培养工匠人才的主要模式，而且成为孕育太仓高新企业能工巧匠的摇篮。

追溯"双元制"本土化的典范——太仓模式的形成，不能不提周新源同志。2000年，周新源一踏进职教界，就受命于中德职业教育合作项目的实施工作。借此合作项目载体，周新源多次赴德国考察学习，并受到德国先进职业教育理念的熏陶。他带领学校师生，经历了开拓性实践的磨炼，使得学校一直走在我国职业教育改革创新的前列。周新源从一名职业教育的门外汉，成为职业教育的行家里手。尤其难能可贵的是，在"双元制"本土化实践与探索的第一线，他主持了多项部省级科研课题和教改课题研究，在省级以上刊物发表了相关教育教学论文80多篇，并长期主动地与国内职教专家合作互动，始终不忘在探索的实践中提炼普适性的创新成果。例如，以基于"双元制"本土化的现代学徒制教学实践为主要内容的教育教学方案，就获得了三项国家级教学成果奖。国内许多领导、专家在考察研究太仓模式后一致认为，没有一个"把全部心灵献给学校"的校长，即便资源再丰富，机遇再难得，政策再优惠，基础再扎实，职业教育事业也不会自然地跃升至新高度。特别是，太仓模式所蕴含的"太仓职教文化"，更是周新源及其团队栉风沐雨、砥砺前行而成的创新性成果。

实践出真知。学徒培养的太仓模式和周新源孜孜不倦的实践，都凝聚在《本土化构建：现代学徒制太仓模式》这本专著里。专著从不同的视角对学徒制和现代学徒制进行了系统的比较研究，并按照"立足县域、凸现课程、注重特色"的思路，全面阐释了基于"双元制"本土化的太仓模式的基本内涵、构建方略、发展路径等，既有实践根基，又有理论升华。纵览全书，我以为其创新性体现在如下几个方面：

一是政府主导的观点。政府是我国职业教育改革发展的重要主体，其主导性作用的发挥，是借鉴国际先进职业教育经验，本土化构建中国特色学徒制的必要前提与制度保障。

二是多元融合的观点。职业教育是"跨界"的类型教育，主体多元性是其特征，多元深度融合形成发展合力，是借鉴国际先进职业教育经验，本土化构建中国特色学徒制的主要动力与基本路径。

三是课程开发的观点。课程始终是人才培养的核心，是学校服务学生的产品，立足本土资源，坚持创新思维，在课程目标、课程内容、课程结构、课程实施、课程评价等方面，按照工作过程系统化开发课程体系，是借鉴国际先进职业教育经验，本土化构建中国特色学徒制的根本保障与重要突破口。

四是以人为本的观点。教育功能是职业教育最重要的功能，无论是培养机制、培养内容，还是课程管理、效果评估，既要满足经济社会的需要，更要满足个性发展的需要，切实聚焦造就技术技能型和应用型创新人才，是借鉴国际先进职业教育经验，本土化构建中国特色学徒制的出发点和归宿点。

随着社会变革、生产技术的不断发展，社会发展对职业教育的要求将越来越高，而现代学徒制的太仓模式，在"质量""经济"和"效率"上因应了这一要求。毋庸置疑，专著的出版对探索中国特色学徒制，必将起到良好的示范作用，具有极大的推广价值和社会价值。

为此，我十分乐意向大家推荐周新源同志的专著《本土化构建：现代学徒制太仓模式》，也期望职业教育界能够出现更多更高水平的研究成果。

2021 年 10 月 31 日

前　言

2000年8月，笔者从江苏省太仓高级中学调到当时的江苏省太仓职业教育中心校（太仓工业学校）任校长，期间学校几经组合、升格分离、几度易名，一晃21年过去了。回想2000年接任职业学校校长时，笔者确实是存着几分迷茫和心虚的。一方面，在当时下岗潮和高校扩招的双重夹击下，我国一度火爆的职业教育突然出现了断崖式衰退，毕业生的就业前景和社会对职业教育的信心一同被摧毁，职业教育发展步入了一个低谷。另一方面，虽然普通高中教育与职业教育同属一个系统，但自己对职业教育的了解仅仅是听说职业学校学生生源差、管理难等负面信息，而对职业教育的专业、课程、教学等了解几乎是一片空白。

但可喜的是，随着我国经济转型、产业升级，高素质技术技能人才短缺的状况得以凸显，德国"双元制"职教经验及现代学徒制日益受到重视。更出乎笔者意料之外的是，前任校长已开始与德资企业洽谈合作组建太仓德资企业专业工人培训中心，酝酿"双元制"本土化事宜。这样，接替老校长筹建太仓德资企业专业工人培训中心，成了笔者参与基于"双元制"本土化的现代学徒制太仓模式构建的第一件具体工作。笔者在"双元制"本土化推进的理论探讨和实践探索中，从职教"幼稚生"一直读到了职教"硕士生"，使自己始终站在了世界职业教育战略高地上，领略世界最先进的职业教育理念和教育践行，带领学校师生始终走在了我国职业教育创新改革最前沿，顺利完成了组织交给的一项项任务和使命，初步构建起了基于"双元制"本土化的现代学徒制太仓模式；也让笔者从一名职业教育的门外汉，成长为比较称职的职业教育行家。

20年来，笔者接待了数百批来太仓考察学习太仓模式的地方政府官员、院校同行、企业人士和学者专家，听到很多人感慨"学不像"。2019年教师节后，笔者从校长位置上退下来，静下心来思考，基于"双元制"本土化的现代学徒制之所以在太仓成功，固然与太仓德资企业聚集的企业背景有关，但这绝对不是唯一因素，更不是决定因素。目前，现代学徒制不仅频繁地出现在重要的教育文件中，而且出现在了《中国制造2025》中，上升为了人力资源开发的国家战略。根据这样的战略定位，教育部已分别于2014年8月和2019年5月，下发了《关于开展现代学徒制试点工作的意见》和《关于全面推进现代学徒制工作的通知》，文件提出建立、推广"政府引导、行业参与、社会支持、企业和职业学校双主体育人的中国特色现代学徒制"。人力资源社会保障部、财政部也分别于2015年7月和2018年10月，颁布了《关于开展企业新型学徒制试点工作的通知》和《关于全面推行企业新型学徒制的意见》，推行以"招工即招生、入企即入校、企校双师联合培养"为主要内容的企业新型学徒制。2020年10月，《中共中央关于制定国民经济和社会发展第十四个五年规划和二〇三五年远景目标的建议》中强调探索中国特色学徒制。显然，如何结合地方实际、借鉴世界先进职教经验探索中国特色学徒制成了摆在我国广大职教工作者面前的一个重大课题。太仓基于"双元制"本土化的现代学徒制的实践与研究，对探索中国特色学徒制具有较好的借鉴和推广意义。2021年，刚好是太仓"双元制"本土化实施20周年，太仓市委市政府高度重视，将组织一系列庆祝活动，总结经验、推广成果。借此良机，笔者撰写这一专著以示祝贺。

现代学徒制广义的理解为开始于20世纪六七十年代，西方国家对学徒制改革后产生的一种学校本位学习与工作本位学习紧密结合的新的学徒制形态。笔者认为，"双元制"是一种德国特色学徒制，是一种世界先进现代学徒制的典型代表，尽管近年来受到产业结构调整、生产技术升级、高等教育扩张及劳动力市场对学历要求变化等挑战，但仍然在不断地改革发展，仍然是值得我国在探索中国特色学徒制征程中学习的榜样。21世纪以来，美国、英国、日本等西方国家也不断地推出学徒制改革的计划与政策，现代学徒制普遍成为国家人力资源开发战略的重要组成部分。笔者还认为，随着经济社会的不断发展、生产技术的不断升级，现代学徒制成为职业教育人才培养的重要形式是必然的选择，是世界的潮流。

全书分为五章，在对现代学徒制全面阐述基础上，分别对基于"双元制"本土化的现代学徒制太仓模式的内涵、内容、成效、课程等方面进行了比较详尽的阐发，其中课程建设是重点论述与阐发的关键内容。第一章为现代学徒制的概述，主要阐述学徒制及现代学徒制的发展、比较、现实状况与发展趋势等。第二章为现代学徒制太仓模式的总体介绍，主要阐述了现代学徒制太仓模式的发展、内涵、内容、成效等。第三章至第五章为现代学徒制太仓模式的重点介绍，主要阐述了现代学徒制太仓模式的课程建设，包括课程的架构、实施与管理。

毋庸置疑，太仓德资企业及与德资企业配套的上下游企业和技术性、服务性要求高的行业企业为现代学徒制太仓模式萌生和发展提供了沃土，政府是现代学徒制太仓模式健康运行的永恒火车头，深度融合的校企合作是现代学徒制太仓模式的生命力之源，各方不断自主创新是现代学徒制太仓模式发展的不竭动力。总之，现代学徒制太仓模式在太仓成功实施绝不是偶然，而是政校企行等多方共同努力的必然结果；现代学徒制在太仓成功实施绝不会是个案，具有地方特色的现代学徒制必将在中华大地遍地开花。

笔者才疏学浅，孤陋寡闻，又加上写作时间比较紧张，书中难免存在疏漏和不妥之处，特别是参考文献部分有可能遗漏，敬请读者不吝指正和原作者谅解。未尽之处，愿与广大职业教育理论、实践工作者继续共同探索。

周新源

2021 年 9 月 10 日

目　　录

第一章　现代学徒制概论

现代学徒制可以理解为现在正在流行的学徒制形态，也可理解为开始于 20 世纪六七十年代，西方国家对学徒制改革后产生的一种学校本位学习与工作本位学习紧密结合的新的学徒制形态。现代学徒制起源于西方发达国家，英国学徒制在 1993—2004 年期间正式使用现代学徒制（Modern Apprenticeship）概念。2010 年 7 月印发的《国家中长期教育改革和发展规划纲要（2010—2020 年）》中提出建立健全政府主导、行业指导、企业参与的办学机制，拉开我国职业教育探索现代学徒制的序幕。2014 年 6 月国务院印发的《关于加快发展现代职业教育的决定》，标志着现代学徒制作为重要国家战略并开始实施。同年 8 月，教育部印发的《关于开展现代学徒制试点工作的意见》推动我国现代学徒制进入实质推进阶段。2020 年 10 月，《中共中央关于制定国民经济和社会发展第十四个五年规划和二〇三五年远景目标的建议》第 44 条中提出"加大人力资本投入，增强职业技术教育适应性，深化职普融通、产教融合、校企合作，探索中国特色学徒制，大力培养技术技能人才"[①]，首次提出了探索中国特色学徒制，给我国社会各界提出了一个重大的改革课题。学徒制作为一个特定的概念，有其共同特征和范畴。我们研究和掌握学徒制具有一贯性的本质与现代性的特征，对于探索中国特色学徒制十分重要、非常必要。

第一节　学徒制概述

学徒制历史悠久，在世界各地流传很广，随着世界各国经济社会发展而发展、变化而变化。本节从学徒制的演变历程、学徒制的基本形态、学徒制的核心要素三个方面力求呈现学徒制的基本面貌。

---

① 中共中央．关于制定国民经济和社会发展第十四个五年规划和二〇三五年远景目标的建议［EB/OL］．（2020/10/29）［2020/12/1］.https://www.ndrc.gov.cn/fggz/fgdj/zydj/202011/t20201130_1251646.html.

一、学徒制的演变历程

学徒制的演变从中国学徒制的演变历程、西方学徒制的演变历程和中西方学徒制的演变比较三个部分展开阐述。

1. 中国学徒制的演变历程

学徒制又称艺徒制或师徒制，是我国技艺、知识传承的主要形式。我国古代工艺技术的传承，尤其是制造技术、冶炼技术、纺织技术、建筑技术等应用性科学技术的传承，无不是靠师徒制的方式来进行的[①]。中国学徒制历史悠久，其演化历程可划分为古代学徒制（原始社会至1840年鸦片战争前）、近代学徒制（1840年鸦片战争后至1949年中华人民共和国成立前）、现代学徒制（1949年中华人民共和国成立后至今）三个阶段。

（1）古代学徒制阶段

公元前至1840年鸦片战争前，在这漫长的时代，中国处于农耕经济和传统手工业经济的原始社会、奴隶社会和封建社会。期间技术称为"艺"，师傅称为"匠"。学徒制虽然社会地位很低，但在社会中低阶层还是普遍认可的。中国社会从非常简单的"刀耕火种"农耕技术发展到了刻镂、雕花等难度较大的工艺技术，社会技术水平得到了较大发展。先后出现了家传学徒制、民间学徒制、官营学徒制、行会学徒制四种类型，技艺、知识的传承主要是依附于生产，在家庭作坊或手工业作坊中进行。

此阶段的学徒制主要发生在农业、商业和传统手工业领域，如木工、零售等，也发生在医道等领域。主要特点有以下四点。第一，注重利益主体的关系。利益相关主体是师傅（雇主）和徒弟；随着官营手工作坊的建立和发展，唐代（618—907）开始出现了"少府监""将作监"等代表国家利益的相关主体；在民间，随着行会的建立和发展，唐代还开始出现了行会这个利益相关主体。在春秋时期（前770—前476）的齐国，规定子承父业，师徒之间是亲子关系；在战国时期（前475—前221），开始产生民间学徒制，师徒私人之间约定相关权利和义务，是私人关系；到唐代，开始出现行会学徒制，师徒之间签订受行会约束的契约来约定各种权利和义务，师徒之间开始契约化，但仍有明显的私人关系。师傅最初是父亲或兄长，民间学徒制师傅包括绝技在身的匠师或人手不够的作坊手艺人，官营学徒制师傅为国家征用的工艺名师，行会学徒制师傅则是雇主或技艺出众的手艺人，未见有具体的资格标准。一个师傅可带少量徒弟，为保

[①] 俞启定，和震.中国职业教育发展史［M］.北京：高等教育出版社，2012：21.

证行业不过度膨胀，有的行会还规定"出一进一"的限制[1]；"每店六年教一徒，此人未满六年，该店不准另入新人"[2]。第二，在发展中不断强化考核。学徒多为寒门子弟，开始学艺的年龄一般约在 7 岁至 17 岁之间。学徒期限根据工艺复杂程度确定，一般 3—6 年，也有少数例外，唐代时冠冕弁帻之工，学徒期限仅九个月。期满时经过师傅或行会准许才能出师，未见考试或考试合格才能出师的要求，但唐代官营学徒制十分重视考核，季试由令丞负责，年终的岁试则由少府监亲自主持[3]；考核时既重视质量，"视精粗利钝以为这赏罚"，又讲究时限，"其役有程"，还要阅其"多寡之数"[4]。第三，教学与生产合一。教学就在家庭作坊或手工业作坊进行，通常徒弟随师傅一起工作、甚至一起生活若干年，边工作（生活）边学习；宋代（960—1279）官营学徒制实行了编制"法式"教授学徒的方法。家传和民间学徒制的整个过程中，师徒不受他人或组织约束，但在官营学徒制和行会学徒制的整个过程中，师徒要受国家机构或行会监督管理。这阶段的学徒完全融入了师傅的家庭生活，他们不仅要学手艺，也要做各种家务[5]。第四，具有多种功能。古代学徒制均有技艺传承的教育功能、增加生产的经济功能、实现学徒个体社会化和社会分层的社会功能。家传和民间学徒制、行会学徒制还具有延伸家庭关系的社会功能。行会学徒制还有控制竞争的经济功能。

（2）近代学徒制阶段

1840 年鸦片战争后至 1949 年中华人民共和国成立前，中国的经济、政治、社会、文化体制发生了巨大变化。1840 年鸦片战争后，中国从封建社会进入了半殖民地半封建社会，国家政权体制发生了根本性变革，从帝国专制走向了威权政体（authoritarianism）[6]。人们在意识形态上抛弃了重农抑商的理念，西方教育理念随着鸦片战争的商品一起传入中国，开始提倡实行普遍平等教育的理念。连年战争，"流民甚繁"；民族工业兴起，西方工业化生产技术对中国传统手工业技艺构成了强烈冲击。传统手工业的学徒制转向工厂学徒制，呈现了如下显著变化：一是形成官局学徒制和行会学徒制并列为主的技能形成格局，并在清末民初工业化浪潮中，萌芽了"企校一体"的学徒技能形成方式；二是技艺、知识传承主要是依附于生产，在手工作坊、工场或工厂中进行。学徒制主要发生在商业、手工业和工业领域，如刻字、纺织、机械等。三

① 俞启定，和震.中国职业教育发展史[M].北京：高等教育出版社，2012：27.
② 李华.中国资本主义蓝牙问题论文集[M].南京：江苏人民出版社，1983：95.
③ 俞启定，和震.中国职业教育发展史[M].北京：高等教育出版社，2012：23.
④ 俞启定，和震.中国职业教育发展史[M].北京：高等教育出版社，2012：25.
⑤ 关晶.职业教育现代学徒制的比较与借鉴[M].长沙：湖南师范大学出版社，2016：7.
⑥ 王星.现代中国早期职业培训中的学徒制及其工业化转型[J].北京大学教育评论，2016（7）：84.

是除了师傅（雇主）、徒弟和行会或商会利益相关主体外，还有代表国家力量的利益主体——工艺局。在清末民初的行会学徒制中，学徒工带有双重属性——作为廉价劳动力从事生产同时以学徒身份学习谋生技能[1]。师（雇主）徒相互之间签订受行会或工艺局约束的契约来约定各种权利和义务，师傅与徒弟之间基于技能和经济交换的伦理性师生关系减弱了，取而代之的是二者同属雇工的基于自由契约的竞争性关系。四是行会学徒制师傅，一般是雇主或技艺出众的手艺人，未见有具体的资格标准；官局学徒制师傅是工匠晋升而来的匠目和工师。五是清末民初，一个师傅招收学徒工数量受限的行规被打破了，比如上海的眼镜业、履业、油漆木器业以及北京的理发业等行业都取消了对学徒工数量的限制，技术工人与学徒工数量比例失衡。根据 1924 年包立德和朱积权所调查的 207 家地毯厂数据，这些手工工场共雇佣劳工 6834 人，其中学徒工为 5066 人，约占 74.1%，技术工人与学徒工的比例为 1∶2.9[2]。官局学徒制打破了行会学徒制封闭世袭传承，转向社会公开招募学徒。六是此阶段行会学徒制学徒开始学艺的年龄一般约在 12 岁至 18 岁之间，根据行业不同对招收的学徒有文化程度上的不同要求，并要求学徒遵守相关宗法礼俗和行业纪律；官局学徒制学徒开始学艺的年龄一般约在 16 岁至 22 岁之间，且要求"身家清白，体质强壮，毫无疾病者，能稍识字者"[3]，以游民和贫民为主，对于不符合工匠招募年龄要求但"愿来习艺者"的"孤贫幼童"，工艺局也要"亦准取保挂号，挨次传补"[4]。学徒制年限一般 3 年，期满时就出师，未见考试或考试合格才能出师的要求，到民国时期，资本家实施"满一批、散一批"策略，满徒即失业。七是教学与生产合一，教学就在手工作坊、工场或工厂中进行；在工艺局设立的工厂中，"凡工执十有六类，均令一面作工，一面授徒"[5]。到清末民初，工艺局创办实习工场，操作机器设备的技能成为学徒学习的主要内容；晚清时期，在洋务企业或实业工厂中兴起了企校一体的学徒制培训模式[6]。或附设半日学堂，学徒半天在厂办学堂学习文化理论知识，半天在生产车间学习生产技术。或附设夜学堂，学徒白天参加生产学习技术，晚上在学堂学习文化理论知识。或附设讲堂，工厂每天在工作时间为学徒安排一二小时文化知识、工艺理论等内容的讲课。但到了清末民初，时局动荡，随着资本主义的发展壮大，学徒工长时甚至超时劳动，极大压缩其技能学习时间的现象非常普遍，

---

① 王星. 现代中国早期职业培训中的学徒制及其工业化转型[J]. 北京大学教育评论，2016（7）：87.
② 王星. 现代中国早期职业培训中的学徒制及其工业化转型[J]. 北京大学教育评论，2016（7）：92.
③ 王星. 现代中国早期职业培训中的学徒制及其工业化转型[J]. 北京大学教育评论，2016（7）：88.
④ 王星. 现代中国早期职业培训中的学徒制及其工业化转型[J]. 北京大学教育评论，2016（7）：88.
⑤ 王星. 现代中国早期职业培训中的学徒制及其工业化转型[J]. 北京大学教育评论，2016（7）：88.
⑥ 王星. 现代中国早期职业培训中的学徒制及其工业化转型[J]. 北京大学教育评论，2016（7）：89.

技能培训式微，沦为了阶级剥削的工具。师徒要受国家机构或行会监督管理，如官局学徒制建立起了制度化的技能等级晋升机制，把技能等级由低到高依次分为工徒—工匠—匠目—工师—艺士五级，并规定晋升要求。八是近代学徒制均有技艺传承的教育功能，增加生产、控制竞争的经济功能，延伸家庭关系、实现学徒个体社会化、社会救助和社会分层的社会功能，但与古代学徒制相比，技艺传承、控制竞争、延伸家庭关系的功能有所弱化，而增加生产的功能却畸形增加。

（3）现代学徒制阶段

1949年中华人民共和国成立至今，中国进入了社会主义社会。期间国家经济、社会、教育等发生了翻天覆地的变化，技术水平先后交叉重叠经历了机械化、电气化、自动化、新材化、信息化五个阶段；生产力从以手工业为主的手工工业水平跨越到了知识经济水平；教育从精英教育理念发展为以人为本、大众化教育、终身教育理念。各类企业工业生产成为主要的劳动组织形式。

此阶段的学徒制，仅是指一种线性时间上的学徒制，与下面部分"西方学徒制的演变历程"中的现代学徒制是有区别的。受国家政治、文化及意识形态的影响，我国解放以来学徒制变化较大，且呈现明显的跳跃和断层，很难用具体形态来描述其演变历程。鉴于这种情况，本部分从学徒制改造时期、学徒制波折时期、学徒制恢复时期、学徒制试点前期、学徒制试点时期五个时期就其呈现出的形态特点对我国现代的学徒制进行梳理。

第一，学徒制改造时期。是指从1949年新中国成立起至1958年大跃进时期的学徒制。此阶段，不再使用"学徒制"的称呼，取而代之的是"学徒培训"；借鉴苏联模式，产业管理部门设立企校一体的职业教育形态——"技工学校"。"学徒培训"和"技工学校"去除了近代学徒制中的剥削成分，本质上还是学徒制形态。如1954年4月，劳动部制定的《技工学校暂行办法（草案）》规定：技工学校以培养四级技工为主，学习期限一般为两年；技术实习占50%—60%，技术理论、政治、文化、体育等课程占40%—50%；技工学校学生生活待遇采取人民助学金制度；毕业生由产业管理部门分配工作等①。又如1958年2月国务院发布的《关于国营、公私合营、合作社营、个体经营的企业和事业单位的学徒的学徒期限和生活补贴的暂行规定》规定：师徒之间应订立合同；学徒期限原则上为三年，不得少于两年；学徒所在单位参照当场或本行业一般低级

① 中华人民共和国劳动部. 技工学校暂行办法（草案）［EB/OL］.（1954/5/25）［2020/12/1］.https://baike.baidu.com/item/.

职工的伙食费加少许零用钱按月给学徒发放生活补贴等等[①]。此时期这种学徒制形态是当时我国技术人才培养的主要方式。

第二，学徒制波折时期。是指从1958年"大跃进"后至1976年文革结束时期的学徒制。此阶段在"左"的路线影响下，我国学徒制处于混乱、破坏状态。许多企业大量招收学徒工，自行缩短或变相缩短学徒期限，甚至出现了学徒只接受几天简单培训就被分配到工作岗位从事生产劳动的情况。许多技工学校并不具备办学条件，在教学中也片面强调生产劳动，忽视理论知识和基本技能的培训，"以干代学"的情况比较普遍[②]；技工学校数、在校生数经历了猛增、骤减、提增的折腾，整体教学质量相比学徒制改造时期偏低。

从1958年开始到"文革"开始后结束，我国进行了具备西方现代学徒制基本特征——工作本位学习与学校本位学习相结合的半工半读教育试验。为贯彻"教育与生产劳动相结合"的教育方针和满足人民升学意愿以及国家级经济建设需要，1958年5月30日，刘少奇同志在中共中央政治局扩大会议上提出实行"两种教育制度、两种劳动制度"的建议。此后，半工半读教育试验在全国展开。半工半读以"又红又专、能文能武、既能体力劳动又能脑力劳动的新型劳动者"为培养目标；以工厂企业办学居多；学生有一定的生活补贴；学制一般为四年；生产劳动和教育教学时间比约为1：1（如工厂职工半工半读，是工厂每天用1—2个小时或每周用两个半天时间统一组织教育教学）；学生参加生产劳动时，除定工种、定岗位外，还定师傅。到1965年底，全国半工（农）半读学校达7294所，在校生达126.6万人[③]。"文革"开始后，"两种教育制度"、半工半读学校也被错误地当作"修正主义教育路线"和"资产阶级教育制度"的体现而遭到批判，半工半读教育试验就此结束[④]。

第三，学徒制恢复时期。是指从1976年"文革"结束后至1991年《关于大力发展职业技术教育的决定》前的学徒制。从1978年开始，我国实行对外开放、对内改革政策。期间，中共中央、国家经委、国家劳动总局、教育部多次发布有关技工学校、学徒培训、职业教育的文件。如1979年2月国家劳动总局颁布的《技工学校工作条例（试行）》规定：根据工种、专业性质不同，招生对象分别为具有初中毕业和高中毕业未婚

---

① 中华人民共和国国务院．关于国营、公私合营、合作社营、个体经营的企业和事业单位的学徒期限和生活补贴的暂行规定［EB/OL］．（1958/11/16）［2020/12/1］.https://law.lawtime.cn/d658508663602.html.

② 关晶．职业教育现代学徒制的比较与借鉴［M］．长沙：湖南师范大学出版社，2016：237.

③ 李蔺田．中国职业技术教育史［M］．北京：高等教育出版社，1994：311.

④ 关晶．职业教育现代学徒制的比较与借鉴［M］．长沙：湖南师范大学出版社，2016：243.

青年，招收初中毕业生的学习年限为 3—4 年，招收高中毕业生的学习年限为 2 年[①]。从1979 年到 1983 年底的 5 年内，技工学校的毕业生就有 130 余万人，超过了过去 30 年的总数[②]。1989 年 5 月 10 日，劳动部发布了《关于技工学校深化改革的意见》，提出技工学校必须建立实习工厂，争取在 1995 年达到上生产实习课时生均一个工位等[③]。再如 1981 年 5 月，国家劳动总局颁布的《关于加强和改进学徒培训工作的意见》规定：学徒的学习期限依据工种技术复杂程度而定，一般为三年，不得少于两年；学徒培训期间学习技术理论知识的时间不少于 1/3；要给学徒定期轮换产品或操作岗位，使之掌握多种操作技能；必须签订师徒合同，实行包教包会等等[④]。

1983 年 10 月，我国进行了在上海电子工业学校、湖北十堰汽车技工学校、武汉的湖北啤酒学校和天津中德现代工业技术培训中心等个别学校引进德国"双元制"模式试点。1985 年 5 月，又启动了苏州、无锡、常州、沙市、芜湖和沈阳六城市区域性"双元制"改革试验。无论是"双元制"模式试点还是"双元制"改革试验，由于诸多问题，特别是市场经济条件下的产学合作机制缺失，最终都是效果有限、难以推广。

第四，学徒制试点前期。是指从 1991 年《关于大力发展职业技术教育的决定》颁布后至 2014 年《关于加快发展现代职业教育的决定》前的学徒制。1991 年 10 月，国务院颁布了《关于大力发展职业技术教育的决定》，首次在我国政策文件中使用了"产教结合、工学结合"的提法。其后，在我国的《职业教育法》和其他政策文本中，多次出现"产教结合""工学结合"或类似的"校企合作""半工半读""工学交替"的提法，虽然没有出现"学徒制"的表达，但我们可以把这些实践看作是我国 2014 年 5 月提出开展现代学徒制试点的前期探索。

在此时期，我国提出了建立社会主义市场经济体制，各项改革不断深入，企业改革特别是国企改革同时波及了学徒培养改革，后来只有很少企业还提供学徒培训；技工学校实行了"自主招生""自主择业""宽进严出""调整撤并""划转地方"等改革，技工教育的"学徒制"特征模糊、丢失。同时，依托各种各样的校企合作，几乎所有的职业院校，包括技工院校都以不同形式和不同程度地进行了以"工学结合"为主要内容的

① 中华人民共和国劳动总局 . 技工学校工作条例（试行）[EB/OL].（1979-2-20）[2020/12/2].http://www.law-lib.com/law/law_view.asp?id=43883.
② 俞启定，和震 . 中国职业教育发展史[M].北京：高等教育出版社，2012：167.
③ 中华人民共和国劳动部 . 关于技工学校深化改革的意见[EB/OL].（1989-5-10）[2020/12/3]. http://www.law-lib.com/law/law_view.asp?id=99097.
④ 中华人民共和国劳动总局 . 关于加强和改进学徒培训工作的意见[EB/OL].（1981-5-21）[2020/12/3].中华人民共和国劳动总局 . 技工学校工作条例（试行）[EB/OL].（1979-2-20）[2020/12/2]. https://china.findlaw.cn/fagui/p_1/88983.html.

职业教育改革。院校参考国家有关专业的教学大纲或教学标准，结合地方标准，根据合作企业实际，在院校和企业进行各种各样教学组织形式的工学交替。学生与企业通常没有契约合同关系，学生没有学徒身份，以学校本位学习为主，从严格意义上讲，它不是中国的"现代学徒制"[1]。随着政策导向的不断清晰化，来自基层的实践探索也不断加强。据不完全统计，2014年底前全国以"现代学徒制"或"双元制"为名的实践探索项目超过90个，其中大量开始于2010年以后[2]。

第五，学徒制试点时期。是指从2014年《关于加快发展现代职业教育的决定》颁布后至今的学徒制。2014年5月，国务院《关于加快发展现代职业教育的决定》提出："开展校企联合招生、联合培养的现代学徒制试点，完善支持政策，推进校企一体化育人。"[3]当年8月，教育部颁布《关于开展现代学徒制试点工作的意见》（教职成〔2014〕9号），提出"逐步建立起政府引导、行业参与、社会支持，企业和职业院校双主体育人的中国特色现代学徒制"[4]。此后，分三批遴选了共562个行业组织、地区、企业、职业院校并开展了试点工作，成立了全国现代学徒制工作专家指导委员会、设立专家库，并分批组织了验收。2015年7月，人力资源社会保障部办公厅、财政部办公厅颁布《关于开展企业新型学徒制试点工作的通知》（人社厅发〔2015〕127号），在北京、天津、内蒙古、辽宁、上海、江苏、山东、河南、广东、重庆、四川、甘肃等省（区、市）开展企业新型学徒制试点工作，每个省（区、市）选择3—5家大中型企业作为试点单位，每家企业选拔100人左右参加学徒制培训；在企业推行以"招工即招生、入企即入校、企校双师联合培养"为主要内容的企业新型学徒制，进一步发挥企业的培训主体作用，通过企校合作等方式，组织有培训需求的企业技能岗位新招用人员和新转岗人员参加新型学徒培训，探索企业职工培训新模式，完善政策措施和培训服务体系，加快企业后备技能人才的培养[5]。2018年10月，人力资源社会保障部、财政部发布了《关于全面推行企业新型学徒制的意见》（人社部发〔2018〕66号），全面推行以"招工即招生、入企即入校、企校双师联合培养"为主要内容的企业新型学徒制，通过企校合作、工学交替方

① 关晶.职业教育现代学徒制的比较与借鉴［M］.长沙：湖南师范大学出版社，2016：230.
② 关晶.职业教育现代学徒制的比较与借鉴［M］.长沙：湖南师范大学出版社，2016：273.
③ 中华人民共和国国务院.关于加快发展现代职业教育的决定［EB/OL］.（2016-6-22）［2020-12-3］.http://www.gov.cn/zhengce/content/2014-06/22/content_8901.htm.
④ 中华人民共和国教育部.关于开展现代学徒制试点工作的意见［EB/OL］.（2014-8-27）［2020-12-5］http://www.moe.gov.cn/srcsite/A07/s7055/201408/t20140827_174583.html.
⑤ 中华人民共和国人力资源社会保障部办公厅，财政部办公厅.关于开展企业新型学徒制试点工作的通知［EB/OL］.（2015-8-3）［2020-12-5］http://www.mohrss.gov.cn/zynljss/ZYNLJSSzhengcewenjian/201508/t20150803_216721.html.

式，组织企业技能岗位新招用和转岗等人员参加企业新型学徒培训，促进企业技能人才培养，壮大发展产业工人队伍[①]。2019年5月，教育部办公厅发布了《关于全面推进现代学徒制工作的通知》（教职成厅函〔2019〕12号），在国家重大战略和区域支柱产业等相关专业，全面推广政府引导、行业参与、社会支持、企业和职业学校双主体育人的中国特色现代学徒制[②]。

2. 西方学徒制的演变历程

西方国家是指欧盟国家、北美国家、澳大利亚和新西兰等发达国家，这些国家历史上存在亲缘的关系，文化上一脉相承。以学徒制形态的变化为主要依据，关晶教授将西方国家的学徒制演化历程划分为前学徒制（史前至11世纪）、手工业行会学徒制（约11世纪至15世纪）、国家干预的行会学徒制（约16世纪至18世纪）、集体商议的工厂学徒制（约19世纪至20世纪中叶）、现代学徒制（约20世纪中叶至今）五个阶段[③]。

（1）前学徒制阶段

史前至11世纪，西方国家处于小农经济的封建等级社会，贵族教育和精英教育理念占统治地位，社会技术水平极低，以家庭作坊为劳动组织形式。

此阶段的学徒制主要发生在传统手工业领域，如木匠、鞋匠等，利益相关主体就是师傅和徒弟。师徒之间往往是父子或养子关系，相互之间以不成文的私人合同约定各种权利和义务。师傅通常是社会认可的手艺人，一个师傅可带若干个徒弟。学徒开始学艺的年龄一般约为13岁至成人之间，学徒期限不固定，也无出师满徒的标准。师徒之间的教与学伴随着生产和生活在家庭作坊随意发生，在做中学过程中师傅口传、示范与徒弟模仿（包括试错），是完全的工作本位学习，整个过程由师傅个人对学徒培训监督管理。师傅不仅要教学徒工艺技能，还要向学徒传授道德规范等，使其成为社会公民[④]。

前学徒制在完成技艺传承教育功能的同时实现增加生产的经济功能，还能延伸家庭关系，实现学徒个体社会化的社会功能。

（2）手工业行会学徒制阶段

约11世纪至15世纪，西方国家处于小农经济和城市手工业经济繁荣的封建等级

---

① 中华人民共和国人力资源社会保障部，财政部.关于全面推行企业新型学徒制的意见［EB/OL］.（2018-10-27）［2020-12-5］http://www.gov.cn/xinwen/2018-10/27/content_5334950.htm#1.

② 中华人民共和国教育部.关于全面推进现代学徒制工作的通知［EB/OL］.（2019-5-15）［2020-12-5］http://www.moe.gov.cn/srcsite/A07/s7055/201906/t20190603_384281.html.

③ 关晶.职业教育现代学徒制的比较与借鉴［M］.长沙：湖南师范大学出版社，2016：1.

④ 关晶.职业教育现代学徒制的比较与借鉴［M］.长沙：湖南师范大学出版社，2016：4.

社会,贵族教育和精英教育理念仍然占统治地位,手工技术水平得到了迅速发展,家庭作坊仍然为主要的劳动组织形式。

此阶段的学徒制主要发生在传统手工业和商业领域,如制衣、批发等,利益相关主体除师傅和徒弟外,还出现了行会这个关键主体。师徒之间开始契约化,但仍有明显的私人关系,相互之间签订受行会约束的契约来约定各种权利和义务。师傅通常是行会认可的手艺人,有具体的资格标准。一个师傅可带2—3个徒弟,如学徒多,师傅要雇用工匠助教。学徒是城市自由民子弟,开始学艺的年龄一般约为14岁至21岁之间,学徒期限5—7年,期满要按要求考试合格才能出师。教学与生产合一,教学就在工作场所进行,在做中学过程中仍为师傅口传、示范与徒弟模仿(包括试错),是完全的工作本位学习。在整个过程中,师徒要受行会监督管理。这阶段的学徒完全融入了师傅的家庭生活,他们不仅要学手艺,也要做各种家务[①]。

手工业行会学徒制在完成技艺传承教育功能的同时实现增加生产、控制竞争的经济功能,与前学徒制一样还能延伸家庭关系,实现学徒个体社会化的社会功能。

(3)国家干预的行会学徒制阶段

约16世纪至18世纪,西方国家进入城市手工业生产力水平时期,封建社会逐步瓦解,资本主义社会开始崛起,贵族教育和精英教育理念还是占统治地位,社会技术以手工业技术为主,机器工业技术得到初步发展,家庭作坊和手工业工场为主要的劳动组织形式。

此阶段的学徒制主要发生在传统手工业、商业外,还发生在重工业领域,如矿业等,除师傅、徒弟、行会外,国家也成了利益相关的主体。师徒之间签订受国家法令规范的契约来约定各种权利和义务,师徒关系是带有利益冲突的雇佣劳动关系。师傅还是行会认可的手艺人,有具体的资格标准。一个师傅还是可带2—3个徒弟,如学徒多,师傅还要雇用工匠助教。学徒仍为城市自由民子弟,开始接受私生子、孤儿、流浪儿、穷人或犯人的孩子成为学徒。还开始要求学徒要有一定的读、写、算等方面的基础。学徒开始学艺的年龄一般约为14岁至21岁之间,学徒期限仍为5—7年,期满也要按要求考试合格才能出师。在教学实施上,这一阶段学徒制的教学内容与教学方法并没有明显改变[②]。教学地点是工作场所,教学方法是做中学,还是完全的工作本位学习,整个过程中师徒要受国家机构、行会监督管理。

国家干预的行会学徒制也在完成技艺传承教育功能的同时实现增加生产、控制竞

---

① 关晶.职业教育现代学徒制的比较与借鉴[M].长沙:湖南师范大学出版社,2016:7.
② 关晶.职业教育现代学徒制的比较与借鉴[M].长沙:湖南师范大学出版社,2016:10.

争的经济功能,还实现了帮困济贫和学徒个体社会化的社会功能。

（4）集体商议的工厂学徒制阶段

约19世纪至20世纪中叶,西方国家进入工业化时代,资本主义民主社会形态建立,学校教育大众化理念兴起和"俄罗斯制"产生,社会技术以机器工业为主,手工业工场和工业工厂成为主要的劳动组织形式。

此阶段的学徒制主要发生在传统手工业、商业外,还广泛地发生在工业领域,相关利益者增多,除师傅、徒弟、行会外,出现了雇主和工会两个利益相关主体,而国家干预作用衰弱。师徒之间签订受国家法律保护的正式合同来约定各种权利和义务,师徒关系是建立在教学契约基础上的师生关系。师傅不再一定是行会认可的手艺人,而是企业的工作领班或熟练工人,也无明确的资质标准要求。一个师傅还是可带若干个徒弟,一般有多名熟练工人助教。学徒也近无资格要求,面向各种劳动阶层子弟,开始学艺的年龄一般仍约在14岁至21岁之间,学徒期限仍为5—7年,期满没有相应的考试把关,更不再要求考试合格就能出师。在教学实施上,教学地点仍是工作场所,教学方法仍是做中学,还是完全的工作本位学习,最大的变化在于教学内容的片段化和简单化[1],整个过程中师徒要受工会和行会监督管理。

集体商议的工厂学徒制在技艺传承教育功能上大大减弱,沦为了简单的技能培训,雇主倾向把学徒当成廉价劳动力,关注榨取更多的剩余价值,同时实现了社会分层和学徒个体社会化的社会功能。

（5）现代学徒制阶段

约20世纪中叶至今,西方国家进入知识经济时代,社会民主制度得到完善,教育大众化理念进一步深入,教育公平、教育民主主张得到广泛认可,终身学习成为潮流,现代科学技术引领生产,企业工业生产成为主要的劳动组织形式。

此阶段的学徒制主要发生在传统手工业、商业、工业外,还广泛地发生在服务业等其他领域,相关利益者众多,有国家、师傅与教师、徒弟、行会、工会、雇主、学校和第三方培训或中介机构等,重要的是国家重新成为学徒制的相关利益主体,还出现了学校这个特殊主体。师徒之间签订受国家法律保护的正式合同来约定各种权利和义务,师徒关系是建立在教学契约上的师生关系。师傅由企业的熟练工人和学校的教师共同担任,一般都各有明确的资质标准要求。多个师傅共同带若干个徒弟。学徒通常是完成了义务教育后的年轻人,呈现年龄限制放宽、面向所有人群的趋势,学徒期限一般为3年,也可依据培养计划和完成情况灵活确定。期间,学徒通常要接受专门的考试,考

---

① 关晶.职业教育现代学徒制的比较与借鉴[M].长沙:湖南师范大学出版社,2016:16.

试合格获得专门的职业资格证书才能满徒出师。在教学实施上，教学地点是工作场所和学校，教学方法是做中学、学中做，理论教学和实践教学结合，工作本位学习和学校本位学习交替，整个过程中师徒要受国家机构、工会和行会监督管理。

现代学徒制是正规职业教育的重要组成部分，实现了综合技能培训和综合职业素养培养的教育功能，具有人力资源开发的功能和构建终身学习社会、促进学徒个体社会化的社会功能。

3. 中西方学徒制的演变比较

从中西方学徒制的历史演变可以看到，学徒制是人类文明最灿烂的明珠之一，伴随着人类的发展，生生不息，其演变与中西经济、社会、政治、文化等变化密切相关。中西方学徒制均起源于家庭、民间学徒制。在历史长河中，一方面，在私人间，出于祖传绝技不外传或边谋生、边学艺等原因，家庭、民间学徒制在传统手工业和农村地区等领域还大量存在（包括改革开放初期的大量农民工技能学习），延续至今。另一方面，在公共社会，家庭、民间学徒制经历了各种形态的变化，走向了工作本位学习和学校本位学习相结合的现代学徒制。

另外可以看到，中西学徒制的内涵是一致的，形态是相似的，功能是相近的。但还应该看到，由于中西经济、政治、社会、文化等不同，在家庭、民间学徒制以后的演变中是有区别的（表1-1）。

表1-1　中西方学徒制历史演变对照表

年代	中国	西方
唐代 （960—907）	设立少府监和将作监，官营学徒制成熟，开始建立行会学徒制	
宋代 （618—1279）	编制"法式"教授学徒	
中世纪晚期 （约14世纪）		行会学徒制出现；满徒时行会组织考核学徒是否合格
16世纪初		手工工场出现，资本主义萌芽，师徒关系转变为雇佣关系
16世纪中叶		1563年，英国颁布《工匠学徒法》，标志对学徒制实施国家干预
清代 （1644—1911）	行会学徒制盛行	

（续表）

年代	中国	西方
清末 （1840 年后）	行会垄断被打破，行会学徒制衰退，官局（工厂）学徒制和行会学徒制并列为主	
19 世纪—20 世纪初		二次工业革命后，传统学徒制崩溃，1869 年，确立经营自由制的《北德意志联邦工商条例》颁布，集体商议的工厂学徒制取而代之，学校职业教育登上主舞台。1897 年标志行会学徒制在工业时代重生的《手工业者保护法》颁布
清末民初 （1911 年前后）	学徒制异化沦为剥削的工具	
1938		德国标志对青年接受普通职业义务教育作了全国性规定的《义务教育法》颁布
1949—1958	学徒培训＋技工学校	1953 年，德国标志企业界对学徒制义务职责的《手工业条例》颁布
1958—1976	学徒制严重破坏＋半工半读试验流产	1964 年，德国教育委员会在《对历史和现今的职业训练和职业学校教育的鉴定》中首次使用了"双元制"一词
1976—1991	学徒培训加强＋技工学校发展＋"双元制"试点、改革试验	20 世纪 80 年代末，学徒制改革掀起高潮，学徒制重生
1991—2014	工学结合	2012 年，欧盟 27 国，全部实施了企业本位学徒制，其中 24 国实施了学校本位学徒制
2014 年以来	现代学徒制试点与推广	

（1）学徒制的制度形态水平不同

西方的行会是个准公共性权力组织，实行"强制会籍制"。如日本学者细谷俊夫所言，学徒制被纳入了行会的管理，至此，学徒制从私人性质的制度向公共性质的制度过渡①。西方行会学徒制是学徒制从前制度形态向制度形态转变的标志和开始，国家干预的行会学徒制是国家通过立法对学徒制的实施进行干预，理论上讲是对学徒制管理的层次提高了。现代学徒制与其他学徒制相比，既受国家法律保护，又受国家机构的统

---

① 细谷俊夫. 技术教育概论［M］. 北京：清华大学出版社，1984：19.

筹，制度性得到极大加强。所以说，西方学徒制总体是一种制度形态的学徒制。

中国行会组织合法化和制度化晚（清末民初）。行会学徒制的入会或退会相对自由，是非强制性的，而不同于西方的"强制会籍制"；在行会组织内部治理上是高度自治的，但并没有获得类似西方行会组织的准公共性权力。另外，行会组织具有分散性、区域性的特点，从未对学徒制形成统一管理规范。同时，我国历史上也并未出现过对学徒制进行全面规范的立法学徒①。较多的以讲话、政策文本来管理、统筹学徒制。所以，我国学徒制还不能称为是完全制度形态学徒制。

（2）学徒制的制度管理重点不同

西方学徒制注重学徒制宏观管理的设计，如通过法律法规的制订，关注学徒制与其他制度形态的匹配及对其运行和作用过程的影响。如1563年英国颁布《工匠学徒法》，1894年澳大利亚颁布了第一部学徒制法案《新南威尔士学徒法案》，1897年德国颁布标志行会学徒制在工业时代重生的《手工业者保护法》，1937年美国颁布了建立和发展学徒计划的《国家学徒制法案》，1953年德国颁布标志企业界对学徒制义务职责的《手工业条例》，1930年瑞士颁布学徒制发展史上重要里程碑意义的《联邦职业教育法》，1971年法国颁布确定学徒制法律地位的《吉沙德法案》（又称《学徒制法案》），等等。

中国学徒制注重学徒制微观管理的设计，如"法式"、教本。作为教授学徒的指南，如《营造法式》《弓式》，关注的是学徒制的技能传承过程、技巧与效果。宋代已有"法式"教授学徒，即在总结生产经验的基础上，编制各种技术操作规范，内容包括"名例""功限""料例""图样"等②。明代以后，工艺传艺的教本陆续问世，如有关光学食仪器制作技术的《镜史》，油漆工艺的《髹饰录》和著名的工艺百科全书《天工开物》等。关于学徒制技能培训的核心议题，例如学徒制的管理权、学徒制技能考核与认证权以及学徒制制度属性认定（是属于劳动雇佣制度还是教育制度）等方面，在中国行会学徒制工业化转型中均没有涉及③，在整个演变史中也没有重点关注。

（3）学徒制的国家干预方式不同

从16世纪中叶开始，西方国家通过立法对学徒制的实施进行各种干预。如1563年，英国颁布《工匠学徒法》规定：每个学徒都要签署书面契约；只有不是劳工和农民的城市自由民子弟才有当学徒的权利；学徒期为七年；完成了学徒制并年满24岁才可以从业；师傅带三个徒弟，就必须还请一名工匠；之后每增加一个徒弟就要增加一个工

① 关晶. 职业教育现代学徒制的比较与借鉴 [M]. 长沙：湖南师范大学出版社，2016：16.
② 吴玉琦. 中国职业教育史 [M]. 长春：吉林教育出版社，1991：12.
③ 王星. 现代中国早期职业培训中的学徒制及其工业化转型 [J]. 北京大学教育评论，2016（7）：99.

匠；违规者要受到起诉。1733 年，德国普鲁士地区颁布了保证行会特权的法令，采取由国家对学徒制实行统一管理。

中国国家对学徒制的干预比西方早，西周（前 770—前 256）工商食官制度下的官营手工作坊就开始学徒训练。通常国家设立机构建立官营作坊或官办工业部门直接参与学徒训练、管理。据《新唐书·百官志》记载，少府监（或称内府、尚方）"掌百工技巧之政"。朝廷在太府寺下建有织染、冶炼等官营作坊，一边生产，一边教授徒弟。在清末民初，由于民间手工部门与官办工业部门的学徒制彼此分立，国家干预也更多集中于官办工业部门，而对民间手工业中的学徒制干预较少。

（4）学徒制的历程延续程度不同

西方学徒制从史前的前学徒制开始，经历了行会学徒制、国家干预的行会学徒制、集体商议的工厂学徒制，到 20 世纪六七十年代进入现代学徒制，尽管学徒制的组织制度复杂化，教学组织不断变革，功能不断演化，学徒制的发展历程是延续完整的。

中国学徒制呈现出较为明显的跳跃和断层[①]，主要体现在近、现代的学徒制上。一是学徒制工业化转型时期，自然灾害及连年战争，劳动力供给远远大于岗位需求；生产过程对技术工人的依赖性减弱，学徒制异化沦为剥削的工具，学徒制形态异化、功能畸形。二是"文革"十年中，学徒制名不存，实际消亡了。另外，新中国成立后，学徒培训、半工半读、校企合作、工学结合、工学交替等提法众多、变化频繁，也对我国学徒制的演变延续性造成了一定影响。

二、学徒制的基本形态

学徒制形态是指学徒制存在的形式和状态。学徒制自产生之日起，发展演化至今，有着不同的表现形式和状态。依据学徒制的组织化程度和制度化水平，可以将学徒制分为制度形态学徒制和非制度（民间）形态学徒制；依据学徒制赖以运行的场所或空间划分，学徒制可以划分为作坊学徒制、工场学徒制和工厂学徒制；从学徒制运行的主体划分，学徒制可以划分为传统学徒制和现代学徒制。

1. 非制度形态学徒制和制度形态学徒制

根据学徒制自身的组织化程度和制度化水平，可以把学徒制形态划分为非制度（民间）形态学徒制和制度形态学徒制两种类型。

---

① 关晶.职业教育现代学徒制的比较与借鉴[M].长沙：湖南师范大学出版社，2016：230.

非制度形态学徒制是指那些没有形成正式组织和公共性质制度的学徒制。组织成员就是父子（养子）、兄弟或师徒，遵守个人契约、家族制度和社会礼俗等私人性质制度。这种形态的学徒制没有明确的学徒资格、年限、方法等规定，师徒之间的授徒与学艺完全是私人间约定，没有任何正式组织来约束，不存在任何外在监督。非制度形态学徒制又可称家庭民间学徒制。

制度形态学徒制是从非制度形态学徒制演化而来的，是指由专门机构管理和运行制度约束的学徒制。学徒制管理的专门机构主要有行会（行业协会）和国家机构。在西方，这种制度化了的学徒制形成和发展，是与中世纪行会的建立和强大紧密相连的，它的建立成了学徒制从前制度形态向制度形态转变的关键[①]。13世纪时，巴黎大约有100个行会，到14世纪中叶，行会数增至350个左右。21世纪初，德国受到国家承认的负责"双元制"的手工业行业协会有58个，工商业行业协会有82个，另外还有二三十个农业、医生、律师等行业协会[②]。德国行业协会有"注册、修改、解除企业与学徒的培训协议；发布与培训相关的规范；组织和管理学徒的中期与最终考试"等七项职责，管理学徒制的有关事务，向州政府提供咨询建议。在西方，国家机构通常包括联邦层面和州层面的重要机构。如德国联邦层面有联邦教育与研究部、各经济领域的相关部委以及联邦职业教育研究所；州层面有各州教育与文化事务部、各州相关经济部门以及各州教育与文化事务部长联席会议。德国联邦教育与研究部就有"制定并颁布与职业培训、继续教育以及教师职业能力相关的法律法规；对相关经济部门颁布的培训条例进行审批"等七项职责。2005年4月1日，德国颁布并实施新的《联邦职业教育法》，对前期的法律进行整合修订，进一步完善了"双元制"教育体系，成为新世纪职业教育发展的基本纲领。

2. 作坊学徒制、工场学徒制和工厂学徒制

根据学徒制赖以运行的场所或空间，可以把学徒制形态划分为作坊学徒制、工场学徒制和工厂学徒制三种类型。

家庭作坊学徒制是指在家庭内作坊或手工作坊由父母或师傅、兄姐对子女或徒弟、弟妹所进行的有目的、有意识的知识技能传承的学徒制。

工场学徒制是指在手工工场，由师傅雇佣徒弟在生产中进行知识技能传授的学徒制。手工工场有分散的手工工场和集中的手工工场两种形式。集中的手工工场学徒

[①] 关晶. 职业教育现代学徒制的比较与借鉴[M]. 长沙：湖南师范大学出版社，2016：4—5.
[②] 关晶. 职业教育现代学徒制的比较与借鉴[M]. 长沙：湖南师范大学出版社，2016：63.

多，且进行简单的分工生产，徒弟成了廉价劳动力，一定程度上师徒关系相互对立，学徒制的教学过程简化，教育功能弱化。

工厂学徒制是指在企业现场或训练工场，由雇主雇佣师傅和徒弟，师傅在生产中对徒弟进行知识技能传授的学徒制。企业现场可以是工业企业生产现场，可以是商业企业经营现场，也可以是其他行业企业的工作现场。这类企业的共同特点是机器操作代替了手工操作，机器操作成为学徒培训的重要内容；一个徒弟可能有多个师傅，师傅、徒弟之间通常既是师徒关系，又是同事关系；学徒除在企业现场工作中学习相关技能外，普遍还在训练工场中通过"培训课程"学习基础、通用技能。

3. 传统学徒制和现代学徒制

根据学徒制运行的主体，可以把学徒制形态划分为传统学徒制和现代学徒制两种类型。

传统学徒制是指企业（师傅、雇主）为主要运行主体的学徒制。组织制度相对简单，学习地点单一，"做中学"是核心教学方法，教学中实践性突出，理论性不足，通常规模小、效率低，学徒职业生涯的可持续性欠缺。

这里的现代学徒制并非仅指学徒制演变历程中线性时间上的现代学徒制，而是指企业（师傅、雇主）和职业院校（教师）为主要运行主体的学徒制，是西方在 20 世纪六七十年代以后出现的一种学徒制新形态。组织制度更加复杂，并有第三方评价机构的参与；在"做中学"的同时学习系统的理论知识，还在"学中做"；工作本位学习和学校本位学习"工学交替"；教学教育功能进一步彰显，是许多国家和企业人力资源开发战略的重要组成部分。

三、学徒制的核心要素

关晶教授从"学徒"或"学徒制"的一般概念界定中抽象出的学徒制核心要素为：（1）目的是获得某一职业的从业资格，这类职业通常具有较高的技术技能含量；（2）学习发生在工作场所，有专门的师傅带教；（3）获得一定报酬，主要形式包括工资、津贴或食宿；（4）一般约定固定年限，通常以年计；（5）学徒或 / 及其监护人与雇主订立契约，约束双方行为[①]。

审视学徒制的演变历程和学徒制的基本形态，结合关晶教授对学徒核心要素的抽

---

① 关晶. 职业教育现代学徒制的比较与借鉴［M］. 长沙：湖南师范大学出版社，2016：197.

象概括，从中西方不同国家的学徒制、不同时期的学徒制和不同形态的学徒制，进一步加以细化可凸显出如下学徒制核心要素：（1）工作本位学习；（2）师徒化；（3）契约化；（4）权责均衡。

1. 工作本位学习

学徒学习的主要场所是工作现场。家庭民间学徒制在家庭作坊或手工作坊进行；行会学徒制通常在手工作坊或手工工场进行；现代学徒制通常在工厂企业或公共事业单位中进行。师傅在工作中结合工作任务给徒弟传授知识技能；徒弟在完成工作任务中习得知识技能，"做中学"是学徒制不可或缺的教学方法。学习内容主要是工作生产相关的技艺和行业制度。传统学徒制是完全的工作本位学习；现代学徒制是工作本位学习和学校本位学习相结合，工学交替，工作本位学习一般大于等于60%。

2. 师徒化

徒弟在学艺过程中必须有明确的"学徒"身份，也必须有明确的专门的"师傅"，且建立师徒关系。师傅通常是行业内有一定知名度、有声望的手艺人或企业内德才兼备的熟练工。学徒一般是年轻人，在不同时期有不同的资格要求。通常一个师傅可以带1—3个徒弟，而一个学徒一般只认一个师傅。传统学徒制的学徒入行时有拜师学艺的程序和仪式。拜师多数情况下是需要出钱的。师徒关系类似父子关系，师傅又称师父；学徒之间是师兄（姐）弟（妹）关系，互称"师兄师弟""师姐师妹"。徒弟工作与生活均服从师傅安排与专门指导，师傅有责任教授徒弟技术和道德，培养徒弟成人自立。徒弟出师后通常保持师徒关系，"一日为师，终身为父"。进入资本主义萌芽性质的手工工场时期，师徒关系开始演化成了雇佣关系。

3. 契约化

所谓契约化，就是学徒或/及其监护人与雇主必须订立契约，约束双方行为。在不同时期不同形态的学徒制中，雇主的角色是有变化的，可能是师傅，也可能是企业或单位法人；契约的形式是不同的，有不成文的私人合同，有受行会约束的契约，也有受国家法令规范的契约或国家法律保护的正式合同；契约的内容也是有区别的，但都是明确各方在学徒制中的权利与义务，特别是学徒学习的起始时间、专业与学习内容、学徒津贴、从业资格等。例如云梦出土秦代竹简中有《除弟子律》规定：徒弟如学业完成后有按时毕业（解除弟子的学籍）和得到合理任用（"置任"）的权利，如果为师者或其他有关人员阻挠弟子除籍，或不予适当安排工作，就要受到耐刑（剃去鬓须，罚作劳役一年）；如果使唤弟子超过规定，或有笞打弟子的事发生，要处以一副铠甲的罚款，笞打如伤及皮肉还要加倍罚款[①]。

4. 权责均衡

民间学徒制中的师傅与徒弟，利益主体简单，关系直接；现代学徒制中的政府、企业、行业协会、工会、院校、企业师傅、院校教师、学徒、第三方培训或中介机构，利益主体众多，关系复杂。民间学徒制能生生不息，现代学徒制能一路走来，蓬勃发展，利益相关者权责平衡是关键。德国的"利益均衡合作机制"，英国的"准市场机制"，瑞士的"半国营性质管理"，法国的"经费机制"等等，以及各种跨部门合作机制、各国不同时期不同的契约合同都是实现学徒制相关主体权责均衡的制衡方式。又如我国清末民初的工艺局除了给予工师和工徒一定的劳动报酬外，还要给予相应的劳动福利待遇，包括衣、食、住及休息、医疗等照顾[②]。这就是平衡师徒权责的一种方式。

第二节　西方现代学徒制面面观

西方现代学徒制是 20 世纪六七十年代开始的，西方国家对学徒制改革后，产生了一种学校本位教育与工作本位学习紧密结合的新的学徒制形态。德国的"双元制"、英国的"学徒制"、瑞士的"三元制"、澳大利亚的"新学徒制"等都是属于现代学徒制形态。

一、西方现代学徒制产生的时代背景

20 世纪六七十年代，西方国家产生现代学徒制新形态是有时代背景的。概括起来主要有三个方面：第三次科技革命兴起、人力资源开发上升为国家战略和工作本位与学校本位之争成为社会焦点。

1. 第三次科技革命兴起

20 世纪四五十年代，西方开始了原子能技术、航天技术、电子计算机技术的应用，还包括有人工合成材料、分子生物学和遗传工程等高新技术的新科学技术革命，被称

---

① 俞启定，和震．中国职业教育发展史［M］．北京：高等教育出版社，2012：27.
② 王星．现代中国早期职业培训中的学徒制及其工业化转型［J］．北京大学教育评论，2016（7）：89.

为第三次科技革命。第三次科技革命的兴起，无论在生产方式上还是生产组织管理形式上都发生了巨大的变化。在生产方式上，自动化生产逐步替代半机械化生产，生产所需的脑力劳动者与体力劳动者之比为9∶1[①]，劳动生产的技术层次明显提高，并且劳动生产的技术变革周期急剧缩短。在生产组织管理形式上，"新福特主义""后福特主义""新现代泰勒主义""丰田方式"等新的企业生产理念和风格涌现，个性化产品受到消费市场青睐，大规模定制成为主要的生产组织方式，精准营销、个性化营销成为潮流。一方面，20世纪五六十年代，经济快速发展，尤其是新兴行业的发展，产生了对技术人才的大量需求。需要职业教育快速跟进劳动力市场的结构调整，进行全面改革以适应劳动力市场的变化，培养快速适应产业生产发展需求的熟练、多面、灵活的技术工人。这就决定了现代工业必须摆脱传统手工业学徒制的教学方式，探索适合自身的培训模式[②]。另一方面，20世纪七十年代，二战后对经济和消费的刺激消失，科技发展处于暂时的低潮，西方发达国家经济停滞、高失业率和高通货膨胀率并存，青年失业问题成为较为严重的社会问题，迫切需要改革职业教育与培训，为未就业年轻人提供职业培训和就业机会。

2. 人力资源开发上升为国家战略

20世纪60年代，美国经济学家舒尔茨和贝克创立了人力资本理论，认为体现在人身上的人力资本的作用大于物质资本的作用，要将人作为资本来进行投资和管理；认为教育不仅仅是"消费性事业""福利性事业"，更是"生产性事业"，它能带来巨大的经济效益，教育投资是人力投资的主要部分。基于此理论，西方国家把人力资源开发上升为国家战略，把发展职业教育放到了国家发展战略高度，通过立法、拨款等形式促进学徒制改革发展。例如：1964年3月，英国颁布了标志政府对学徒培训进行直接干预重新开始的《产业培训法》；1969年，德国颁布了标志学徒制和职业学校教育成为一个完整体系的《职业教育法》；1971年，法国颁布了《吉沙德法案》，又称为《学徒制法案》，确定了学徒制作为法国职业教育体系一部分，学徒制被纳入法国职业教育体系；1987年，法国又通过的《塞甘法案》，将通过学徒制可获得的职业资格范围从职业技术证书（CAP）扩大到了职业高中会考证书（Bac Pro），乃至大专技术文凭、工程师技术文凭、专业学士学位和专业硕士学位[③]。20世纪70年代以后，澳大利亚政府意识到职业教育对国家经济发展的重要作用，不断加强联邦

---

① 张守一.知识·知识经济·知识产业[J].数量经济技术经济研究,1998（6）：79.
② 关晶.职业教育现代学徒制的比较与借鉴[M].长沙：湖南师范大学出版社,2016：52.
③ 关晶.职业教育现代学徒制的比较与借鉴[M].长沙：湖南师范大学出版社,2016：142.

政府层面对职业教育的政策规划和经费资助,学徒制也从州层面的分散发展,转变为国家战略层面的统一发展。

3. 工作本位与学校本位之争成为社会焦点

20世纪60年代后,西方国家认识到长期缺乏适合的、熟练的劳动力已经成了阻碍经济发展的重要原因。西方社会开始了对学徒制和学校职业教育的批评和质疑。如批评工业学徒制未能摆脱手工业学徒制的影子,未能形成适合现代工业生产的教育教学模式;认为传统学徒制对岗位技能的理解与训练过于偏狭,缺乏对基础理论和通用能力的培养[①]。也指责学校职业教育脱离工作实践、课程学问化,未承担起培养技术人才的重任,服务经济的功能始终没有得到重视。主张学校本位职业教育形态和主张企业本位职业培训形态的两大阵营之间进行了激烈的争论。如围绕学徒制,澳大利亚政府和社会进行了广泛的调研、讨论、质疑,提出了一系列政策建议;瑞士围绕学徒应不应该在真实的工作环境中学习,学校学习环境向工作场所学习环境改变还是工作场所学习环境向学校学习环境改变等,展开了持久的讨论。1962年,英国《产业培训白皮书》指出,必须"开展政府、产业部门和教育部门之间的合作,把职业技术教育与产业培训结合起来,加强和改善产业界、政府和地方教育当局在提供学徒培训方面的伙伴关系"[②]。1964年3月,英国《产业培训法》提出在各行各业建立产业培训委员会,保证产业界与教育界之间的沟通与合作;职业学校要为学徒设置"日释"(校企之间以天为单位轮换的称日释)和"期释"(校企之间以周或月为单位轮换的称期释)的职业教育课程。1985年,澳大利亚劳动力市场项目调研委员会提交的《柯尔比报告》建议,建立由脱产培训和企业工作人员实习两方面组成的广泛的职业教育系统。1993年,法国通过第93-1313号法令,面向14岁以上的青年开展学校本位的工学交替课程,以改善学徒制的教学质量等等。

二、西方现代学徒制的基本特征

综观德国、英国、法国等西方国家现代学徒制,具有治理法制化、运作双主体、学习者双身份、教育性为重和工学交替五个基本特征。

---

① 关晶.职业教育现代学徒制的比较与借鉴[M].长沙:湖南师范大学出版社,2016:20.
② 王承绪,徐辉.战后英国教育[M].南昌:江西教育出版社,1992:203.

1. 治理法制化

西方现代学徒制都有较为完善的法制化治理框架，通常都上升到国家治理的高度。国家或州颁布一系列法律法规规范现代学徒制，通常从管理组织、实施环节、参与组织及个人进行了明确的界定，同时也对学徒制的具体实施内容进行了具体说明。有基础性一般法，如德国的《职业教育法》；也有专门性的特别法，如英国的《学徒制、技能、儿童和学习法案》。国家或州层面都有现代学徒制管理的机构，如德国在联邦层面的重要机构是联邦教育与研究部、各经济领域的相关部委和联邦职业教育研究所，在州层面的重要机构是各州教育与文化事务部、各州相关经济部门和联邦德国各州教育与文化事务部长联席会议。立法规定学徒有离岗教育与培训的权利，完成学徒制后可获得国家认可的职业资格等。另外，许多西方国家还建立征税—拨款机制。

2. 运作双主体

西方现代学徒制有国家、师傅与教师、徒弟（学生）、行会、工会、企业（雇主）、职业学校和第三方培训或中介机构等利益相关者。其中最主要的利益相关者是国家、行会、企业（雇主）和学校。国家从权益保障、经费支持等方面发挥统筹作用，做好政策供给。行会从合同管理、资质规范、质量评价等方面发挥指导作用，做好标准供给。企业（雇主）、职业学校是共同的运作主体，与传统学徒制相比，现代学徒制明显增加了职业学校这一运作主体。企业（雇主）和职业学校校企合作共同从资源建设、师资管理、学徒保障、课程实施等方面发挥主体作用，做好资源和制度供给。来自企业和职业学校的结构化导师团队共同做好学徒培训教育。职业学校主体是现代学徒制的重要标志，缺少了职业学校主体，单一的企业或培训机构进行的学徒制就不是现代学徒制了。西方现代学徒制企业（雇主）和职业学校两个运作主体中，一般以企业（雇主）为主。

3. 学习者双身份

传统学徒制的学习者身份就是学徒，现代学徒制的学习者身份不仅是企业的学徒，还是职业学校的学生，具有双重身份。学徒通常需要经过一定的筛选、测试和面试确定录用，并与企业签订学徒培训合同或协议，有的还要到行会或其他机构备案登记，才能确定学徒身份。同时，学徒在一所职业学校注册学籍，获得学生身份。学徒在企业中学习可以领取一定数量的学徒津贴。学徒津贴不是工资，通常要比正式雇员的工资少较多，以示学徒身份与雇员身份的区别。学徒学习期满毕业后，可以选择就业，也可以选择继续升学。

4. 教育性为重

无论是传统学徒制还是现代学徒制都既具有生产功能，又具有教育功能。不管是何种形态的传统学徒制，其功能目的都是偏向生产性的。而现代学徒制作为西方国家人力资源开发的国家战略，把学徒当成了国家公共的人力资源，把学徒的教育培养放到了首位，教育功能也就成为其首要功能。现代学徒制十分强化基础知识、通用技能及基本素质的培养，突出技能的可迁移性，注意设计纵向衔接的教育"直通车"、横向融通的"立交桥"，搭建继续教育、终身教育的体系，普遍关注学生的职业生涯发展及职业流动需求，教育属性凸现。现代学徒制固定的合同期限一般为3—4年，课程结构、教育培训标准多是统一规范、强制性的，如德国的《职业培训条例》和《框架教学计划》、英国的《学徒制框架》等，以此来控制和保障现代学徒制的教育质量。现代学徒制针对教学的多场所、师资的多元化等因素，对学徒教育培训进行了结构化设计，实现了教学组织结构化和学徒第三方考试，避免了教育教学的随意性。

5. 工学交替

工学交替是现代学徒制实施的方式。传统学徒制是完全的工作本位学习，即使是后期传统学徒制中的理论知识学习也是在企业中完成的。西方现代学徒制利用企业（包括企业培训中心）和职业学校（包括职业培训机构）两种不同的教育环境和教育资源，学徒学习在企业和职业学校两个场所轮换进行，通过企业实习、工作和职业学校课堂教学交替实施、有机衔接，实现在岗培训与脱岗培训结合、工作本位与学校本位学习相结合。企业是课程的主要实施者，通常专业技能课程教学在企业进行，文化知识、基础理论课程教学在职业学校进行。工学交替有期释和日释两种方式。期释以月或周为时间单位，日释以天为时间单位，学徒在企业和职业学校之间轮换学习。学徒工作本位学习的时间占70%—80%，学校本位学习时间占20%—30%。

三、西方现代学徒制的现实状况

从20世纪六七十年代开始，西方现代学徒制经过50多年的发展，呈现了以下几点现实状况。

1. 上升为国家战略，改革新政迭出

近年来，在西方国家，现代学徒制是增强国家经济竞争力和创新力的支柱，是社会稳定和谐的基础，这已基本形成共识。各国政府和政要纷纷把现代学徒制上升为人

力资源开发的国家战略，进行了一系列的改革。如2016年4月，德国联邦教研部与联邦职教所共同提出实施"职业教育4.0——适应未来数字劳动的专业人才资格与能力"的倡议；2018年12月18日，联邦教育科研部发布了《以加强职业教育现代化为目的法律草案》，即《职业教育法修订草案》。英国改变一直以来对职业教育的自由主义态度，持续从国家战略高度推进技能人才培养培训政策变革。特蕾莎·梅上任后，英国议会2016年5月发布了《企业法案》，2016年12月通过《学徒制税法案》，从2017年4月开始，强制征收学徒制税；2017年12月，教育部正式发布《技术和继续教育法案》，作为对2009年《学徒制、技能、儿童和学习法案》的更新。2014年，美国前总统奥巴马签署了《2014年劳动力创新与机会法案》；2017年6月15日，美国总统特朗普发布了关于"扩大学徒计划"的第13801号行政命令；2018年，美国参议院提出了《LEARNS》修订版等等。新政普遍完善了现代学徒制的立法保障，确立了法律地位，增加了经费投入，推进了与其他教育体系的结合；普遍从管理组织、实施环节、参与组织及个人进行了明确的界定，同时也对现代学徒制的具体实施内容进行了明确的说明。

2. 面对多重冲击，全面推行局面形成

新世纪以来，现代学徒制面对多重冲击。一是在高等教育大众化的背景下，人们接受高等教育的机会增多，愿望增强，越来越多的年轻人选择接受普通教育。二是多样化的中等职业教育已经成为新世纪中等职业教育的重要特征，学徒制不再是学生接受中等职业教育的唯一选择。三是随着科学技术的不断发展，对技术工人的素质要求也越来越高，企业也越来越倾向招收普通教育水平高的员工等等。但在西方，不管是原来学徒制认可较高的国家，还是认可度较低的国家，都全面推行了现代学徒制，建立现代学徒制体系。在2012年欧盟27个成员国中，在中等教育层面上，100%的国家实施了企业本位的现代学徒制项目，近九成（24个）国家实施了学校本位的现代学徒制项目；在高等教育层面上，近三成（8个）国家实施了现代学徒制类型教育。现代学徒制不仅覆盖了传统行业，也扩展到了新兴行业（第三产业），如英国涵盖了十大领域：（1）农业、园艺及动物饲养；（2）艺术、媒体与出版；（3）商业、行政管理与法案；（4）建筑、规划与环境；（5）教育与培训；（6）工程与制造技术；（7）保健、公共服务与护理；（8）信息与通信技术；（9）休闲、旅游与观光；（10）零售与商业。十大领域总计包括206个子领域。现代学徒制不仅在大型企业普遍开展，还在中小企业进行，如瑞士企业99.7%是中小企业，约有1/3的企业提供了学徒岗位；在德国1—9人的企业中，也有约47%的企业有单独招聘学徒的资格。现代学徒制不仅面向青年人，还面向成年人。如在澳大利

亚,25 岁及以上的年龄的学徒占比超过了四成[①]。

3. 规模总体稳定,质量有待提升

随着西方各国有关现代学徒制法律地位的提升,改革项目的推出,企业积极性的提高,面对多重冲击,现代学徒制的规模总体保持相对稳定。在传统学徒制国家,规模有所下降,如德国,1992 年至 2016 年德国中等职业教育在校生数占高中阶段教育在校生总数的比重呈现递减趋势,由 1992 年的 78.69% 减少至 2016 年的 71.22%,减少了 7.47%;1992 年至 2016 年"双元制"职业教育学生数占中等职业教育学生总数的比重呈现减少的态势,从 1992 年的 71.75% 减少到了 2016 年的 53.22%,减幅为 18.53%[②]。在非传统学徒制国家,规模有所上升,如美国,从 2013 年起,学徒人数连续稳定的增长,2018 年人数较 2013 年底有 56% 的增幅;2018 年在全国范围内新增加超过 238000 名学徒,截至 2018 年底美国共有学徒约 58.5 万。在德国,2016 年虽然有近 30% 的具有普通高校或应用科学大学入学资格的学生选择了"双元制"职业教育[③],还有 15876 人未获得主体学校毕业,所占比重为 3.11%。现代学徒制的生源质量总体不高。德国"双元制"的完成率在 80% 左右,英国学徒制的完成率约是 72.2%,瑞士严格地按通过人数占开始人数计算,则通过率为 79%,法国学徒制的完成率在 83% 左右,澳大利亚学徒制的完成情况却一直不太理想,完成率不足五成[④]。学徒制完成率有待提高。

四、西方现代学徒制的改革趋势

面对当今世界经济社会的变化,西方现代学徒制表现出了以下几个共同的改革趋势。

1. 地位更加突出

西方各国将进一步完善制度保障,增加宣传力度,提高现代学徒制度的吸引力,扩大现代学徒制的覆盖领域和规模。进一步关注难民(寻求庇护者)、弱势(残疾)的年轻人的融合措施,充分发挥现代学徒制的社会功能;进一步调整手工艺相关专业和护

---

① 关晶. 职业教育现代学徒制的比较与借鉴[M]. 长沙:湖南师范大学出版社,2016:168.

②③ 徐涵. 德国中等职业教育发展趋势——基于 1992—2016 年的数据分析[J]. 中国职业技术教育,2020:30.

④ 关晶. 职业教育现代学徒制的比较与借鉴[M]. 长沙:湖南师范大学出版社,2016:59、104、127、146、169.

理专业等短缺职业的培训报酬，彰显现代学徒制高就业率、同龄人中高工资的无可替代优势，以此特别提高对年轻人的吸引力。

现代学徒制将赋予与大学学位相同的法律地位，并进一步与高等职业教育紧密联系，普遍建立大学学分转换机制，使学徒的学习经历有助于攻读学士学位乃至硕士学位，构建技能人才培养培训多层次体系，成为精湛技术技能传承的重要方式。

现代学徒制将成为专业技术工人再培训的一种制度保障，让专业技术工人既能得到技术与能力的提升，又能在工作的同时获得学历的提高，还将纳入社会生涯指导体系，成为丰富个人职业生涯的一种制度支持，成为终身教育的重要组成部分。

2. 操作更加便捷

政府将充分发挥信息技术优势，更新沟通渠道，完善职业咨询服务，确保有关现代学徒制及其效益的信息在个人、企业和学校得到有效和广泛传播，并以简单的语言和形式让个人、企业和学校方便生成有意义的产品。

政府将普遍地建立国家学徒制服务中心等机构，减少烦琐手续，简化并加快手续流程，提供更多具有针对性的建议和指导，并提供线上服务，方便个人、企业和学校注册登记、办理业务。

政府将成立现代学徒制联盟，组成由教育机构、企业、工会和行业协会组成的全国性或区域性网络组织，在全国或区域性范围内实施学徒证书注册与大学学分转换；创建线上现代学徒制资源包，包括学徒制手册、学徒制标准、导师教学指南等内容，供个人、企业和学校选用。

3. 运作更加高效

政府将强化现代学徒制的专门化、针对性管理，设置专业化机构，配备专业人员，改革简化学徒制行政管理体系。

将以企业（雇主）满足自己、行业和更广泛的经济需求而设计的标准为基础，以企业（雇主）利益为出发点，设计现代学徒制的教学内容和工学交替，让企业（雇主）在决定"个人培训如何才能达到标准"方面有更多的灵活性，现代学徒制更加突出以企业（雇主）为中心。

将以学徒可持续发展为目标，结合专业、企业等实际，灵活地安排学校本位和企业本位学习。脱产培训时间会有所增加，出现部分采用4天学校本位学习，1天企业本位学习或3天学校本位学习，2天企业本位学习的现代学徒制形态，现代学徒制实现形态将进一步丰富。逐步实现数字化升级，对课程进行修订和调整，以适应生产和经济的不断变化；建立数字化的学习工厂，为学生和企业做准备；在企业和学校中提供供学徒学习的平板电脑，实现教学的数字化。

4. 校企更加紧密

进一步密切企业和职业院校间的联系，进一步创新技术和方式，如把构建信息化学徒制协同平台、使用学习指南等作为校企运营之间的链接；联合开发现代学徒制项目，建立一个既有严格标准贯穿始终又能保证内容反映个人和企业（雇主）需求的技能体系；联合应对劳动对职业资格要求变化带来的影响，迅速调整专业教学内容及标准，重组专业间内容，乃至开发新的专业；联合组织"职教之夜""职业之日"等开展现代学徒制信息宣传活动；联合装备"信息卡车"（现代的主题巴士）等开办职业教育展览会，投放职业教育宣传信息。

第三节 我国现代学徒制比较性分析

此节中所阐述的我国现代学徒制，不仅是指一种线性时间上的现代学徒制，更是指具有"现代性"特征的现代学徒制，与第一节"中国学徒制的演变历程"中的现代学徒制是有区别的。本节主要围绕 2014 年 5 月国务院《关于加快发展现代职业教育的决定》提出"开展校企联合招生、联合培养的现代学徒制试点，完善支持政策，推进校企一体化育人"[①] 后，我国在体制建设、机制构架、基本模式、基本路径等方面的现代学徒制现状，与西方现代学徒制作比较性分析，梳理出与西方现代学徒制的根本性区别，凸现自身特色，看到存在的不足。在此基础上，明晰我国现代学徒制发展趋势及改革对策。

一、我国现代学徒制的体制建设

1. 领导体系建设

现代学徒制是当前我国职业教育改革的热点，2012 年—2020 年，教育部连续九年将现代学徒制试点列入年度工作要点。2014 年 8 月，教育部颁布了《关于开展现代学徒制试点工作的意见》（教职成〔2014〕9 号），提出开始试点政府引导、行业参与、社

---

① 中华人民共和国国务院 . 关于加快发展现代职业教育的决定［EB/OL］.（2016-6-22）［2020-12-3］.http://www.gov.cn/zhengce/content/2014-06/22/content_8901.htm.

会支持、企业和职业学校双主体育人的中国特色现代学徒制[①]；2015年7月，人力资源社会保障部办公厅、财政部办公厅颁布《关于开展企业新型学徒制试点工作的通知》（人社厅发〔2015〕127号），提出按照政府引导、企业为主、院校参与的原则，在企业推行以"招工即招生、入企即入校、企校双师联合培养"为主要内容的企业新型学徒制[②]。这两个文件标志着我国建立了在国务院领导下的教育部、人力资源社会保障部、财政部负责的现代学徒制领导体制。分别形成了教育部、人力资源和社会保障部、财政部，省级教育厅、人力资源和社会保障厅、财政厅，地方教育局、人力资源和社会保障局、财政局等自上而下组成的现代学徒制组织体制。教育部还遴选了专家，组建了全国现代学徒制工作专家指导委员会。各省市建立了跨部门的试点工作领导小组。

2. 制度体系建设

2017年12月5日，国务院办公厅发布了《关于深化产教融合的若干意见》（国办发〔2017〕95号），提出：全面推行现代学徒制和企业新型学徒制，推动学校招生与企业招工相衔接，校企育人"双重主体"，学生学徒"双重身份"，学校、企业和学生三方权利义务关系明晰[③]。2018年10月，人力资源社会保障部财政部发布了《关于全面推行企业新型学徒制的意见》（人社部发〔2018〕66号）。2019年5月，教育部办公厅发布了《关于全面推进现代学徒制工作的通知》（教职成厅函〔2019〕12号）。2019年12月5日，教育部发布的《中华人民共和国职业教育法修订草案》（征求意见稿）在《中华人民共和国职业教育法》第十四条"职业培训包括从业前培训、转业培训、学徒培训、在岗培训、转岗培训及其他职业性培训，可以根据实际情况分为初级、中级、高级职业培训"基础上，第二十七条规定"国家推行学徒制度，鼓励有技术技能人才培养能力的企业设立学徒岗位；有条件的企业可以与职业学校联合招收学员（学徒），以工学结合的方式进行培养[④]"。另外，教育部规定省级教育行政部门负责区域内试点工作的

---

① 中华人民共和国教育部. 关于开展现代学徒制试点工作的意见［EB/OL］.（2014-8-27）［2020-12-5］http://www.moe.gov.cn/srcsite/A07/s7055/201408/t20140827_174583.html.

② 中华人民共和国人力资源社会保障部办公厅，财政部办公厅. 关于开展企业新型学徒制试点工作的通知［EB/OL］.（2015-8-3）［2020-12-5］http://www.mohrss.gov.cn/zynljss/ZYNLJSSzhengcewenjian/201508/t20150803_216721.html.

③ 中华人民共和国国务院. 关于深化产教融合的若干意见［EB/OL］.（2017-12-19）［2020-12-10］http://www.gov.cn/zhengce/content/2017-12/19/content_5248564.htmhttp://www.gov.cn/zhengce/content/2017-12/19/content_5248564.htm.

④ 中华人民共和国教育部. 中华人民共和国职业教育法修订草案（征求意见稿）［EB/OL］.（2019-12-5）［2020-12-10］http://www.moe.gov.cn/jyb_xwfb/s5989/201912/t20191224_413254.html.

统筹协调和年度检查,将现代学徒制实施情况作为省级、校级质量年度报告的重要内容;委托全国现代学徒制工作专家指导委员会对试点工作进行指导、监督和检查,组织推动各地和试点单位之间经验交流,及时固化和完善成功经验。人力资源社会保障部财政部建立学徒培训备案审核制度,对学徒培训实施目录清单管理,实施学徒培训实名制信息管理;建立与相关企业的联系制度。

我国现代学徒制探索处于起步阶段,由教育部和人力资源社会保障部分两条线分别推进现代学徒制,各有所长、各具特色,可促进我国现代学徒制快速发展,可形成创优争优的局面。但总体来说,我国现代学徒制的体制建设还很不完善。一是缺乏全国性统一的现代学徒制工作领导机构。二是缺乏现代学徒制法律法规系统性、具体性支持。三是缺乏现代学徒制专门性工作部门的研究落实。

二、我国现代学徒制的机制架构

1. 工作机制

企业新型学徒制由人力资源社会保障部、财政部牵头,相关部门和人民团体密切配合、协同推进;由各省级人力资源社会保障部门、财政部门制定具体实施办法;由各级人力资源社会保障部门实行学徒培训备案审核制度。各级教育行政部门结合地方实际,会同人社、财政、发改等部门,制定本地区现代学徒制试点实施办法;教育部委托全国现代学徒制工作专家指导委员会对各地和试点单位报送的年检和验收材料进行复核,并根据实际需要组织实地检查,适时反馈年检意见、公布验收结果;各地指定专门网站公开本地支持政策、成功经验,加强现代学徒制宣传和推广工作;通过验收的试点单位在单位网站设立专栏,及时发布试点成果,充分发挥示范作用,强化持续推进现代学徒制工作。

2. 育人机制

教育部推行的现代学徒制逐步形成了德技并修、工学结合的育人机制。职业院校承担系统的专业知识学习和技能训练;企业通过师傅带徒形式,依据培养方案进行岗位技能训练,院校教师和企业师傅共同承担教育教学任务。通常采用三天在企业、两天在学校的"3 + 2"培养模式,育训结合、工学交替、在岗培养,实现校企一体化育人。企业推进的新型学徒制则采用"企校双制、工学一体"的培养模式,即由企业与技工院校、职业院校、职业培训机构、企业培训中心等教育培训机构(以下简称"培训机构")采取企校双师带徒、工学交替培养等模式共同培养学徒。企业导师要着重指导学徒进行岗位技能操作训练，帮助学徒逐步学习并不断提升技能水平和职业素养，使之能够达到职业技能标准和岗位要求，具备从事相应技能岗位工作的能力。培训机构指导教师须负责承担学徒的学校教学任务，强化理论知识学习，做好与企业实践技能的衔接。

3. 评价监控机制

教育部现代学徒制建立了地方审查、全国现代学徒制工作专家指导委员会复核检查的教学质量监控机制，适时反馈年检意见、公布验收结果。基于工作岗位制订以育人为目的的学徒考核评价标准，建立了政府、行业、企业、职业学校等共同参与的现代学徒制质量评价机制，或第三方评价机制。人力资源社会保障部、财政部牵头的企业新型学徒制学徒培训期满，参加职业技能鉴定或结业（毕业）考核，合格者取得相应职业资格证书（或职业技能等级证书、专项职业能力证书、培训合格证书、毕业证书）。有条件的企业可自主对学徒进行技能评价；对培训机构和培训过程、培训结果加强监管，实行实时监控，严格考核验收。

4. 保障机制

我国现代学徒制都建立了学员与企业、学校与企业两份合同或协议的契约机制、校企共同分担人才培养成本投入机制、学徒企业本位学习时取得合理报酬的薪酬机制和落实学徒的责任保险、工伤保险的保险机制，还都实行了弹性学制和学分管理的机制。特别是企业新型学徒制的投入机制项目明确、标准具体、来源清楚，如"企业按照与培训机构签订的合作协议约定，向培训机构支付学徒培训费用，所需资金从企业职工教育经费中列支；符合有关政策规定的，由政府提供职业培训和职业技能鉴定补贴。承担带徒任务的企业导师享受导师带徒津贴，津贴标准由企业确定，津贴由企业承担"。还制订了学徒每人每年的补贴标准原则上不低于 4000 元的财政补贴政策。另外，结合国家"金保工程"二期，建立基于互联网的职业培训公共服务和监管平台，积极推行网上备案审核制度，实现信息联通共享①。

总的来说，尽管我国现代学徒制还处于起步阶段，但其机制的架构是比较全面的。但由于我国现代学徒制的体制建设还很不完善，这些机制落实的主体不够明确甚至缺失，机制的具体性、操作性有待提高；这些机制散落于政府部门的各个文件中，对政府

---

① 中华人民共和国人力资源社会保障部，财政部.关于全面推行企业新型学徒制的意见［EB/OL］.（2018-10-27）［2020-12-5］http://www.gov.cn/xinwen/2018/10/27/content_5334950.htm#1.

其他部门、职业院校和企业没有足够的约束力；激励机制的架构还基本缺失。另外，教育部推进的现代学徒制缺少明确具体的财政保障，严重影响了现代学徒制的协调运行和整体效益。

三、我国现代学徒制的基本模式

1. 国家构建模式

（1）校企合作模式——政府引导、行业参与、社会支持、企业和院校双主体育人模式

校企共同通过招生招工同步或先招工后招生或先招生后招工，签订学生与企业、院校与企业两份合同（或学徒、院校和企业之间的三方协议），明确学徒的"企业员工"和"职业院校学生"的"双重身份"。校企协同制订专业人才培养方案，共同研制专业教学标准、课程标准、实训条件建设标准等相关标准，育训结合、工学交替、在岗培养。一般为三天在企业、两天在院校的"3＋2"工学交替，也会以若干周为单位相互交替。院校教师和企业师傅共同承担教育教学任务，通常院校教师承担基础课程和专业通用课程的教育教学任务，企业师傅承担专业技能课程、专业岗位课程的教育教学任务。平时，校企按共同制订的学徒考核评价标准考核评价学徒；学习期满后，学徒接受由政府、行业、企业、职业院校等多方参与的质量评价，或接受第三方评价，以此获得学历证书和相应的资格证书，完成学徒制教育。

（2）企校合作模式——政府引导、企业为主、院校参与，招生即招工、入企即入校、企校双师联合培养模式

学徒通常是与企业签订一年以上劳动合同的技能岗位新招用和转岗等人员，并在当地人力资源社会保障部门备案。企业与培训机构（包括职业院校）签订合作协议，委托培训机构承担学徒的具体培训任务。承担企业学徒培养任务的培训机构对企业学徒进行非全日制教育学籍注册。学徒的培养由企业为主导结合岗位需求确定，保证学徒在企业工作的同时，择时到培训机构参加系统的专业知识学习和技能训练，一般为600学时／年。企业培养主要是通过企业导师带徒方式，培训机构培养主要是采取工学一体化教学方式。学徒培训期满，经鉴定考核合格，可按规定取得相应职业资格证书或培训合格证书，完成学徒制教育。

这两种模式是同一制度框架下的探索和创新，只是在培养对象、实施主体、培训模式上有所不同，其核心目的都是提高人才培养质量，提高劳动者技能水平和职业素质，两种模式可以共同推进、相互借鉴、互为补充。

2. 地方特色模式

（1）广东模式

面向企业员工、应往届中职学校毕业生或应往届高中毕业生，通过综合考核和面试联合招生，学校录取和企业招工同步、招工招生一体化。校企签订合作协议、学生（学徒）和行业企业签订劳动合同，落实学员的在校学生和企业员工双重身份。学校和企业根据统一规范的现代学徒制专业教学标准的要求，合理安排企业岗位培养与学校教学，通过工学交替学习和训练，在双导师指导下完成训教任务和考核，实施双主体共同培养。成立由政行校企四方专家组成的专门机构，通过管理及决策机制建设，对各级现代学徒制工作进行指导、管理、监督，行业协会代表企业对人才培养进行评价（如承担职业资格鉴定）（图 1-1）。

广东在实践中探索形成了 6 种现代学徒制实现形式，即"学校＋大型企业"形式、行业企业院校三方合作育人的"三元众筹"形式、连锁企业与院校合作育人的"职业店长连锁培养"形式、院校与工业园区合作的"院园融合"形式、"学校＋职教集团＋企业"形式以及"学校＋产业学徒培训中心＋企业"形式[1]。

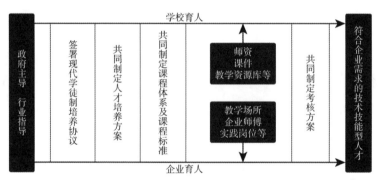

图 1-1　清远职业技术学院现代学徒制新码基班人才培养模式图[2]

（2）新余模式

面向有职业培训意愿的职业院校学生招收企业学徒，与企业签订培养和就业协议；面向企业非熟练工人招收职业院校学生，与职业院校签订培训合同。职业院校的学生根据企业订单要求，灵活安排到企业岗位学习；企业员工不固定学习时间和期限，随时到职业院校学习。学生和员工都是学中做、做中学，工学结合。员工修满学分获职业院校

① 赵鹏飞，张志，刘武军等.广东特色现代学徒制实践探索与未来趋向［J］.中国职业技术教育，2019（20）：5-12.

② 郭汉桥.基于现代学徒制的机电专业人才培养体系构建——以清远职业技术学院现代学徒制"新玛基班"为例［J］.辽宁高职学报，2016（7）：8.

相应的毕业证书,学生毕业,如企业、学生双方满意即可正式录用为企业员工(图1-2)。

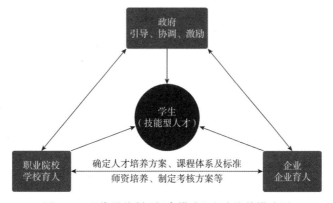

图1-2 现代学徒制"新余模式"人才培养模式图

（3）平度模式

围绕畜牧业"育种、养殖、饲料、防疫、加工、营销"和种植业"选种育种、种植、肥料、植保、加工、营销"完整产业链,通过校办企业、引企入校、联盟农户等形式,建构与"种植—畜牧—保鲜—加工—营销"专业链群匹配的农庄式"学校+企业"完整闭环。学校招收的学员既是职业学校的学生,又是企业的学徒。根据职业岗位能力要求和国家职业标准,在专业建设指导委员会的指导下,学校教师与企业实习指导教师制订专业人才培养方案(图1-3)。学生学习以学校教育与企业生产交替进行。第一学年50%的时间学理论,50%的时间在校内实训车间实践;第二、三学年20%的时间学理论,30%的时间在校内实训车间实践,50%的时间在企业(校办企业+社会企业)培训实践能力。学生学习期满后,接受职业教育考试委员会(由行业企业工程技术人员、职教专家以及职业学校教师组成)组织的考试考核,经考试委员会确认合格者,由学校颁发毕业证书,由职业技能鉴定中心颁发相应工种的职业资格证书。

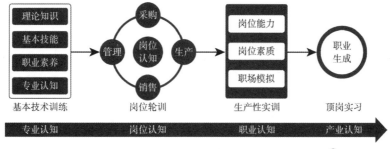

图1-3 平度"四步训练—全程参与"人才培养模式图①

---

① 许占山.助推区域经济发展的平度"双元制"职业教育[M].青岛:中国海洋大学出版社,2017:56.

从以上可以看出，我国的现代学徒制不管是国家构建的模式，还是地方推进的特色模式，都是在行动导向等理论的指导下，围绕明确目标形成了一定的程式，建立了一定的机制。有职业院校主导的模式，也有企业主导的模式，与西方现代学徒制相比，学徒来源途径多样化，录用标准不一致，缺乏科学的选拔标准和方式；尽管有企业与学生之间的合同、学徒有企业师傅指导，但师徒关系构建普遍不够重视，师徒关系不够稳固，师徒化程度不高；培养方案普遍草根化，加上没有权威的全国学徒制专业教学标准作指引，自主性有余，规范性不够；有企业与职业院校间实施工学交替，但具体模型不够清晰，工作本位学习与学位本位学习界限模糊，易出现"以工代学"或"以学代工"假现代学徒制；学徒期满有考核设计，但第三方评价普遍缺失。

四、我国现代学徒制的基本路径

北京师范大学赵志群教授对我国建设现代学徒制的实现路径有专门的宏观架构。概括起来主要为以下五点：一是进行国家制度层面的设计，即相关行业部门协调统一的法律法规体系，设定统一标准，确定双重法律地位的"学徒"身份，保障学徒的受教育权和劳动保护权益，保障企业的权益和义务。二是建立跨越传统的教育管理和人力资源管理部门的专门机构，建立各方认可和参与的协调和实施机制。三是行会取代政府机构，对企业开展的职业教育工作进行直接监督和管理。四是修改以学校和学科教育为中心的教学计划，按照企业需求设置课程顺序，结合针对性的设计补贴政策，激发企业参与的积极性。五是建立企业指导师傅任职资格和管理制度；建立指导师傅的培养培训制度；师傅带徒成果的考核与奖励制度[①]。

综合分析人力资源社会保障部财政部《关于全面推行企业新型学徒制的意见》（人社部发〔2018〕66号）和教育部办公厅《关于全面推进现代学徒制工作的通知》（教职成厅函〔2019〕12号），实施现代学徒制是为了发挥企业在技术技能人才培养上的主体作用，改进与丰富技术技能人才培养模式，壮大发展技术技能人才队伍，落实立德树人根本任务。从我国国情出发，结合我国经济产业发展水平和职业教育现实情况，"政府引导下的校企融合项目推进"应该是当前我国职业院校和企业实施现代学徒制的基本路径。

---

① 赵志群.建设现代学徒制的必要性和实现路径[J].人民论坛，2020（03）下59-61.

1. 政府引导

政府及政府行业主管部门是我国发展职业教育的主体，也是实施现代学徒制的主体。政府引导是指政府通过思想和行为带着行业、企业和院校共同建设中国特色现代学徒制的集体行动。政府是引导者，处于主动位置。政府引导实施中国特色学徒制，是我国"职业教育实行在国务院领导下，分级管理、地方为主、政府统筹、行业指导、社会参与的管理体制"[①]决定的。政府举办、参与举办职业院校和职业培训机构，开展多种形式的职业教育，包括现代学徒制。鼓励有条件的企业根据自身生产经营需求，利用资本、技术、知识、设施、设备和管理等要素，单独举办或者联合举办职业院校、职业培训机构，推广现代学徒制。鼓励根据区域或行业职业教育的需要建设高水平、专业化、开放共享的产教融合实训基地，服务现代学徒制。鼓励有技术技能人才培养能力的企业设立学徒岗位，与职业院校联合招收学员（学徒），以工学结合的方式进行培养，推进现代学徒制。建立与职业教育办学规模、培养成本和办学质量相适应的财政投入制度，提高资金使用效益，支持现代学徒制。对产教融合型企业给予适当补贴或者政策优惠，对符合条件举办职业教育的企业，按投资额一定比例抵免教育费附加和地方教育附加；鼓励金融机构运用信贷等手段，鼓励企业、事业组织、社会组织及公民个人对现代学徒制捐资助学，扶持现代学徒制。采取措施，提高技术技能人才的社会地位和待遇，弘扬劳动光荣、技能宝贵、创造伟大的时代风尚；对在现代学徒制工作中做出显著成绩的单位和个人给予奖励，宣传现代学徒制。

2. 校企融合

产教融合是指产业与教育的深度合作，是职业院校为提高其人才培养质量而与行业企业开展的深度合作。产教融合是我国现代职业教育体系的重要特征之一，也是我国职业院校实施职业教育的必由之路。校企融合是产教融合的重要内容和具体表现，也是我国实施现代学徒制的路径选择。在我国职业教育法律体系不够完善、行业发育不够成熟的情况下，只有校企深度融合，才能实现专业与市场、课堂与岗位、学校教师与企业师傅等方面全方位融合；才能联合培养学徒，实现岗位培养、岗位成才。校企融合就是校企在资源细分的基础上，进行资源重组，实现协同育人的创新。就是要校企共同制订和实施招生招工方案，做到招生招工一体化；校企协同制订现代学徒制专业人才培养方案，做到人培方案共制；按照专业设置与产业需求对接、课程内容与职业

---

① 全国人大常委会. 中华人民共和国职业教育法（修订草案）[EB/OL]. （2021-6-17）[2021-8-21].https://www.xianjichina.com/news/details_270065.html.

标准对接、教学过程与生产过程对接的要求，校企共同研制高水平的现代学徒制专业教学标准、课程标准、实训条件建设标准等相关标准，做到标准体系共建。学校教师和企业师傅共同承担教育教学任务，学校与企业之间人员互聘共用、双向挂职锻炼、横向联合技术研发和专业建设，做到双导师团队共享。发挥校企双方的场所、设备、人员优势，共同开发一批新型活页式、工作手册式教材并配套信息化资源，做到教学资源体系共建。校企联合政府、行业等共同构建现代学徒制质量评价机制，共同接受第三方评价，做到质量评价共认。

3. 项目推进

2015年以来，教育部分三批遴选了共562个行业组织、地区、企业、职业院校开展了试点工作。人力资源社会保障部办公厅、财政部在北京市等12个省（区、市）选择3—5家大中型企业开展企业新型学徒制试点工作，并分别在试点的基础上，开展了全面推进工作。综观我国目前的现代学徒制，不管是教育部推进的"现代学徒制"还是人力资源社会保障部财政部推行的"企业新型学徒制"都只是一种改革"项目"，整体形态是项目形态而非制度形态。这是借鉴某些西方职业教育先进国家推广现代学徒制的成功做法，更是基于从我国职业教育法制建设水平出发，对区域发展差异、企业职业教育和学校职业教育现状等综合考量的必然选择。项目推进有利于从区域经济社会实际情况出发，全面推广现代学徒制；有利于促进校企深度融合，有效推广现代学徒制；有利于发挥政府、企业、院校等各方的主体作用，高效推广现代学徒制。一个项目推进周期一般1—3年，涉及的院校、企业等主体范围小，有利于及时发现问题，及时纠正问题；也有利于创造经验、推广经验，推进现代学徒制健康发展。

4. 政府引导下校企融合项目推进路径

在此，我们首先要解决认识上的几个误区。一是普遍认为企业是不愿意参与人才培养的。其实发展良好的现代企业，都是希望、愿意参与人才培养的，只是企业普遍不知道怎么去参与人才培养。二是普遍认为企业是唯利是图的。企业以赢利为目标，但并不等于说要在每一个环节赚钱，现代企业普遍愿意在人力资源建设上花钱投资。三是实施现代学徒制是企业的事情，职业院校只要做好学校职业教育就行了。运作双主体是现代学徒制的主要特征之一，企业、职业院校两者缺一不可，在国家重大战略和区域支柱产业等相关专业进行现代学徒制是职业院校应尽的职责。由于区域不同、经济社会发展水平不同，结合实施主要主体的实际情况，政府引导下的我国现代学徒制校企融合项目推进基本路径主要有学校主导融合推进和企业主导融合推进这两条。

（1）学校主导融合推进路径

企业和职业院校资源是实施现代学徒制的必要条件。我国地域差异大，有些地区现代企业发展水平比较低，而职业院校发展水平比较高；职业院校有大量的生源，企业有可开发的学徒岗位，适合走学校主导融合推进路径来推广现代学徒制。职业院校要主导现代学徒制推进工作，扮演主要角色，带领企业在政府引导下校企融合项目推进现代学徒制。学校主导融合推进的项目形态现代学徒制具体路径包括项目确定、资源建设、招生招工、协同培养、验收就业、持续改进六个环节。

项目确定包括确定实施专业、合作企业、学徒培养周期、学徒培养规模、学徒培养目标规格和设置管理机构、签订校企合作协议、制订人才（学徒）培养方案。资源建设包括课程建设、师资建设、实践教学基地建设、制度建设和信息化学徒平台建设。招生招工包括制订方案、信息发布、宣传推介、学生身份确定、学徒身份确定、培训服务合同签订和购买学徒保险。协同培养包括工学交替学习、协同教育管理和协同考核评价。验收就业包括组织第三方考评、办理毕业手续、就业安排和编制项目质量报告。持续改进包括满意度调查、学徒生涯跟踪和工作改进。

要走好学校主导融合推进路径，一要院校处处时时有主角意识、主动行为，严格履行合同，积极承担投入和运行成本。二要选择好合作企业。企业有开展现代学徒制意愿是前提，具备现代学徒制专业对应的学徒培养师资、场地、仪器设备等软硬件条件是基础。三要赋予学生企业学徒的身份。学生与企业要签订培训服务合同，明确培养专业、培养期限、培养模式、培训岗位、双方的责权利、薪酬待遇和其他内容。四要学生的工作本位学习占尽可能多的比例。企业要协同院校开发工作本位课程、配备专兼职师傅、优化生产实践环境、做好工作本位学习管理和考核。

（2）企业主导融合推进路径

我国有些地区现代企业发展水平比较高，而职业院校发展水平相对较低，但企业有大量合适的学徒岗位，职业院校有学徒岗位需求，适合走企业主导融合推进路径来推广现代学徒制。职业院校要积极创造条件，配合企业在政府引导下校企融合项目推进现代学徒制。企业主导融合推进的项目形态现代学徒制具体路径包括项目确定、资源建设、招工招生、岗位培养、验收毕业、持续改进六个环节，与学校主导融合推进的项目形态现代学徒制具体路径总体相似。不同之处主要体现在三个地方：一是先招工后招生，在企业职工身份基础上再确认学生身份；二是基于生产过程中学习、生产岗位上培养，以工作本位学习为主；三是学徒本身就是企业员工，一般不存在就业安排和就业率问题，应该考虑给予合格学徒进入高一级学校继续学习的机会。

要走好企业主导融合推进路径，一要企业与学徒签订劳动合同与培训服务合同，强化职业承诺度教育，减少外部偷猎性风险。二要制定切合学徒实际需求的培养目标与规格，制定适合学徒岗位学习的学徒（人才）培养方案，确保学校本位学习的时间安排。三要制定并实施严格的平时考核评价和期满验收评估的标准与办法，提高学徒学习的投入度和积极性。

我国政府引导下校企融合项目推进现代学徒制路径，特色是政府引导，校企有较大的自主权和操作灵活性，而且是校企围绕项目在智力资源、人力资源、物质资源等细分基础上的重组与创新，深度融合，与西方"分离式""合作式"现代学徒制企业和职业院校普遍独立运作相比，有校企合作的优势。但在路径的宏观架构上缺少协调统一的法律法规体系以及跨越传统教育管理和人力资源管理的专门机构和协调、实施机制。具体的现代学徒制项目没有层次区分，中职、高职、应用型本科一个样。行会组织在现代学徒制实施路径中普遍缺失或作用甚微，项目实施标准普遍较低。项目实施环节普遍不够完整，校企融合程度普遍不够高。

五、我国现代学徒制的发展趋势及改革对策

我国从 2014 年开始现代学徒制试点，至今才短短七年，取得了许多成果。但我国现代学徒制的推广和发展仍然存在很多问题和困难。当前影响现代学徒制建立和可持续发展的关键性问题是缺乏相应的制度保障，也没有校企合作的协调管理机制和机构，顶层设计尚未形成，致使学徒制教育在实践中遇到很多困难[①]。但在事物的发展过程中，困难往往是暂时的。随着社会变革、生产技术的不断发展，经济社会发展对职业教育的要求将越来越高，现代学徒制的"质量""经济"和"效率"优势将进一步彰显，呈现稳步发展的总趋势。

1. 我国现代学徒制发展趋势

（1）成为国家人力资源开发战略的重要组成部分

经济要高质量发展，人力资源是最重要和决定性的资源。站在新的历史起点上，面向新的发展 100 年，我国现代企业发展、产业转型升级和新动能培育需要加快建设知识型、技能型、创新型劳动者大军，壮大发展产业工人队伍，扩大技能人才培养规模，人

---

① 赵志群. 建设现代学徒制的必要性和实现路径［J］. 人民论坛，2020（03）下 59-61.

力资源开发将越来越成为国家战略。未来职业世界需要更多复合型的精湛技术技能人才。而现在，求职者本身掌握的知识和技能与雇主需要的知识和技能之间不匹配，技能鸿沟（skill gap）现象普遍存在。现代学徒制集合了传统学徒制工作本位学习的优势和职业教育系统高效学习的优势，是消除技能鸿沟（skill gap）现象的良药。我国知识型、技能型、创新型劳动者大军的培养需要发展现代学徒制，复合型的精湛技术技能人才培养更离不开现代学徒制。现代学徒制具有结构化程度高、雇主参与度高、学习者全身心投入到密切相关的工作环境中"高接触"的特点，能较好地捕捉现代技术发展的方向、把握技术技能传承的规律、传授工作世界的知识和经验，有效解决理论和实践脱节、学习和工作分离的问题，从而培养适合现代企业需要的精湛技术技能人才，是我国技术技能形成与积累的重要形式，必将成为我国人力资源开发战略的重要组成部分。

（2）成为我国职业教育体系的重要组成部分

职业教育的高质量发展，关键要落实到人才培养高质量上。改革开放 40 年，我国职业教育取得了巨大成就，构建了中国特色的职业教育体系，成了职业教育规模世界第一的职教大国。综合远虑（人工智能、机器换人）与近忧（技术人才短缺与大量人口就业），我们需要全面提升职业教育和培训的质量，培养立足当下、具有未来社会所需技能的复合型的职校生。这些技能包括全面沟通能力、社交沟通能力、团队合作能力、批判性思维能力等可迁移能力。在未来，这些能力可以与自动化技术相互补充，且不易被自动化取代[1]。现代学徒制除具有教育功能和经济功能外，还有强大的社会化功能。其结构化导师制、带薪工作经验、行动导向学习等有利于学生全面沟通能力、社会交际能力、团队合作能力、批判性思维能力等可迁移能力的更好培养，将成为我国职业教育高质量发展的重要载体。将学徒培养融入学校教育，为当代"工匠精神"培育提供了体制基础，企业成为协同育人主体，学生的专业理论知识、通识知识和技术技能同步发展，获得从业和做人的全方位教育，从而使技术技能型实用人才输出成为可能[2]。具备了"工匠精神"的技术工人才是现代技术技能人才。"工匠精神"的培育是现代学徒制的重点和核心内容。现代学徒制按照行业的技术专业、工作领域、生产标准制订计划，从企业出发进行系统思考问题，以工作本位学习为主，有利于学生"工匠精神"的养成，这将成为我国工匠精神传承的主要方式。随着现代学徒制在我国全面推广，中职、高职、应用型本科，国企、外企、民企，中小型企业参与的现代学徒制遍地开花，其

---

① 庄西真. 从遥不可及到触手可及——"可及性学习型社会"的概念、价值与测评维度［J］. 职教通讯，2019（9）：16-21.

② 山崴，邓国民. 基于工匠精神的中职服务业人才培养路径研究——大连商业学校的探索与实践［J］. 中国职业技术教育，2019（31）：81-87.

"高质量"优势和"工匠精神"培育等方面的功能优势将进一步显现，逐步得到社会和政府的认可。同时，随着我国职业教育法律法规和职业教育体系的完善，现代学徒制必将成为我国职业教育体系的重要组成部分。

（3）成为我国社会公共事业的重要组成部分

现代学徒制涉及的相关利益者众多，有国家、师傅与教师、徒弟、行会、工会、雇主、学校和第三方培训或中介机构等。目前，我国的现代学徒制是项目形态的现代学徒制，而非制度形态的学徒制，主要表现为是企业、职业院校的个体行为。我国随着职业教育改革的深入，现代学徒制的全面推广，建立各方认可和参与的协调和实施机制，使学徒制可以真正成为一种国家治理制度①。现代学徒制将成为我国社会公共事业的重要组成部分。国家将加强现代学徒制的法律法规建设，明确现代学徒制的法律地位。政府将健全现代学徒制的管理体系，明确管理现代学徒制的各级机构或部门。政府有关经济部门将参与现代学徒制，拓展技能内部形成体系。行会将转变角色和职能，明确对企业开展现代学徒制的管理职责。工会、妇联、科协等群众性组织将建设有关平台，参与现代学徒制的服务工作。职业教育评价组织等第三方组织将积极投入现代学徒制的质量评估和监控等工作。现代学徒制的投入机制也将逐步完善，标准体系也将逐步建立，教学组织的结构化水平也将越来越高。和西方现代学徒制发展一样，地位突出，操作便捷，运作高效。

2. 我国现代学徒制改革对策

从世界职业教育模式的形式至本质分析，现代学徒制形式上是"企业＋学校"的模式，办学主体为企业和政府（通过学校），办学地点为企业和学校；机制上是合作模式，国家通过法律调节监控，作用大。现代学徒制有相对低成本性、高实践性、高能力性教育优势，教学强调职业性、行动性、能力性。同时，也存在协调性、稳定性、知识性不足的教育弱点②。基于以上认识，我国现代学徒制发展中应实施如下对策。

（1）赋予国家／政府较高的权限水平，发挥行政力量与经济驱动作用来提高相关政策的执行动力

现代学徒制的利益相关者可以分为政府、教育机构、企业和学徒四类。这四类利益相关者在学徒制中的利益和权力的大小是不同的，利益与权力是否匹配、是否平衡，

---

① 赵志群.建设现代学徒制的必要性和实现路径[J].人民论坛，2020（03）下59-61.

② 姜大源.职业教育学位设置：文本分析与模式识别——基于比较视野的职教法律法规相关条款的解释[J].中国职业技术教育，2020（16）：5-24.

在一定程度上决定了这一制度是否能取得成功①。关晶教授还认为：当政府、教育机构、企业和学徒四个主要利益相关者被赋予与其利益水平相当的权限，才能既促进四方相互合作，也保证四方善罢甘休制衡。事实昭示我们，现代的学徒制四个主要利益相关者都具有较高甚至很高的利益水平，所以四个主要利益相关者也应该一样赋予较高的权限水平。在我国现代学徒制推广过程中，首要的是赋予国家/政府较高的权限水平。细化《职业教育法》中有关学徒制的相关条款，赋予企业招收学徒的法律地位和参与人才培养的法律责任；赋予学徒法律身份，明确学徒在企业拥有准雇员的法律地位。规定并给予学徒学习、薪酬、休息、劳动保护、工伤保险和人身意外保险法律保障；赋予企业师傅法律身份，建立企业师傅政策倾斜和培训提升机制；赋予职业教育评价组织现代学徒制质量评价监控职能。优化中央、省、地市级层面有关学徒制改革与发展的机构设置并明确规划统筹、教学管理和经费支持职责。

（2）关照多元主体的不同诉求，特别要关照制度作用的直接主体——学生的祈求，注重引导中小企业开展现代学徒制

学生是现代学徒制作用的直接主体，利益和权力是否匹配、在利益相关者中是否平衡，是制约现代学徒制成功与发展的关键因素。我国在现代学徒制推广过程中，要清楚明确学生、学徒双身份，架构教育性和生产性兼顾的课程体系，优化以工学交替为中心的结构化教学组织，确保学生接受高质量培养，让学生有归属感、成长性和竞争力。企业与学生要签订培训服务协议而非劳动用工合同，明确企业学生的责任权利，赋予学生学徒（准员工）身份，享受一定的薪酬福利待遇，厘清与员工的界限。要成立学徒的有关组织或平台，聘请学徒或毕业学徒参加有关教育教学委员会，参与现代学徒制的决策、实施、评估和管理过程。要赋予学生学徒期满后自由选择就业或升学的权利。

对企业而言，学徒制意味着获得熟练工人（部分拔尖的学徒可以作为领导后备人才）和大于投资的回报（一项国际调查显示，雇主每投入1美元就能获得1.47美元的回报；企业文化熏陶大大提升学徒忠诚度，留任率高达91%）②。由此可见，通过现代学徒制获得技术人才是企业的出发点和归宿点。我国在现代学徒制推广过程中，要公开、自愿签订企业学生培训服务协议，达成可信承诺关系；要内化技艺传授的"师承"模式，强化师徒关系的构建和学生职业承诺度的培养；在教学分工时，适当把一部分专业基础知识、基础技能的教育职能分给职业学校承担，转移部分企业的教育职能；规范区域内劳动力市场，规避企业的"偷猎外部性"投资风险。另外，要建立投入分担机制，通过有效的激

---

① 关晶.职业教育现代学徒制的比较与借鉴［M］.长沙：湖南师范大学出版社，2016：217.
② 马君，李姝仪."扩大学徒制"计划：美国现代学徒制改革的新思路［J］.中国职业技术教育，2019（27）：50-59.

励措施调动企业参与现代学徒制的积极性，特别是引导中小企业开展现代学徒制。

（3）发挥体制优势，突出关键要素建设

我国是社会主义国家，社会主义制度是我国的根本制度，中国共产党的领导是中国特色社会主义最本质的特征。现代学徒制实施的前提在于职业院校、企业等实施主体的价值认同。我国在现代学徒制推广过程中，要发挥宣传部门的作用，提高和统一现代学徒制相关利益主体的认识，特别是职业院校、企业对现代学徒制本质、意义的认识。从现代学徒制基本内涵和本质特征出发，以"质量卡片"的形式制订我国现代学徒制基本标准；以专业教学标准为基础，制定现代学徒制相关专业基础知识教学标准，创建线上学徒学校；以相关利益者平衡机制为前提，建立全国性或区域性相关利益者合作平台；以培育职业教育评价组织为契机，建立全国性或区域性现代学徒制质量评价和监控机制。

（4）发挥地方优势，鼓励机制创新和方法创新

我国"在国务院领导下，分级管理、地方为主、政府统筹、行业指导、社会参与"的职业教育管理体制赋予了地方在职业教育中的特别使命，也为我国发展和推广现代学徒制创造了无限空间。我国在现代学徒制推广过程中，要建立地方区域性的现代学徒制信息平台，宣传相关政策，公开相关信息，形成现代学徒制匹配的供需机制。根据地方产业发展情况，梳理若干专业群，围绕产业链、创新链的核心需求和关键技术，联合一家或多家企业共建共享"学徒培训中心"，打造现代学徒制校企之间的"摆渡船"。构筑地方性现代学徒制经费投入机制和利益均衡机制，支持企业和职业院校开展探索与实践。在学徒注册登记的前提下，由地方现代学徒制的主管部门根据考核评价记录出具"学徒工作证明"。发挥地方政府的行政力量，尽量规避其他教育选择对现代学徒制推广和发展的负面影响。

第二章　现代学徒制太仓模式

太仓市是苏州的一个市辖县，位于江苏省东南部，长江口南岸。东濒长江，与崇明岛隔江相望，南临上海市宝山区、嘉定区，西连昆山市，北接常熟市。沿江沿沪，陆上交通发达，水上交通优越，空中交通便捷，区位优势十分明显。具有与欧美中小城市相近的城市风貌，被评为国家卫生城市、国家生态城市、国家园林城市、国家环境保护模范城市、中国优秀旅游城市，荣获中国人居环境奖，是长三角最具发展活力的地区之一，综合实力连续多年位列全国百强县（市）前十名。目前，太仓德企总数已达400家，投资总额超50亿美元，年工业产值超500亿元，亩（666.7平方米）均产值、利润、税收分别达1400万元、150万元和110万元，行业内的"隐形冠军"超50家，已形成高端装备制造、汽车核心零部件、精密机械等主导产业，并逐步向新能源、智能网联汽车核心零部件、航空产业等智能化领域拓展延伸。已有500多家民营企业与德资企业开展产需对接、研发、资本、人才等方面的深度合作，形成了一批具有自主创新、自主品牌的成长性本土民营企业。太仓是中国集聚德资企业最多的县级市，拥有全球第八家、中国第三家德国中心，先后被授予"中德企业合作基地""中德中小企业合作示范区""中德（太仓）智能制造合作创新园""国际科技合作基地"等称号。拥有义务教育阶段中小学校54所，普通高中4所，中等职业学校1所（江苏省太仓中等专业学校，以下简称太仓中专），高等职业技术学院1所（苏州健雄职业技术学院），特殊教育学校1所，民办中小学9所，社区教育中心7个，老年大学1所，开放大学1所。为"全国县域义务教育发展基本均衡县（市、区）""国家级农村职业教育和成人教育示范县""江苏省促进义务教育均衡发展先进县（市、区）"。

第一节　现代学徒制太仓模式的历史沿革

德国的现代学徒制通常被称为"双元制"。严格意义上是指德国中等职业教育层面在行会控制下法定的技术技能型"人才培养制度"。从2001年起，在太仓市委市政府的领导下，太仓职业院校与德资企业牵手开始太仓"双元制"本土化实践，历经了借鉴起步、创设壮大、创新飞跃三个阶段，成功构建起了基于"双元制"本土化的现代学徒制太仓模式。

一、借鉴起步阶段

基于"双元制"本土化的现代学徒制太仓模式起步的标志性事件是太仓德资企业专业工人培训中心建立。

1. 缘起

1992年1月18日至2月23日，邓小平同志南巡武昌、深圳、珠海、上海等地，发表了重要讲话，如"改革开放胆子要大一些，抓住时机，发展自己，关键是发展经济"[①]，对我国90年代的经济改革与社会进步起到了关键的推动作用。在邓小平同志讲话精神指引下，1993年太仓引进了首家德资企业克恩—里伯斯，之后德资企业纷纷抢滩太仓，到1997年，在太德资企业已达12家。太仓县域内随即出现了高素质技术技能人才匮乏的问题，制约了德资企业在太仓的发展。1998年春，德国巴登—符腾堡州议员、克恩—里伯斯集团公司董事长斯坦姆博士认为"公司高级管理人员可以从德国选派或从上海等地聘用，而稳定的具有良好素质的高技能人才只能靠当地培养"。于是，他提出了在太仓借鉴德国"双元制"模式，以此培养企业需要的技术技能型人才的建议，并很快得到了德国巴登—符腾堡州经济合作部的支持、江苏省计划委员会的赞同、太仓市政府的响应。

2. 筹备

1998年9月13日，德国巴登—符腾堡州商务部官员一行8人来太仓考察，并与太仓市政府、太仓经济技术开发区等有关部门确定了借鉴德国"双元制"模式，组建"太仓德资企业专业工人培训中心"，合作培养企业需要的技术技能型人才的事宜。此后，中德双方都高度重视此项工作。太仓成立了以市政府、经济技术开发区、教育局和职业学校领导为成员的筹建小组；德国成立了以艾米勒为首席代表的筹建小组，就组建"太仓德资企业专业工人培训中心"所涉及的专业、师资、课程、实训装备等方面进行前期交流、磋商，并一起考察了天津中德培训中心。2000年3月10日，克恩—

---

① 人民网.1992年1月18日邓小平同志南巡［EB/OL］.（2013-1-18）［2020-12-25］.https:// news. ifeng. com/a/20130118/21338476_o.shtml.

里伯斯董事长斯坦姆先生来太仓，与太仓市政府、经济技术开发区等领导具体商定了合作开办太仓德资企业工人培训中心协议框架。在具体筹备的过程中，中德双方在理念、行动等方面出现了冲突。主要集中在两个方面，一是有关要不要缴纳学费。德国的"双元制"教育学徒不需要缴纳学费，而且还从企业得到报酬；而在当时，我国职业学校的学生需要缴纳学费上学，中德学徒利益差距颇大。二是培训中心是建在学校还是建在企业。在德国，培训中心指企业培训中心或跨企业培训中心，自然是建在企业中的，这也是德方专家的明确主张；而在中方领导的认识体系中，学生就应该在校园里学习，包括实践教学的培训中心也应该建在学校内。对此，太仓市领导从社会认识、交通安全、学生管理、教育质量保证等方面反复表达了中方的主张原因。几经交锋与碰撞，中德达成了学生按标准向职业学校缴纳学费、企业向在工作岗位上学习的学生支付津贴的折中方案。在培训中心的场所问题上，太仓领导受当时经济界"不求所有，但求所在"的理念启发，从"不求所在，但求所有"出发，认可了德方把培训中心建在企业内的主张。

3. 签约

签约在两个层面上进行，一是具体合作主体层面签约，二是国家政府层面签约。2001 年 7 月 26 日，由太仓经济技术开发区管委会、太仓中专、克恩—里伯斯集团、慧鱼集团合作创办"太仓德资企业专业工人培训中心"的合作协议正式签署。2001 年 10 月 29 日至 11 月 1 日，中德高技术对话论坛第二次会议在京召开，中德两国政府、企业界和研究机构的代表们聚首论坛。中国国务院副总理李岚清和德国总理格哈德·施罗德出席会议并发表讲话。在中德两国领导人的见证下，太仓德资企业专业工人培训中心等 29 个中德合作项目在北京人民大会堂签约。此事，被我国当代职教名家姜大源先生定义为"中德职教合作进入一个新阶段"[①]。培训中心是民办非企业单位，实行理事会（或董事会）管理制度。主要培养模具设计与制造专业，首期招生 20 名，借鉴实施"双元制"教育模式。太仓经济技术开发区管委会作为太仓市政府的代表，直接参与"太仓德资企业专业工人培训中心"的建设，管委会领导任培训中心理事长。

4. 开班

2001 年暑期，先由太仓中专从初中毕业生中招收模具设计与制造专业学生，再由合作企业从这批模具专业学生中通过笔试、面试招收了 20 名学徒。2001 年 9 月 1 日，

---

① 姜大源.中德职业教育合作 30 年大事记［J］.中国职业技术教育，2009（35）：9.

"太仓德资企业专业工人培训中心"举行了隆重的开班典礼。江苏省计划委员会、苏州市教育局、太仓市政府及有关部门领导、德国巴登—符腾堡州政府商务代表、太仓企业界人士和学校代表等共 200 多位中外嘉宾出席，20 名学员及家长参加了隆重的开班典礼。德企还从德国请来了一支 50 多人的乐队助兴，为开班典礼增色了不少。

5. 毕业

20 名模具设计与制造专业学员通过 3 年的学习，经过学校考试、企业考核和两次由德国工商行会上海代表处组织的第三方评估，顺利毕业。绝大多数毕业生与两家出资的德资企业签约就业，其余学员也被其他德资企业预订一空。2004 年 7 月 9 日，太仓德资企业专业工人培训中心首届学员毕业典礼隆重举行。德国巴登—符腾堡州政府、德国驻上海领事馆派出官员，沪、宁、苏、太等地德国企业代表及江苏省发展与改革委员会、苏州市发展和改革委员会、苏州市教育局及太仓市委、市政府及有关部门领导和学校师生代表及学员家长约 300 人与会。媒体纷纷予以报道赞扬。

太仓德资企业专业工人培训中心在政府领导和社会各界的关心支持下，校企双方积极沟通、深度融合，每年招收 20 名模具设计与制造专业学员，运作顺利。2004 年上半年，在政府的牵线下，德资企业舍弗勒（中国）有限公司总裁来到太仓中专，对学校领导说：舍弗勒（中国）有限公司在太仓现有 300 多名员工，5 年以后将发展到 3000 名，其中 1000 名员工是要由舍弗勒（中国）自己培养的，舍弗勒（中国）需要太仓中专的帮助。2004 年 8 月，太仓中专与舍弗勒（中国）有限公司就双方共建舍弗勒（中国）培训中心签约，也借鉴"双元制"采用现代学徒制培养机械加工专业学生，年招收学员 100 名。此阶段的太仓现代学徒制项目都是由企业发起的，企业扮演主要角色，职业学校积极配合，大胆改革。

二、创设壮大阶段

基于"双元制"本土化的现代学徒制太仓模式壮大的标志性事件是舍弗勒（中国）培训中心招收大专学生和太仓德资企业专业工人培训中心开展的 Meister（师傅）培训。

1. 学徒扩展到大专学生

2004 年下半年，经江苏省政府批准太仓市政府组建成立了健雄职业技术学院（2014 年更名为苏州健雄职业技术学院，以下简称健雄学院）。一所县属的高职院，如何在与众多省属高职院、市属高职院的竞争中办出特色、办出水平、办出影响,是摆在院领导面前的必答题。受太仓中专成功开展基于"双元制"本土化的现代学徒制的启发,院领导决定尝试在大专层次学生中开展现代学徒制人才培养模式。从 2005 年下半年起,院领导主动与舍弗勒(中国)有限公司沟通磋商,终于在 2006 年达成合作培养意向,开展现代学徒制项目合作,共同招收 20 名学员,共同培养专科层次工业机械工人才。在德国,"双元制"教育模式在高等教育中的实施也是 21 世纪初的事情。太仓在 2006 年就开始了高等教育层次的现代学徒制实践,无论是在太仓,还是在中国职业教育发展中,都是一个重要的里程碑。

2. 学徒扩展到企业职工

在面向职业院校学生开展现代学徒制的同时,如何在企业在职职工中开展现代学徒制实践,提升其技术职能水平? 2006 年 11 月,太仓中专联合"太仓德资企业专业工人培训中心"、德国工商行会上海代表处,借鉴德国 Meister(师傅)培训的做法,在德资企业工人中招收 20 名学员,开展了以金属加工技术方向企业现场经理为培养目标的 Meister(师傅)职业资格培训,教学模块包括跨专业基本能力、行为处事能力、职业培训和劳动教学能力、实践操作能力四大模块。四大模块下又设子模块,共 1200 学时。Meister(师傅)培训不仅关注学员专业理论和技能的提升,还十分重视学员教育学、心理学和教育教学技术的培养。职业培训和劳动教学能力模块主要是职业教育学及教学法的内容,共计 100 学时,毕业后的学员即为企业培训师的储备人选。

3. 学徒扩展到多个企业

到 2007 年,太仓基于"双元制"本土化的现代学徒制在国内已有一定影响。2007 年 6 月 11 日至 12 日,由中国高等教育学会、中国职业技术教育学会、中国教育发展战略学会联合主办的 2007 全国高等职业技术教育论坛在太仓隆重举行;2007 年 7 月 6 日至 8 日,由江苏省教育厅、省教育科学研究院主办的江苏省职业教育课程改革实验工作现场推进会在太仓隆重召开。来自全国、全省的职业教育同行听取了太仓领导、院校代表和企业专家有关现代学徒制经验介绍,参观考察了太仓的"双元制"本土化合作项目。这两次会议的成功举行,是对太仓基于"双元制"本土化的现代学徒制实践的肯定,也坚定了太仓职教人走"双元制"本土化改革创新发展之路的信心。2007 年,健雄学院与德国工商行会上海代表处(简称 AHK-上海)联合太仓 15 家德资企业合作建立"AHK-上海、健雄职业技术学院专业技术工人培训中心",培养机电一体化专业和模具设计与制造专业学生。2007 年,太仓中专与太仓经济技术开发区管委会、在太 17 家欧美企业共建欧美企业专业工人培训中心（EATC），培养数控专业学生，并取得德国工商行会上海代表处"切削机械工"认证。2009 年，太仓中专与德资企业乐客精密工具（太仓）有限公司合作，用德国 PPP（政府与私营企业合作，政府向私营企业购买服务，对相关民营企业专业技术人员进行专业培训）项目，培养数控专业学生。2010 年，德资企业慕贝尔汽车部件（太仓）有限公司入股太仓德资企业专业工人培训中心。2013 年，太仓中专与德资企业海瑞恩精密技术（太仓）有限公司共同成立海瑞恩（太仓）培训中心，培养数控专业学生，并取得德国工商行会上海代表处"切削机械工"认证。

此阶段的太仓现代学徒制项目涉及的企业，都是外资企业，且大多数是德资企业。企业在项目中仍然扮演主要角色，但政府和职业院校不再是被动的配合，有了主动牵线，主动寻求合作的意识。

三、创新飞跃阶段

基于"双元制"本土化的现代学徒制太仓模式飞跃的标志性事件是《"定岗双元"人才培养模式的研究与实践》《国际化工业园背景下德国职教教学模式的本土化构建与实践》双双获得国家职业教育教学成果奖。

1. 双获国家大奖

在健雄学院《"定岗双元"人才培养模式的研究与实践》获得江苏省职业教育（高职）教学成果特等奖和太仓中专《"双元制"本土化应用的实践研究》获得江苏省职业教育（中职）教学成果一等奖的基础上，太仓职业院校认真梳理十多年基于"双元制"本土化的现代学徒制做法经验和成效应用，打磨教学成果，在江苏省职业教育国家级教学成果遴选中双双胜出。2014 年 7 月，健雄学院的《"定岗双元"人才培养模式的研究与实践》、太仓中专的《国际化工业园背景下德国职教教学模式的本土化构建与实践》又双双获得首届国家职业教育教学成果二等奖。在此以后，又有太仓中专的《机电类专业教学组织结构化的实践与研究》《校企共建"教学工厂"的实践研究》分别获得 2017 年江苏省职业教育（中职）教学成果一等奖，《中等职业学校教学系统最优化模型构建与实践》《校企共建教学工厂的探索与实践》分别获得 2018 年国家职业教育教学成果二等奖。

2. 本科项目启动

2015 年 9 月，健雄学院、舍弗勒（中国）有限公司与上海同济大学签署协议，联合启动"舍弗勒双元制应用本科（成人）"项目，依托高校和企业共同培养理论与实践并重的机械技术人才。"舍弗勒双元制应用本科"项目面向太仓当地应届高中生招收学员，学制 6 年，由健雄学院、同济大学和舍弗勒共同面试选拔。学员入学后，前两年在健雄学院和舍弗勒进行以工业机械工为专业的技能培训，并通过德国工商行会（AHK）资格考试。第三年，由同济大学老师来健雄学院授课。从第四年起，学员在同济大学成人继续教育学院学习机械制造，每年暑假在舍弗勒公司实习。最后一个学年，学生还将前往德国实习 3 个月。这也是国内首个有企业参与并提供平台的"双元制"应用本科（成人）项目。2017 年 9 月 26 日，太仓市政府、东南大学成贤学院、德国巴符州双元制大学、太仓欧商投资协会四方合作举办的"中德合作太仓双元制本科"项目开班。首批共招收机械设计及自动化专业方向的 23 名学生，学制四年，涉及太仓 11 家德资企业。其中第一年为基础课程学习阶段，安排在东南大学学习；后三年为"双元制"的专业学习阶段，在太仓科教新城和德资企业学习与实训，采用 3 个月理论学习和 3 个月实训交替轮回的模式进行。巴登—符腾堡州双元制大学在课程设置、教学内容和项目实施过程中，提供指导、咨询服务，对教学质量进行监控，确保项目的教学符合德国"双元制"教育标准。

至此，太仓基于"双元制"本土化的现代学徒制涵盖了中职、高职和应用本科三个层次，形成了一个比较完整的职业教育体系。

3. 职教联盟成立

2015 年 10 月 24 日，在太仓成立了 AHK 德国"双元制"职业教育联盟。联盟的成员由德国工商行会上海代表处、开展"双元制"项目的国内职业院校、职业教育研究机构、职业教育出版机构和德国职业院校以团体会员的形式组成。联盟在 AHK 指导下，以成员单位为主体，借鉴德国"双元制"教育模式，积极推动我国职业教育改革和发展，形成具有中国特色的职业教育发展之路。21 家单位成为首批联盟成员，会长单位由德国工商行会代表处和健雄学院担任。2017 年 11 月，在太仓成立了"双元制"本土化职教联盟。联盟的成员是开展"双元制"本土化的"职业院校—企业"组合。联盟旨在搭建校企合作交流的平台，携手全国范围内"双元制"本土化教育的部分职业院校、企业和行业组织，最大限度整合多方资源，最大范围实现信息互通、优势互补、资源共享，最高水平呈现"双元制"本土化教育成果，努力使联盟成员成为全国现代学徒制的典范，为全国职业教育改革创新发展作出贡献。联盟首届理事长单位分别是太仓中专和舍弗勒（中国）有限公司。

两个职教联盟的成立和运作，一方面有力深化了太仓基于"双元制"本土化的现代学徒制实践，另一方面扩大了太仓基于"双元制"本土化的现代学徒制的影响力。

4. 项目纷纷落地

随着教育部《关于开展现代学徒制试点工作的意见》（教职成〔2014〕9号）和人力资源社会保障部办公厅、财政部办公厅《关于开展企业新型学徒制试点工作的通知》（人社厅发〔2015〕127号）的颁布，太仓中专先后成为教育部、教育厅现代学徒制试点单位。基于"双元制"本土化的现代学徒制项目纷纷落地（表2-1）。

表2-1　2014年以来，太仓现代学徒制新增有关项目一览表

序号	项目名称	开始时间	合作主体	企业性质	相关专业
1	太仓中专—森太汽车专业工人培训中心	2014年12月	太仓中专与森太集团联合森茂汽车城10家汽车4S店	私营企业	汽车修理
2	莱茵科斯特（太仓）跨企业培训中心	2015年12月	德国科斯特自动化系统有限公司和莱茵科斯特（太仓）智能制造科技有限公司	外商投资企业和私营企业	机电一体化
3	生活美创新中心	2016年9月	太仓中专与太仓金陵饭店、娄东宾馆、陆渡宾馆、海瑞恩（太仓）	国有企业、私营企业和外商投资企业	烹饪
4	德国手工业行会培训中心	2016年12月	德国手工业行会（奥登堡）、太仓中专及33家在太德资企业、私营企业	外商投资企业和私营企业	工业机电、工业机器人、精密制造和汽车机电
5	太仓德资企业专业工人培训中心	2017年9月	太仓中专、克恩—里伯斯（太仓）、慕贝尔（太仓）	外商投资企业	设备技术
6	亿迈齿轮（太仓）培训中心	2017年9月	健雄学院、亿迈齿轮（太仓）有限公司	外商投资企业	机电一体化

（续表）

序号	项目名称	开始时间	合作主体	企业性质	相关专业
7	艺术设计专业现代学徒制试点项目	2017年9月	太仓中专与苏州随美创意家居有限公司等6家艺术设计类企业	私营企业	艺术设计
8	巨浪凯龙机床（太仓）培训中心。	2018年9月	太仓中专、巨浪凯龙机床（太仓）有限公司	外商投资企业	机电一体化
9	海瑞恩（太仓）培训中心	2018年9月	太仓中专、海瑞恩（太仓）、欧托凯勃汽车线束（太仓）、巨浪凯龙机床（太仓）、克恩—里伯斯（太仓）、慕贝尔（太仓）	外商投资企业	工业商务
10	克恩—里伯斯（中国）企业大学	2018年11月	克恩—里伯斯（太仓）公司、太仓中专、德国工商行会上海代表处	外商投资企业	Meister
11	欧托凯勃机电一体化学徒培训中心	2018年11月	太仓中专、欧托凯勃汽车线束（太仓）、海瑞恩（太仓）司及德国工商大会上海代表处	外商投资企业	机电一体化
12	中德（太仓）"双师型"教师培养培训中心	2019年3月	德国手工业行会（奥登堡）、太仓中专	外商投资企业	.
13	通快—健雄双元制培训中心	2019年4月	健雄学院与通快（中国）有限公司	外商投资企业	电子
14	太仓双元制教育研究院	2021年1月	太仓高新区、教育局、健雄学院和太仓中专、太仓欧商投资协会	国有企业、外商投资企业	

2014年12月22日，江苏省太仓中等专业学校和森太集团联合森茂汽车城10家汽车4S店，校企共建太仓中专—森太汽车专业工人培训中心，这是太仓中专首次与本土私营企业合作共建培训中心，也是"双元制"本土化的一个创新举措。此后，不断有私营企业加入到现代学徒制项目中来，约占所有企业的50%。外商投资企业特别是德资企业参与的项目仍占多数，但也有烹饪、太仓双元制教育研究院两个项目有国有企业参加。2015年12月，德国科斯特自动化系统有限公司在太仓经济开发区的支持下，联合具有培训资质的民营企业成立了以自动化、智能制造人才培养为核心的莱茵科斯

特（太仓）跨企业培训中心。这是太仓第一个由德国公司和中国公司合作成立没有职业院校参加的独立运营的跨企业培训中心。2016 年 9 月，太仓中专与太仓金陵饭店、娄东宾馆、陆渡宾馆、海瑞恩等企业合作共建生活美创新中心，培养烹饪专业学生。这是太仓第一个非加工制造类专业的现代学徒制项目，此后，又有了艺术设计、工业商务等艺术类、商贸类现代学徒制项目。2017 年 9 月，太仓德资企业专业工人培训中心开设了设备技术员专业；2018 年 9 月，海瑞恩（太仓）培训中心增设工业商务专业，一个培训中心开展两个专业的现代学徒制培养，自此，一个企业参加多个专业的现代学徒制培养局面形成。

5. 制订标准规范

2018 年 9 月，太仓中专开发了《现代学徒制试点项目简明工作手册》和《现代学徒制试点项目工作考核标准》，并向省内外兄弟院校推广。2019 年 7 月，健雄学院启动《双元制职业教育人才培养指南》建设工作，在对双元制职业教育进行系统总结的基础上，建立苏州特色的双元制标准。2020 年 5 月 14 日，《双元制职业教育人才培养指南》由苏州市市场监督管理局发布。随后，又研制了《双元制职业教育师资队伍人员能力评价规范》《双元制职业教育培训中心建设规范》等标准。

6. 成为示范样板

2017 年 8 月，太仓市政府印发《太仓市对德合作产业发展专项资金使用办法（试行）》（太政发〔2017〕68 号），明确每年 5000 万资金中 2000 万为双元制人才专项资金，支持基于"双元制"本土化的现代学徒制项目和相关活动。2018 年 6 月，太仓市委、市政府印发《关于深化产教融合加快"双元制"教育发展的实施意见》（太委办〔2018〕68 号），促进深化"双元制"教育本土化实践，优化"双元制"教育发展格局、培训载体、扶持政策、保障措施，鼓励产教融合、校企合作以培养更多符合太仓城市定位和产业发展需求的高素质技术技能人才。2019 年 5 月，太仓市委办公室市政府办公室发布《关于成立太仓市"双元制"教育发展领导小组的通知》（太委办〔2018〕93 号），成立了以太仓市委书记和市长为双组长的太仓市"双元制"教育发展领导小组，统筹推进全市"双元制"本土化发展。2019 年 6 月 20 日，教育部在苏州举行全国职业教育改革发展现场会，国家发改委、教育部、财政部等部门相关司局负责同志，各省（区、市）教育厅（教委）、各计划单列市教育局、新疆生产建设兵团教育局相关负责同志，相关研究机构、学会（协会）代表，各地院校和行业企业代表共 150 余人分四批参观了太仓基于"双元制"本土化的现代学徒制现场。2019 年 11 月 10 至 12 日，首届"太仓杯"

中德高端制造工匠技能挑战赛开幕。这是国内首个以中德"双元制"教育为主题的职业技能比赛，参赛队伍达 123 个，共有企业和职业院校的 246 名参赛选手、101 名教练参与。2019 年 11 月 12 日，2019 中德"双元制"教育创新发展太仓论坛成功举办。论坛以"双元育人，匠心筑梦"为主题，交流先进理念、分享成功经验、探讨创新路径。2021 年 1 月，太仓市"双元制"教育研究院成立。此后，技能大赛、论坛和研究院，成为广大职业院校和企业进行现代学徒制交流的平台。

第二节　现代学徒制太仓模式的内涵特征

现代学徒制太仓模式在国家、政府法律法规制度体系框架下，具有运作双主体、学习者双身份、教育性为重、工学交替等一般特征外，在太仓特殊的县域经济社会文化教育环境内，呈现了一些特殊的内涵特征。

一、主体性

国内许多学者或职教同行在研究、考察现代学徒制太仓模式后，往往把太仓德资企业集聚这一外部因素归结为现代学徒制太仓模式成功的首要因素，把德资企业发展的人才需求和德企母公司"双元制"教育传统归结为现代学徒制太仓模式成功的关键因素。诚然，现代学徒制太仓模式的成功和成效与其德资企业聚集的企业环境有着密切的关系。但综合分析太仓基于"双元制"本土化的现代学徒制，笔者认为，"主体性"是现代学徒制太仓模式首要内涵特征。

现代学徒制太仓模式中的主体相关利益者众多，包括政府、企业、院校、师傅与教师、徒弟、行会和第三方培训或中介机构等。不管是哪个主体，都是由具体的人构成。但主体性不等于主体。主体性是指人在实践过程中表现出来的能力、作用、个人看法以及地位，即人的自主、主动、能动、自由、有目的地活动的地位和特性；是指能够自觉、主动地认识和调控自己的心理和行为。主体性越鲜明，对自己的行为指向、目的、方式就越明确[1]。现代学徒制太仓模式以主体为本，以作为主体存在的人为本，各主体的人都行动起来，充分发挥了主体作用，表现出了鲜明的主体性，主要体现在以下几个方面。

---

[1] 百度百科.主体性［EB/OL］.（2021-1-26）［2021-1-30］https://baike.baidu.com/item/ 主体性 /4257047?fr=aladdin.

1. 自为自律

太仓基于"双元制"本土化的现代学徒制实践是"太仓人"自为的行动，这种自为行动的产生是"太仓人"意识自律性的结果。太仓拥有十分突出的区位优势，风景优美的田园城市，崇文重技的地域文化，现代企业特别是德资企业集聚的职业教育资源，确实为基于"双元制"本土化的现代学徒制提供了肥沃的土壤，创造了优越的外部环境。但要清楚两个问题，一是这些优越的外部条件是天生的吗？二是谁创造了这些优越的外部条件？答案是明确的。是人，是生活在太仓这片土地上的"太仓人"自律自为创造的。在各个发展阶段，政府人、企业人、院校人等各主体明确发展太仓、发展自己的目标，清楚自己的责任和义务。不是仅仅依附于环境，而是面对经济社会改革开放的形势与需要，具有自身的意志，以自身为根据，利用环境资源，自我决定、敢想敢为开展基于"双元制"本土化现代学徒制实践，并在实践中不断地完善自己。

2. 自觉能动

太仓基于"双元制"本土化的现代学徒制实践来自"太仓人"自觉的行动，这种自觉行动的产生是"太仓人"意识能动性的结果。不管是 2001 年，校企合作创办民办非企业单位"太仓德资企业专业工人培训中心"，还是 2014 年与本土私营企业合作共建"太仓中专—森太汽车专业工人培训中心"；不管是 2001 年开始在中专层次开展基于"双元制"本土化的现代学徒制实践，还是 2006 年开始在大专层次、2015 年开始在本科层次开展基于"双元制"本土化的现代学徒制实践；不管是面向职业院校学生开展基于"双元制"本土化的现代学徒制实践，还是面向企业职工开展基于"双元制"本土化的现代学徒制实践，等等。这些是等不来，要不来的，都是"太仓人"为适应太仓经济社会发展、促进太仓经济社会发展的自觉行动成果。而这种自觉行动是"太仓人"能动地利用了良好的内外部环境，能动地抓住经济社会发展对人才的需求，能动地排除了多种负面因素的干扰，解放思想、破除陈规，创造性工作的结果。这种能动性不仅表现在职业院校和企业身上，还表现在政府、有关行会及第三方培训或中介机构身上，更重要的是表现在学校教师、企业师傅和学员身上。

3. 自主超越

太仓基于"双元制"本土化的现代学徒制实践是"太仓人"自主的行动，这种自主行动的产生是"太仓人"意识超越性的结果。太仓基于"双元制"本土化的现代学徒制借鉴脱胎于德国"双元制"教育，但已超越了德国"双元制"教育，成为我国发达地区县域现代学徒制的样板。例如，在国家现代学徒制法律制度体系不完善的情况下，太仓充分发挥政府的宏观调控职能,设立专项基金,制订扶持政策,支持发展现代学徒制项目,完善现代学徒制体系;充分发挥政府的资源配置职能,直接或间接参与现代学徒制项目,搭建交流沟通平台,建立交流沟通机制,融合校企主体关系,真正做到了校企一体化协同育人。太仓基于"双元制"本土化的现代学徒制还超越了学校本位的职业教育。例如,充分发挥政府的市场监管职能,融国家职业资格考证于第三方考试之中,两考并一考,让学员一次考试通过两次认证,获得两张证书;充分发挥政府的发展教育职能,设置备案制教师制度和编外用工制度,打破了职业院校教师事业编制框架,引进企业编制的教师,优化专业教师师资结构,等等。

现代学徒制太仓模式主体性内涵特征,使太仓现代学徒制的相关主体成了名副其实的主体,发挥了主体的作用,为现代学徒制太仓模式成功构建奠定了基础。

二、融合性

"主体性"是现代学徒制太仓模式首要内涵特征,也是现代学徒制太仓模式成功构建的重要因素。赋予主体的主体性固然重要,处理好主体间性,即主体间的交互关系同样重要。现代学徒制是学徒制的一种形态,有别于传统学徒制,是区别于学校职业教育和企业内部培训的一种职业教育形态,主体间交互关系更为复杂,涉及自我主体与对象主体、自我与他人、个体与社会的交互关系。综合分析太仓基于"双元制"本土化的现代学徒制,笔者认为,"融合性"是现代学徒制太仓模式又一内涵特征。

融合性是指事物之间或事物内部要素之间,在复杂的作用中所具有的一种以趋同性为"中介"所链接的彼此相向和(或)彼此协调的"关系状态"与作用过程[①]。事物的融合性应该呈现为事物彼此之间或事物内部要素之间具有相向关系和协调功能的一种可持续健康发展的状态。现代学徒制太仓模式以校企合作为基础,以共赢为原则,以服务经济社会发展为目标,在互动中博弈,在博弈中互动,各主体彼此相向、彼此协调,表现出了鲜明的融合性,主要体现在以下几个方面:

1. 体系融入

我们说"现代学徒制"是一个包含制度、办学模式、人才培养模式等多概念集合[②]。基于"双元制"本土化的现代学徒制太仓模式不是职业院校与企业二元简单的结合,而

---

① 邹成效,衡孝庆.论融合性[J].学习与探索,2016,(03),27-31.
② 关晶.现代学徒制办学模式:内涵、现状与发展策略[J].职教论坛,2018,(6):31-36.

是以校企双元为主要主体的一个综合职业教育体系。不是太仓职业教育某一局部的改造，而是太仓职业教育的体系性改革。在职业教育的办学模式、培养模式乃至管理体制和教学方式上，目标一致、理念相通；在具体环节上，彼此相向、彼此协调，从而实现校企双方愿景、战略、模式和资源的全方位交流、整合和融合。是把现代学徒制的核心思想和本质要义融入了太仓职业教育的办学模式、培养模式、管理体制和教学方式中，融入了太仓职业教育体系中。如对于中高本学历的学徒都是计划单列招生；在相应职业院校、本科院校均有正式学籍；都实行工学交替，学校本位学习时间占 50% 左右；都实施模块化教学等。

2. 要素融会

校企合作是现代学徒制的基本特征，但现代学徒制中的校企合作在主体定位、合作内容的合作深度上有其特殊的规定性[1]。基于"双元制"本土化的现代学徒制太仓模式的组成要素特别是校企主体彼此之间融合会通，处于一种相向关系状态和协调功能状态。各主体对职业教育与经济社会发展关系的认识一致；职业院校和企业面向社会、行业、个体需求；兼顾社会属性、行业共性、企业特性和学员个性，培养优秀的社会公民、行业认可的技术技能劳动者和胜任特定企业的合格从业者，目标与内容融合会通。学校与工作场所互动，专业教学标准与职业标准对接；理论教育、技能训练与职业世界对接；生产过程融入教育，实现工作过程的教学化，学校本位学习与企业本位学习融合会通。构建职业院校、企业、教师（师傅）、学员之间高层次相互信任的基础和密切交流、合作关系；为利益相关者提供优质、高效的服务与支持，不同利益相关者之间相互支持补台，不同利益相关者之间融合会通。企业师傅与学校教师结构互补、知识互长，明确分工、各司其职，相互交流、随时调整；师徒身份明确，待遇制度设计合理，日常交流机制通畅，师生关系融合会通。整个模式设计、建构与管理通常贯穿三年或四年培养过程中，各个环节融合会通。

3. 内外融通

现代学徒制是一种真正"跨界"的职业教育的形态，是现代学校职业教育与企业职业培训的结合体，不可能孤立地存在。基于"双元制"本土化的现代学徒制太仓模式与外部环境也处于一种良好的相向、协调状态。学徒制年限与职业院校学制相同。课程方案中执行国家课程和通用技能课程，与职业院校学生共享线上课程。参加省级统一

---

① 关晶. 现代学徒制办学模式：内涵、现状与发展策略［J］. 职教论坛，2018，（6）：31-36.

考试等,实现现代学徒制与职业院校教育的融合。招收职业学徒、设置企业课程、参加职业资格考试等,实现与职业(企业)培训融合。项目实施满足太仓"双元制"人才培养专项申报条件,企业与学徒的培训服务合同要得到公证处公证,学徒流动受区域内劳动力市场流动机制约束等,实现现代学徒制与外部制度环境的融合。通常先招生后招工,构建"一对多"的理事会或董事会治理机构,校企等主体包括学员共同分担成本等,实现德国"双元制"教育模式与太仓实际的融合。

现代学徒制太仓模式融合性内涵特征,使太仓现代学徒制的各主体目标一致,主体与主体之间、主体与外界之间均能良性互动,实现共赢并有力地促进了太仓地方经济社会的持续发展,是现代学徒制太仓模式的内涵核心。

三、结构化

基于"双元制"本土化的现代学徒制太仓模式有别于职业院校职业教育和企业职业培训,具有学习场所多元、教学团队多元、工学交替学习的特点。主体性是其内涵的基础,融合性是其内涵的核心。如何使现代学徒制特别是工学交替学习顺利运行、有序高效,既是现代学徒制太仓模式必须解决的问题,也是现代学徒制太仓模式的关键内涵。综合分析太仓基于"双元制"本土化的现代学徒制,笔者认为,"结构化"是现代学徒制太仓模式第三个内涵特征。

"结构化"是指教学组织结构化。本书所指的教学组织,就是学习过程的组织,是应对社会发展,包括经济和技术变化而确定的学习过程结构形式[①]。它与学校组织机构、教学组织形式不是同一个概念。结构化是为实现教学目标而对学习过程进行步骤设置、资源配备、阶段优化、过程控制。教学组织结构化就是将教学组织的诸要素按照内在的教学规律和逻辑关系进行合理的建构和科学运行。本书所指的教学组织结构化是指对学习过程所涉及的学习现象以及持续时间较长、作用范围较宽的教学路径进行广泛和整体的步骤设置、资源配备,按照事先制定好的系统设计实施教学,并全过程进行阶段优化、过程控制。现代学徒制太仓模式以学生为指向,基于学生的工学交替学习过程,综合学习场所多元、教学团队多元的因素,从教学切入、以课程为抓手,对学习现象和教学路径在宏观层面,运用综合手段进行策略性选择,表现出了鲜明的结构化,主要体现在以下几个方面:

---

① 姜大源.职业教育学研究新论[M].北京:教育科学出版社,2007.1:252.

1. 目标导向

教学目标是期待学生学习后，在知识、技能、情感态度等方面能达到的状态和发展水平。教学组织结构化是从教学目标出发，又为教学目标实现服务的；是指向学生、指向学生的"学"，致力于培养精湛技术技能型人才。现代学徒制太仓模式根据不同的教学目标，选择不同的实现途径、方法、手段，架构不同的教学组织。一是根据某一专业的人才培养目标，确定教学内容结构，通常有公共基础课程、专业课程、选修课程三大板块。二是把专业群或所有专业的教学内容按模块（课程）名称、涉及专业、教学时间等汇总，每个模块又根据教学组织实施层面的教学目标，划分为初、中、高三级模块。三是根据教学目标，构建初、中、高三级整体性可选择模块教学资源。四是根据专业的人才培养目标，确定某一专业的教学内容模块按工学交替运行模型实施教学。

2. 过程导向

现代学徒制的教学不仅要关注内容，更要关注过程。因此，教学组织是基于过程的组织，过程是展开内容的参照系[①]。随着信息技术的发展，企业生产工作过程发生了深刻变化。劳动组织形式发生了变化，演变成主要通过团队工作、工作岗位的自组织和参与企业发展塑造来强化企业竞争力的劳动方式。生产技术发生了变化，要求员工首先技术面要宽，其次有一定技术特长。岗位分工越来越细，一线生产工人往往从事某一部分"工艺流程"，工作内容越来越"简单"，工作范围越来越宽泛，知识储备要求越来越高。现代学徒制太仓模式对应职业工作过程，不仅仅关注教学内容的传授，而且在学习过程的宏观设计、优化控制上，贴近生产、服务需求，实现学习过程对接职业的工作过程。教学组织结构化不仅是对教学实施阶段的微观架构，更是对教学实施的前中后的宏观架构，是置于内容之上的对内容及其传递方法和时空秩序进行的一种"过程控制"[②]。现代学徒制太仓模式以一个学年 40 教学周，根据课程、设备容量、师生情况等实际情况，校企统筹设计 3 年（与学制年限一致）的教学运行模型，安排教学的对象、时间、内容。另外，校企共建师生线上学习空间，依托移动端，组织师生利用课外碎片时间进行互动交流，实现校企异地、课堂内外一体化学习。

3. 绩效导向

现代学徒制太仓模式注重培养人的全面绩效，不仅关注基于过程的工具性方法引

---

① 姜大源.职业教育学研究新论［M］.北京：教育科学出版社，2007.1：267.

② 姜大源.职业教育学研究新论［M］.北京：教育科学出版社，2007.1：268.

导，还特别关注人本层面的策略建构与交流层面的价值取向；注重培养人的成本绩效，关注师资、设备、时空等的利用效率。现代学徒制太仓模式不仅致力于教学方法的研究，如微课、信息化教学来努力提高现代学徒制教学绩效，更加着眼于宏观层面上的思路性选择，对实现目标内容的步骤进行优化。对现代学徒制的企业教程、产品、项目、市场等不同形式的学习系统，采用不同的教学组织实施工作本位学习，而不是用同一种教学组织应对不同的学习系统，或用不合适的教学组织应对某一学习系统。根据专业教学模块的教学总量、一次教学实施容量、一个教师年教学时间等配备教师数量；根据教师特长配备教师任教模块，一个教学模块不少于两个主讲教师，一个教师担任两个模块的主讲教师，企业师傅与院校教师组合、主讲老师与副讲老师结合。普通教室与实践场所综合考虑，实践教学场所要理论教学区、基础技能训练区、理实一体教学区、综合技能训练区统筹安排。每个区域的设备台套数要根据教学模块的教学总量、一年教学时间、设备年利用率等来确定。设备年利用率一般为80%—90%。每个班级分成 n 个教学小组，每小组不超过20人，小组或小组成员间教学内容交替轮换、螺旋上升。

　　结构化并不代表程式化，更不代表僵化。因此，教学组织结构化不等于教学组织模式化，它是根据不同专业、不同的校企主体具体情况随着教学时间、地点、条件等变化而变化，发展而发展。现代学徒制太仓模式结构化内涵特征，使太仓现代学徒制的要素匹配、环节衔接、系统顺畅，各主体工作任务明确、活动有序、协调高效，是现代学徒制太仓模式成功构建的关键。

第三节　现代学徒制太仓模式的机制模式

一、现代学徒制太仓模式机制

　　现代学徒制需要各相关利益方相互包容各方的利益诉求，共同承担运行成本和职责，共建师资、课程、实践教学与管理平台，共育技术技能型创新人才和应用型创新人才。任何模式，都是在一定条件下才能运行，离不开一系列机制的保障。现代学徒制太仓模式也是如此，从太仓县域经济社会发展实际情况出发，遵循职业教育规律，构建了支撑现代学徒制太仓模式的保障、制约和激励机制系列。

1. 现代学徒制太仓模式保障机制

　　保障机制是为模式运行提供物质和精神条件的一种机制。现代学徒制太仓模式特色性保障机制主要有以下几个机制，从环境营造、资金人力支持、产业扶持、就业和权益保护等方面予以保障。

（1）全位性校企合作机制

现代学徒制的基础是校企合作。太仓依托县域各产业园企业群，着力架构了现代学徒制太仓模式实施的基础—全位性校企合作机制。一是面向外商投资企业、国资企业、民营企业等各类企业开展校企合作，特别寻求中小微企业开展校企合作，运作主体多元性。二是校企合作分为物质、人力、文化三个层面，努力争取提供资金、支援设备等物质层面的校企合作，大力倡导学生到企业就业、师傅进学校兼课等人力层面的校企合作，主动追求专业与产业对接、课程与职业对接等文化层面的校企合作，运作指向多元性。三是根据职业院校和合作企业条件和能力、行业特点等因素，校企合作有的是"学校主导"，有的是"校企双主导"，有的是"企业主导"，运作样式多元性。重点围绕"双师型工作团队"、工作过程系统化课程体系、集约化教学工场等着力点开展校企合作建设，特别注重发挥政府在校企合作定位中的主导性。

（2）招生招工机制

现代学徒制的培养对象是现代学徒，招生招工是现代学徒制实施人才培养的前提。现代学徒制太仓模式构建了一体化的招生招工机制。一是校企共同制订招生招工方案。校企协商制订招工招生方案，明确招工招生人数、专业、时间安排、具体要求（如是否需要笔试和面试、学习费用）等。招生招工方案经地方教育行政主管部门审批后，由地方政府招生部门统一向社会发布信息。二是校企共同招收确定学员人选。不管是升学来源的学员还是企业来源的学员，都要参加统一升学考试或自主考试并达到院校录取分数线，参加由企业为主组织学校参与的综合测试。综合测试通常采用德国"西门子测试"形式，分笔试和面试两部分。综合学员升学考试或自主考试和综合测试的成绩确定学员人选。一般是以企业选择权为主，当两个或两个以上的企业选中同一个学生时，选择权再交给学生。三是校企共同确定学员"双身份"。院校通过学籍注册、编班入学确定学生身份，企业通过与学员签订合同、安排师傅确定学徒身份。对于升学来源的学员，通常企业与学生（学生家长）签订培训服务合同而非劳动合同，并经公证处公证，确定学徒的"准员工"身份，享受企业一定的福利待遇。企业有权根据学员在学校和企业的表现情况，中途与学员解除培训服务合同；企业也有权根据学员的综合情况，最终不与学员签订劳动合同，即拥有自由雇佣权利。

（3）平台支撑机制

现代学徒制是以稳固的师徒关系为基础，系统地进行技术技能学习的人才培养模式，校企、师徒的技术技能学习训练和交流平台至关重要。现代学徒制太仓模式构建了集约化平台支撑机制。一是在系统论的指导下，通过引入企业资金、企业设备、企业师资、企业工艺技术、企业标准、企业评价，从规划、投入、运行、管理四位跨界架构，在院校学习与企业岗位之间共建"做中学、学中做"的技术技能学习实体平台。包括建在企业内的企业培训中心、跨企业培训中心和企业"学习岛"，建在院校内的教学工场和跨专业教学工场。各实体平台按职业特点布局设备加工区域、安全通道、企业文化墙或车间文化角等区域；按教学特点增设教学区、现场办公区、现场讨论区等，职业情境与教育教学情境相融合；按课程要求和学员人数配置设备数量，设备年利用率控制在 80%—90%。二是立足校企协同育人主战场，构建与现代学徒制相匹配的网络虚拟空间。建设包括合作企业有关信息的数据中心并具有管理驾驶舱的综合管理平台（双元 E+）。建设基于 O2O 校企协同共定课程方案、共施课程教学、共定学生评价等的校企协同教学平台。建设融合相关教学模块或课程库及配套资源等便于学生校企异地、课内外学习的信息化学习平台。

（4）成本分担机制

现代学徒制并不是完全的公共产品，具有强大的外部性，主要表现为现代学徒制不仅为个人就业、能力提升创造了条件，也为企业创造了丰厚的利益[①]。现代学徒制要持续运行，成本分担是基础。现代学徒制太仓模式构建了成本分担机制。一是成本分为投入成本和运行成本。投入成本包括建筑、设备成本；运行成本包括学徒工资与福利伙食等补贴、专兼职师傅工资与津贴、教学用品与耗材、学徒招聘和管理成本等。二是校企主要分担投入和运行成本。固定投入原则上"谁投入、谁拥有"，运行投入原则上"谁运行、谁投入"，也有个别项目实行混合所有股份制。一般企业负责场地、设备投入，建设技术技能学习实体平台，院校负责理论教学设施、生活设施、运动设施等投入，且双方做好增资计划。一般企业主要分担培训中心运行中的人力成本和实习耗材费用，学校主要分担学校运行中的人力成本和管理费用。三是相关利益方少量分担投入和运行成本。政府引入市场竞争机制，根据项目技术技能学习实体平台、培训质量、学徒数量、资格证书获取、就业情况等指标，以"先建后补"形式分担少量投入成本，以动态奖励形式分担少量运行成本。有的项目学生先垫付部分培养费，毕业后由录用企业按合同约定逐年返回，如非投入方录用毕业生，原则上要支付相关培训费。

（5）"双师型工作团队"建设机制

院校教师和企业师傅是现代学徒制教学结构中两个不可或缺的主体。院校教师和企业师傅之间只有相互沟通，紧密配合，才能真正形成合力，才能真正在深度与广度上

[①] 郑玉清. 国外现代学徒制成本分担机制探析——兼论现代学徒制企业的成本与收益 [J]. 中国职业技术教育, 2016（15）: 63-68.

充分作用于现代学徒制人才培养过程的各个环节。现代学徒制太仓模式构建了"双师型工作团队"建设机制。一是按照3个学徒配备1个兼职师傅的比例组建兼职师傅队伍，按照16个学徒配备1个专职师傅的比例组建专职师傅队伍，企业师傅和院校专业教师组建成"双师型工作团队"。二是联合德国手工业行会（奥登堡）成立"中德双师型教师培养培训中心"，分专业组织专业教学法培训，着力培养院校教师动手操作能力和专业教学能力；联合德国工商行会上海代表处，组织Meister职业资格培训，着力培养企业骨干的管理能力和教育教学能力，打造高素质院校教师和企业师傅队伍。三是通常由院校教师负责专业理论教育，由企业师傅负责专业技能培训。建立项目经理负责制度，协调校企师资管理和其他日常事务。建立教师课程承包制度，通常，院校专业教师根据教学模块的相近性和相融性，企业师傅根据各个培训师的技能特长，实施课程分块承包负责。建立交流沟通制度，院校教师每周不少于3次与企业师傅进行沟通交流，定期举行各类交流活动，如沙龙活动、各类发布会；努力构筑交流阵地体系，如报刊、课题、论坛，并通过有组织、有计划地展示，交流教育教学经验和创新理念。

（6）学徒薪酬机制

学徒在学习期间就能取得一定的津贴收入是现代学徒制区别于学校职业教育的一大特色。它一方面是吸引部分学徒选择现代学徒制职业教育形态的原因之一，另一方面也是培养学徒职业承诺度的有效手段之一。现代学徒制太仓模式构建了学徒薪酬机制。一是采用较低津贴制度，通常在企业本位学习期间，参照当年当地最低工资标准支付学徒津贴。如2020年，参照江苏一类地区2020元标准发放学徒津贴。对于采用期释方式工学交替的学徒，通常按月计算发放学徒津贴；对于采用日释方式工学交替的学徒，通常按日计算发放学徒津贴。采用期释方式工学交替的学徒，有加班的机会，并可获得加班津贴，如2020年，按40元/小时的标准发放学徒加班津贴。二是建立岗位考核制度，根据学徒在企业的学习表现和工作效率等，分优秀、良好、一般三个等级支付不同标准的学徒津贴，每个等级之间有300—500元不等的级差。通常年终时会向优秀学徒发放奖学金或助学金。三是享受员工福利制度，学徒和正式员工一样，享受企业的所有福利待遇，如午餐、工作制服、节日礼品等。

2. 现代学徒制太仓模式制约机制

制约机制是保证模式运行有序化、规范化的一种机制。现代学徒制太仓模式特色性制约机制主要从以下几个机制，确保学校与企业招生招工、项目运行、人才培养一体化。

（1）契约机制

现代学徒制太仓模式的职业院校、企业和学员三个主体职责、义务和权利是通过两份合同来规范的。一是职业院校、企业签订的合作培养合同。通常在项目正式实施前签订校企合作培养合同。内容包括合作方、目的、形式与范围、专业内容、学习地点与年限、授课方式、招生与规模、费用与付款方式、双方义务和职责、学籍档案与会计账目及审核权、保密与商标保护、协议期限与终止、责任限制、争议解决、转让、双方及项目负责人信息等，合情、合理、合法地约定双方的职责和权益。二是企业、学员签订的培训服务合同。通常在确定学员对象一周内，企业与学员（学员家长）签订培训服务合同。内容主要由企业确定，学校确认。通常包括培养专业、培养期限、培养模式、培训岗位、薪酬待遇和其他条款，并约定之间的责、权、利。签订培训服务合同后，企业和学生（未满 18 周岁的需家长陪同）持有相关证件（营业执照、身份证、户口本等）前往地方公证处进行公证。通过公证，依托国家公证制度提升合同的有效性。另外，现代学徒制太仓模式的企业"偷猎性风险"是通过太仓欧商投资协会"圆桌会议"来规避的。相互承诺在劳动力招聘市场上，专门的高技能型人才双向选择、自由流动时互不"挖墙脚"，避免挫伤企业参与现代学徒制职业教育的积极性。

（2）治理机制

现代学徒制太仓模式的领导机构是以太仓市委书记和市长为双组长的太仓市"双元制"教育发展领导小组，宏观统筹推进全市基于"双元制"本土化的现代学徒制发展。通过太仓市政府印发《太仓市对德合作产业发展专项资金使用办法（试行）》（太政发〔2017〕68 号）和太仓市委、市政府印发《关于深化产教融合加快"双元制"教育发展的实施意见》（太委办〔2018〕68 号），宏观引导基于"双元制"本土化现代学徒制优化发展。现代学徒制太仓模式的各主体的日常运行、具体事务是通过两个框架来治理的。一是院校和龙头企业的"一对一"治理框架。舍弗勒（中国）培训中心和海瑞恩（太仓）培训中心是按"一对一"治理框架实施治理（图 2-1）。

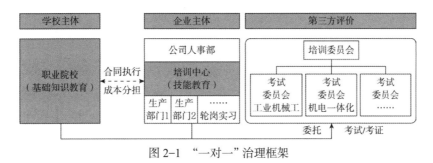

图 2-1　"一对一"治理框架

院校与企业共同组建联合管理委员会，下设培训委员会和考试委员会，并成立培训中心。培训中心设立在其企业内部，主要由企业建设与管理。培训中心由经理和企业培训师、学校教师组成教育教学管理团队，负责培训中心的日常管理与运行。其培训的课程标准依据德国本土的职业培训条例设置，具体的培训方案由培训中心制订，且由培训中心组织实施。院校主要承担文化课、专业理论课的教学及部分基础实践技能的训练，企业负责实践技能的教学及岗位实习。学生学习专业水平的最终评价，由考试委员会委托德国工商行会上海代表处等第三方组织，学生参加第三方组织的认证考试，考试合格则发放相应证书。二是院校和中小企业的"一对多"治理框架。太仓德资企业专业工人培训中心等大多数项目是按"一对多"治理框架运作的（图2-2）。

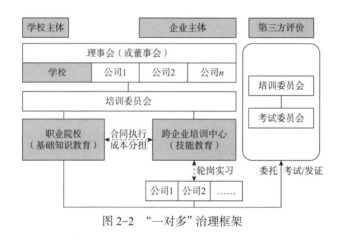

图2-2 "一对多"治理框架

通常采用理事会或董事会管理制度，同样下设培训委员会和考试委员会，并成立跨企业培训中心或设立企业"学习岛"。理事会或董事会由政府、企业和学校人员组成，对涉及现代学徒制项目的重要事务进行决策。企业负责实践教学的场所、设备及原材料配置、课程实施、企业师傅配备及工资发放等，学校负责学生管理、学籍管理、基础课程和专业理论课程实施、教师团队建设及工资发放等，开发区管委会给予专项经费与项目支持。培训中心的日常管理与运行由培训中心主任负责。在课程方案设计、课程内容实施以及校企合作方面与"一对一"治理框架没有显著差异。学生毕业也需要通过德国工商行会上海代表处（AHK）或德国手工业行会奥登堡（HWK）或其他第三方组织主持的考试。

（3）工学交替机制

工学交替是现代学徒制的基本特征之一。学员在工作本位学习与学校本位学习有序、科学、高效交替轮换是制约现代学徒制能不能有效、长效实施的关键。现代学徒制太仓模式的职业院校和企业双场所、学生和学徒双身份、院校教师和企业师傅双导师转换是通过一个模型来固定的。模型有期释和日释两种，期释就是以月或周为时间单位，学徒在企业和职业院校之间交替学习；日释就是以天为时间单位，学徒在企业和职业院校之间交替学习。每个现代学徒制项目都构建一个与学徒期限一致的工学交替运行模型（图2-3）。按一个学年40教学周，根据课程、设备容量、师生情况等，校企统筹设计3年或5年（与学制年限一致）的运行模型，安排教学的对象、时空、内容。理论教学时间与实践教学时间为1：1，课程内容按课程方案的设置安排，上下学期相对平衡安排，考证、学业测试、技能大赛等特殊内容优先安排。所有教学小组、教学内容、教学场所统筹安排。每学年再根据上下学期周数、重大节日等按教学运行模型生成具体教学计划。院校和企业的具体教学任务内容、时空一目了然，学员（老师）在什么时间、什么地点、学习（教授）什么内容系统清晰。对于"一对一"治理框架的项目，如学员数目多于20人，要分成不多于20人的教学小组，设计工学交替运行模型，小组教学内容交替轮换、螺旋上升运行。

班级	教学班	第1周	……	……	第7周	第8周	第9周	……	……	第20周
机电 1561	机电 1561-1				车工 (2-1)	车工 (2-2)				
	机电 1561-2					车工 (2-1)	车工 (2-2)			
数控 1501	数控 1501-1					车工 (6-1)	车工 (6-2)	……		
	数控 1501-2				车工 (6-1)	车工 (6-2)	……			
机械 1502	数控 1502-1			车工 (10-1)	车工 (10-2)	……				
	数控 1502-2				车工 (10-1)	车工 (10-2)				

模块名称：车削加工模块
模块班级：机电1561-2
模块等级：初级
模块教师：吴优
模块时长：2w
实施时间：第三学期5—6w
模块地点：尚知楼3-车工实训区-1
模块内容：初级：1.杨冲的制作
……

模块名称：车削加工模块
模块班级：数控1562-2
模块等级：初、中级
模块教师：张建涛
模块时长：6w
实施时间：第三学期5—6w 第四学期3—6w
模块地点：尚知楼3-车工实训区-1
模块内容：初级：1.杨冲的制作
……
中级：1.轴套组合件的制作
……

模块名称：车削加工模块
模块等级：初级、中级、高级
模块教师：李建国
模块时长：10w
实施时间：第三学期5—6w 第四学期4—7w 第五学期6—9w
模块地点：尚知楼3-车工实训区-1
模块内容：初级：1.杨冲的制作
……
中级：1.轴套组合件的制作
……
高级：1.偏心组合件的制作
……

图2-3 工学交替运行模型示意图

（4）第三方评估机制

现代学徒制培养的学徒质量是优是劣？这个答案直接关系到现代学徒制的持续与发展。现代学徒制太仓模式的人才培养质量与规格好坏不是由校方给出，也不是由企业方给出，而是由第三方组织来评估的。一是 AHK 评估。太仓德资企业专业工人培训中心、舍弗勒（中国）培训中心、海瑞恩（太仓）培训中心等项目质量是由 AHK（德国工商行会上海代表处）评估的。项目实施前，校企双方就合作项目的专业、课程、师资、实训条件等向 AHK 报告，并需得到批准。项目实施过程中，通常在项目实施 18 个月时由 AHK 组织考官来太仓进行毕业考试 1 评估；项目实施 36 个月（毕业前）时由 AHK 组织考官来太仓进行毕业考试 2 评估。通过考试的学生取得 AHK 证书，同时还获得人力资源与社会保障局颁发的中级工职业资格证书或高级工职业资格证书。另一种是 HWK 评估。德国手工业行会培训中心的精密机械切削师、工业机电师、机动车机电师和工业机器人技师项目的质量由 HWK—德国手工业行会（奥登堡）评估。HWK 组织考试认证委员会对项目实施情况进行评估，评估形式、过程与 AHK 基本一致。三是地方行业组织评估。烹饪、艺术设计、电子商务等项目的质量由地方行业协会牵头组织考试委员会评估，通常每年组织评估一次，主要围绕技能考试结合面试进行。第三方评估有效地监督了太仓职业院校和企业合作双方的培训过程和质量。

3. 现代学徒制太仓模式激励机制

激励机制是调动模式运行主体积极性的一种机制。现代学徒制太仓模式特色性激励机制主要有以下几个机制，调动企业、职业院校和学员及其家长参与现代学徒制的积极性。

（1）政府奖励机制

政策法规是地方政府进行各种管理的重要手段。地方政府通过法规制度来鼓励、约束各方参与现代学徒制的动机、责任和权利，才能为现代学徒制的深入开展创造有利的发展环境。太仓根据地方的实际情况，构建了现代学徒制太仓模式的政府奖励机制。出台《太仓市"双元制"人才培养专项扶持资金使用办法（试行）》（太双办〔2019〕1 号），年度总规模为 2000 万元，在太仓市"对德合作产业发展专项资金"中列支。对新建在企业内的现代学徒制实体平台，经认定符合条件的，给予一次性补贴 200 万元；对新建在职业院校内的现代学徒制实体平台，经认定符合条件的，给予一次性补贴 100 万元；现代学徒制培养的学生毕业（取得太仓职业院校毕业证书和德国相应资格证书）且与太仓德资企业签订就业协议的，给予运行补贴 1.5

万元／生；对被认定为省级以上"产教融合型企业"的，给予不超过50万元的一次性奖励（与太仓职业院校合作办学5年及以上的50万元，3—5年的30万元，不足3年的10万元）；对四方合作的中德"双元制"本科培养项目给予项目主办方每年20万欧元补助（主要用于巴符州双元制大学课程指导、咨询和质量监控评估）；对于根据产业发展需求开发基于"双元制"本土化的现代学徒制新专业（年招生规模不少于25人），每个专业每年给予10万元补贴（连续三年）；对于校企合作开发教学标准、精品课程、共享教材等"双元制"本土化资源的，每完成一个专业的教学资源系统性开发并获得自主知识产权的，给予课题组一次性奖励20万元；对基于"双元制"本土化的现代学徒制毕业生三年内在太仓企业连续工作的，每年给予就业补贴：第一年2000元、第二年4000元、第三年6000元；太仓籍学生参加中高职及应用本科基于"双元制"本土化的现代学徒制的，高职及应用本科生给予5000元／年的学费补贴（中职生执行国家政策学费已免）；太仓籍优秀毕业生被推荐至德国或欧美企业总部对口培训实习的，给予每生不超过2万元的培训补贴（每年不超过20名，培训实习1年及以上的2万元，6个月以上不满1年的1万元）；对被评选为太仓市级以上"双元制"教学名师、技能培训大师的给予一次性补贴2万元。太仓市"双元制"教育发展领导小组办公室（教育局）负责编制专项资金年度申报指南，组织项目评审，制定资金分配建议方案，会同市财政局、商务局会审，并组织开展绩效评价和资金使用管理监督检查。专项资金实行申报指南、申报流程、评审结果、绩效评价等全过程公开。采取专项资金扶持，补偿和减少企业、职业院校、学员及家长的参与成本，有力地提升了各主体参与现代学徒制的积极性。

（2）校企奖励机制

现代学徒制校企融合互动是关键，联合调动院校教师、企业师傅、学员的积极性尤其重要。太仓还构建了现代学徒制太仓模式的校企奖励机制。一是通常合作企业都设立企业奖学金，用于奖励现代学徒制实施中的优秀学员和优秀教师。如海瑞恩公司分别设立了安通·海瑞恩、尤根·海瑞恩、米丽亚·海瑞恩三项奖学金，每年各安排10万元，分别用于奖励学员、教师和报考应用型专业的优秀高中毕业生。二是学校都设立学校奖教金，用于奖励现代学徒制实施中的优秀企业师傅和优秀教师。三是合作的外资企业，通常建立国外进修制度，安排优秀学员、企业师傅、职业院校教师到国外总部企业和职业院校短期学习。四是部分需要学员分担成本的项目建立投入返回制度，分3年或5年以奖励的形式返还学员的投入成本。

二、基于"双元制"本土化的现代学徒制太仓模式

1. 模式内容

基于"双元制"本土化的现代学徒制太仓模式是指太仓县域内中高等职业教育借鉴"双元制"教育模式，利用区域内外资源，以校企合作为基础、多方博弈构建的一种满足经济社会发展人才需求的各方共赢的中国特色学徒制模式（图2-4）。

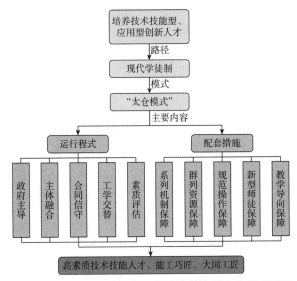

图 2-4　基于"双元制"本土化现代学徒制太仓模式图示

（1）培养目标

现代学徒制太仓模式努力提升受教育者的技术技能应用创新水平，促进受教育者职业生涯良好发展，更好地满足受教育者对美好生活向往的需要，培养新时代技术技能型创新人才和应用型创新人才。

（2）理论依据

现代学徒制太仓模式以创新、协调、绿色、开放、共享的五大发展理念为思想引领，以马克思主义教育与生产劳动相结合的思想为理论依据，秉持教育与生产劳动相结合是造就全面发展人的唯一方法理念和能力本位的职教理念，运用共同体理论、场域理论、成本收益理论，借鉴"双元制"教育模式，遵循"主体交互"逻辑，产教融合、校企合作、工学结合培养经济社会发展需要的各类人才。

（3）运作程式

现代学徒制太仓模式形成了相对稳定的"政府主导、主体融合、合同信守、工学交替、素质评估"运行程式。成立县级工作小组，出台专项政策，统筹地方资源，确立县

级政府的主导地位；明确校企主体，构建"政校企行"四方共同体；以技术技能型创新人才和应用型创新人才为培养目标，制订人才培养标准、合作培养方案（合同）、企生培训服务合同，招生招工一体化，架设成本分担、协同育人契约式人才培养路径；建设"双师型工作团队"、系统性教学平台、工作过程系统化课程，实现教学组织结构化；设计校企双主体的教学运行模型，实施工学交替，构筑基于现代新型师徒关系、职业场景、教学方法的工作本位学习范式，构建了行动导向的教学体系，接受第三方评估。政府是在理念、政策与行动上主动、积极引导职业院校、企业、学员及家长参与现代学徒制，而不是纯粹的行政管理，更不是包办代替。职业院校和企业都自觉自动成为现代学徒制太仓模式的重要主体，在具体现代学徒制项目中，不强调以谁为主，而是具有平等地位的两个主体，都有实质性物质、资金和人力投入，责任共担、利益共享，全程参与人才培养的全过程；除合作项目外，其他业务或工作独立开展，校企只对自己的行为负责。职业院校和企业及其他主体遵循市场规律，信守职业院校与企业、企业与学员之间的两份合同，分担投入成本与运行成本，各司其职、共建共育。职业院校、合作企业以及第三方多元负责学员学习评价，从理论基础类课程、专业技能课程和综合职业理论、职业技能和职业素养多方面进行评价，采用笔试、操作考试、面试、平时观察记录等多形式进行评价；通过平时评价和毕业考试评价相结合进行评价，且毕业考试评价通常不少于2次。

（4）保障条件

现代学徒制太仓模式运行主要依赖校企双方强烈的合作愿望和共同推行现代学徒制的积极性，依靠校企双方参与现代学徒制的实质性行为，依托太仓各工业园丰富的企业群资源，特别是具有学徒制传统经验的德资企业群及其多方面配套的各类现代企业群，共同构建了跨界的治理体系、融合的支撑体系和协同的运行体系。其主要内容包括：构筑了一套太仓模式运行的保障机制、制约机制和激励机制；打造了一批太仓模式实施的地方性教学资源群，包括适配的师资队伍、适用的教学标准及案例、适切的教学平台等；制订了一套太仓模式人才培养的地方标准及相关工作手册，包括《双元制职业教育人才培养指南》《双元制职业教育师资队伍人员能力评价规范》《双元制职业教育培训中心建设规范》和《太仓市现代学徒制项目操作手册》《太仓市现代学徒制项目评价办法与标准》等，人才培养有标准，项目操作有指南，培养成果有评估；生成了"学生/培训师+学徒/师傅"新型现代师徒关系，师徒既是同事又是师生；构建了以现代工作过程为导向，在现代职业场景中，依托现代师徒关系，运用现代教学方法实施教学的范式系列。

（5）考评体系

现代学徒制太仓模式考核评价体系由基础理论考评、专业技能考评和第三方考评组成。基础理论考评包括文化理论考核、专业理论考核以及师生面对面评价。专业技能考核包括专门技能考核、综合工作素养（岗位技能）考核以及师生面对面评价。第三方考评包括理论考试、技能考试和情景对话。考评的主体为院校、企业和行会等第三方组织；绝大多数项目的第三方评估组织为权威性、公正性较高的德国工商行会上海代表处（AHK）和德国手工业行会（HWK）奥登堡。考评的形式有量性考核和质性评价，考评的方法包括笔试、操作考试和面试，考评的形式有量性考核和质性评价。

2. 本土化构建原则

（1）人本性原则

学员、职业院校教师、企业师傅等"人"是现代学徒制最活跃的要素，也是制约现代学徒制发展的关键要素。现代学徒制太仓模式的构建一切以人为核心，尊重所有人的价值，以学员成才为目标，以学员活动为主线设置课程和安排教学，营造人的全面、自由发展氛围。突出人与人之间的互动性，创设"拓展训练营""师生讲坛"等平台与机制，保障各方的民主权利，促进学员与导师、学员与学员、导师与导师特别是院校教师与企业师傅之间的互动沟通交流；突出师徒关系的平等性，在现代学校制度和现代企业制度基础上，企业设置学徒工、师傅岗位，通过校企合作合同和企业学员培训服务合同明确师傅、学员的权利与义务，通过各项现代学徒制管理制度，不仅构建现代学徒制教育教学活动有效开展的新型现代师徒关系，更着力注重构建学徒、职业院校教师、企业师傅之间平等的社会关系；突出学员的发展性，将学员放在平等的主体位置上，而不是作为简单的受教育者，树立"学员是人才，将他育成才；学员是人才，一定能成才"的理念和信心。遵循人的认识规律、学习规律和技能形成规律，以把学员培养为对国家、社会、企业能作贡献的人作为基础性目标，进而力争把学员培养成技术技能型创新人才甚至应用型创新人才。不仅注重提高学员在技术、技艺等方面的实践能力，以满足企业生产的实际需要，更注重对学员社会能力、方法能力、专业能力等多方面能力的培养。

（2）双重性原则

现代学徒制是一种企业与学校合作的职业教育制度，是一种新型的职业人才培养形式。毋庸置疑，校企双主体运作是现代学徒制的基本特征。现代学徒制太仓模式构建遵循双重性原则，凸现校企双主体特征。在职业院校明确学员的学生身份，在企业明确学员的学徒身份。在职业院校安排相关教师为学员的导师，在企业配备专兼职师傅为学员的导师。在职业院校打造理论教室、理实一体化实训室、教学工场等为学员的学习场所，在企业打造培训中心、跨企业培训中心、学习岛为学员的学习场所。在职业院校实施学校本位学习，在企业实施工作本位学习，职业院校与企业之间采用期释或日释形式工学交替。例如，参加海瑞恩（太仓）培训中心现代学徒制的学员是职业院校数控专业的学生，企业学习期间身穿海瑞恩学徒工作服，在企业投入1100万元、建有1000平方米的培训中心和生产岗位学习，配备4名专职培训师和46名兼职培训师悉心指导，并且采用期释方式在职业院校与企业之间工学交替。

（3）适切性原则

现代学徒制太仓模式构建遵守国家各项经济、教育政策，借鉴"双元制"模式，利用区域内外丰富的企业资源，贴近太仓经济社会实际情况，适应我国职业教育发展趋势规律，创造性地解决一些技术性的矛盾与问题。如切合太仓大多数为中小企业的情况，采用了一个院校与多个企业合作的"一对多"治理结构；切合企业场地、设备普遍紧缺的情况，灵活运用了培训中心、跨企业培训中心、学习岛等多种形式建设企业工作本位学习平台；切合初中毕业生普遍不满16周岁的现状，对未满法定劳动年龄的学员，与企业签订培训服务协议，实现招生招工一体化；切合不同的合作主体情况，采用不同的工学交替模式，实现了现代学徒制的教学组织结构化等。

（4）突破性原则

推行现代学徒制的瓶颈之一来自企业。企业的瓶颈源自"一缺乏三担心"。首先是部分企业对技术技能型人才缺乏正确的认识，其次是担心投入太大、担心"偷猎性风险"、担心没有能力。现代学徒制太仓模式构建注重挖掘优势资源、发挥资源优势，突破制约现代学徒制实施的一些瓶颈。如政府营造"人才先行"理念，将"人"的风险等级设定高于机器设备的风险等级，对人才的需求大于资金和土地的需求。倡导现代学徒制不仅仅是一种消费行为，更是一种生产行为理念，把现代学徒制作为提高企业人才素质、巩固员工稳定性的战略举措。出台促进现代学徒制发展的意见，提供全方位、有效"服务"，实行"先建后补"的系列政策，激发企业参与现代学徒制的热情。同类企业成立协会，订立"君子协议"，互不挖墙脚，规避"偷猎性风险"。院校瞄准德资企业及与德资企业配套的上下游企业和技术性、服务性要求高的行业企业，联合开发现代学徒制项目，项目办到企业园区内；筹集资金、聚集资源建设"中德双师型教师培养培训中心"，打造高素质院校教师和企业师傅队伍。工作本位学习和学校本位学习交替安排，项目教学"做中学、学中做"，促使工作问题具体化、隐性知识表出化，促进显性知识与隐性知识互动。校企共同编写"活页式"教材或工作手册式教材，及时融入新技术、新工艺、新标准，关注产业、企业的特殊技能学习等。

第四节 现代学徒制太仓模式的成效与亮点

一、现代学徒制太仓模式的成效

1. 概况

（1）发展情况：专业及规模

1998 年，克恩—里伯斯集团公司董事长斯丹姆先生提出在太仓按"双元制"模式培养专业技术工人的设想，经过中德双方的共同努力，于 2001 年 9 月 1 日，创办了全国第一家"双元制"本土化载体——太仓德资企业专业工人培训中心，简称 DAWT。DAWT 项目的专业是模具设计与制造，合作企业 2 家，均为德资企业，学员 20 人。2020 年，太仓职业院校开展现代学徒制的专业已扩展到 25 个，合作企业发展到 158 个，其中德资企业占 30.4%，与企业签约的学员达 1846 人。2021 年合作招生涉及 11 个专业大类、32 个专业，其中中职专业 9 个，五年制高职专业 7 个、三年制高职专业 15 个、本科专业 1 个，学徒 1412 人，合作企业 178 个，如表 2-2 所示。

表 2-2 2021 年现代学徒制合作企业规模与年招生数据统计

院校名称	专业名称	合作企业名称	企业员工数（或平均数）	招收学徒数	学制
太仓中专	1. 机械设计与制造	舍弗勒（太仓）、苏州鸿安机械、格瑞夫（太仓）包装	2197	27	5
	2. 数控技术	海瑞恩（太仓）、苏州贯龙、奥胜制造（太仓）、瑞鼎机械、卓能电子（太仓）、法因图尔（太仓）	341	48	5
	3. 模具设计与制造	黑龙智能、奥托立夫申达、克朗斯机械（太仓）、通快（中国）、威格玛机械、瑞好聚合物（苏州）	399	24	5
	4. 模具制造技术	克恩—里伯斯、慕贝尔	1100	35	3
	5. 机械加工技术	舍弗勒（太仓）、海瑞恩（太仓）、苏州鸿安机械、邝德—友联	1870	35	3

（续表）

院校名称	专业名称	合作企业名称	企业员工数（或平均数）	招收学徒数	学制
太仓中专	6. 汽车运用与维修	森联汽车、森誉汽车、博泰汽车、明达汽车、森丰盛达汽车、文洋申荔汽车、格林威（太仓）汽车、保诚汽车、智测达新能源、新尚汽车、华苏别克、广汽本田、动擎汽车、卡塞尔颜色服务、睿洗（苏州）汽车、太仓尼桑、豪苑汽修	39	50	5
	7. 电子技术应用	奕瑞影像科技（太仓）	400	37	3
	8. 机电设备技术	欧托凯博（太仓）、巨浪凯龙机床（太仓）、海瑞恩（太仓）、苏州贯龙、法因图尔（太仓）、威格玛机械设备、通快（中国）、可耐福石膏板（江苏）、宝得流体控制系统（江苏）	447	60	5
	9. 智能设备运行与维护	法因图尔（太仓）、美名格－艾罗（太仓）、翰备机械（太仓）	237	15	3
	10. 中餐烹饪	娄东宾馆、花园酒店、珀丽酒店、陆渡宾馆、肉松食品、铂尔曼酒店、金太仓公司、宝龙酒店、莱茵酒店、艳阳度假酒店、阳光海鲜城、华旭酒店、莆鑫酒店、松源怀石料理、巧而思餐饮管理公司、旅发酒店、珀丽尚品酒店、润溪酒店	82	83	3
	11. 休闲体育服务与管理	力圣美、迈博、亭宾、斯博特、阳光、ET、聚点、思迈、雪明、胜力	18	45	3
	12. 电子商务	江左盟网络科技、海购说电子商务、江苏卜珂食品、伊藤忠物流（太仓）、太仓雅鹿、国信集团、华享同城、每日摄影、新亚文具、玄武网络科技、六次元电商、一个小朋友传媒	45	70	5
	13. 艺术设计	千秋建筑装饰、随美创意家居、万涛装饰工程、桧木空间、苏禾装饰设计、东沃装饰工程、摩绘文化传媒、紫然装饰设计工程、大唐建筑装饰工程、鸿镜装修、久洲装饰、乐客全屋定制、十又阁建筑装饰、北山室内装饰、星艺装饰、玛格全屋定制、彦艺设计、奇谋设计、叁本创意设计、每日广告传媒、浩哥文化、晟世梵华文化	16	70	5

（续表）

院校名称	专业名称	合作企业名称	企业员工数（或平均数）	招收学徒数	学制
太仓中专	14．物联网技术应用	苏州智融居智装科技、太仓郑和物联网科技	18	6	3
	15．艺术设计与制作	彦艺设计、奇谋设计、叁本创意设计、每日广告传媒、随美创意家居、东沃装饰工程、久洲装饰工程、带走软装设计、万涛装饰工程、万景建筑装饰	15	40	3
	16．服装设计与工艺	大仓高级时装、祺美时装、锋奕时装、普拉多服饰、美时得时装、兰兰服饰	75	35	3
健雄学院	17．市场营销	昆山上房房屋销售有限公司	300	44	3
	18．酒店管理	雅华酒店管理（上海）有限公司	25000	49	3
	19．物流管理	利丰供应链管理（中国）有限公司	800	110	3
	20．软件技术	创钛中科智能科技（苏州）有限公司	50	15	3
	21．电子信息工程技术/物联网应用技术	通快（中国）、卓能电子（太仓）、众华电子科技（太仓）	467	35	3
	22．信息安全与管理	安美信息安全技术（苏州）有限公司	50	20	3
	23．移动互联应用技术/大数据技术与应用	太仓中科信息技术研究院	50	20	3
	24．药品生物技术	昭衍（苏州）新药研究中心有限公司	1200	40	3
	25．分析检测技术	赛业（苏州）生物科技、苏州启泽检测技术、苏州国泰环境检测	323	48	3
	26．医学生物技术	苏州拓维生物技术有限公司	56	30	3
	27．药品生产技术	依科赛生物科技（太仓）有限公司	200	40	3

（续表）

院校名称	专业名称	合作企业名称	企业员工数（或平均数）	招收学徒数	学制
健雄学院	28. 广告艺术设计	星光印刷（苏州）有限公司	700	40	3
	29. 机电一体化技术／工业机器人	舍弗勒（太仓）、亿迈齿轮（太仓）、通快（中国）、艾通电磁技术（昆山）、博泽汽车部件、克劳斯玛菲机械（中国）、莫迪维克机械（太仓）	1271	131	3
	30. 模具设计与制造	宝得流体控制系统（江苏）、西德克精密拉深技术（上海）、贺尔碧格传动技术（常州）、克恩－里伯斯（太仓）、慕贝尔（太仓）	650	30	3
	31. 电气自动化技术	苏州托克斯冲压设备、卓能电子（太仓）、联合汽车电子、通快（中国）	950	38	3
成贤学院	32. 机械制造设计及其自动化	通快、安策、博纳、爱科、卓能、欧皮特、克恩—里伯斯、爱克奇、海瑞恩、慕贝尔、巨浪凯龙、美名格－艾罗、欧托凯博、德特威勒、亿迈齿轮	350	42	4

（2）管理、运行制度及机构

DAWT项目采用理事会管理制度，理事会由企业、院校、政府有关人员组成，下设培训委员会和考试委员会，成立培训中心负责日常运行。企业、院校执行有关合作培养协议，企业、学员执行有关培训服务协议。实施过程接受德国工商行会上海代表处（AHK）的全程监督。目前，太仓成立了市委书记、市长为双组长的"双元制"教育发展领导小组，印发了《关于深化产教融合加快"双元制"教育发展的实施意见》（太委办〔2018〕68号）和《太仓市对德合作产业发展专项资金使用办法（试行）》（太政发〔2017〕68号）等相关管理、运行制度，组建了太仓欧商投资协会（TRT）和太仓市工程师协会，引进了德国工商行会上海代表处（AHK）和德国手工业行会（HWK）奥登堡。各项目根据院校与合作企业的实际情况，共同组建理事会、联合管理委员会或办公室，并成立各种管理、运行机构，各自制订切合项目实际的管理、运行制度。

2. 运行情况

（1）师资

现代学徒制专业共有院校专业教师152人，企业专职师傅29人，企业兼职师傅882人。院校专业教师除承担现代学徒制教学任务外，部分还承担本专业其他教学任务。企业专职师傅主要承担现代学徒制教学，部分也承担少量技术开发、技术服务任务。

第一，培养了一批"双师型"的院校教师。太仓中专模具、机械专业的部分教师，以及健雄学院模具、机电专业的部分教师通过德国工商行会等机构培训取得培训师资格；太仓中专数控、机电、汽修专业的部分教师通过德国手工业行会取得培训师资格（图2-5）。所有教师中有企业工作经历的集中在20%—50%之间（详见图2-6）。所有院校均通过国内短期培训和下企业实习两条途径实施教师进修，并且大部分教师获技师及以上资格。

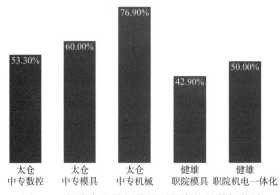

图2-5　部分专业教师获培训师资格的数据统计

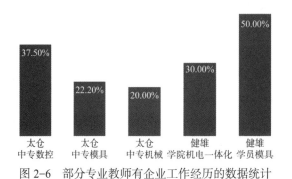

图2-6　部分专业教师有企业工作经历的数据统计

第二，培养了一批高素质的企业专职师傅。关于企业专职师傅的职责，90%以上认为企业专职师傅应"为学徒（培训学员）制定培训计划""开发培训课程""为学徒（培训学员）提供学习支持""与学校专业课教师沟通协调课程安排和进度""制定学徒（培训学员）评价标准并实施评价""实施职业资格考试"；80%以上认为企业专职师傅应"制定学徒（培训学员）录用标准、考核方案，并实施""设计培训教学""解决生产实践中的疑难问题开发新产品或技术"；64%认为企业专职师傅应"培训院校教师"。进一步访谈学生和院校教师，一致认为尤其在"开发培训课程""为学徒（培训学员）提供学习支持""与学校专业课教师沟通协调课程安排和进度"上企业师傅履职十分到位。

实施现代学徒制的企业，除配备一定数量的专职师傅外，一般还配备一定数量的兼职师傅。企业师傅通常实行 8 小时工作制，企业专职师傅年均课时在 1600 节以上，课时不足的企业专职师傅还需承担其他工作任务。

（2）投入

表 2-3、表 2-4 显示，企业投入模具、机械的专业设备是学校投入设备的两倍，投入数控专业学生培训的专业设备也达学校的 88.0%。在计算设备折旧的前提下，生均培养成本分别为：机械、机电、数控和模具专业 10 万左右，烹饪专业 4 万左右，艺术专业 3 万左右。

表 2-3 相关专业设备总值数据统计

院校	专业	学校投入设备总值 / 万元	企业投入设备总值 / 万元	企业投入所占比重
太仓中专	数控	1250	1100	88.0%
	模具	510	1041	204.12%
	机械	602	1304	216.6%
健雄学院	模具	1180	177	15.0%
	机电一体化	1220	340	27.9%

表 2-4 现代学徒制专业生均培养成本数据统计

专业	合作企业	生均成本 / 万元
机械	德企 1	9
	德企 2	15
机电	德企 3	10
	德企 4	6
模具	德企 5	10
	德企 6	10

（续表）

专业	合作企业	生均成本 / 万元
数控	德企 7	12
烹饪	国企 1	3—5
	国企 2	3—5
	国内私企 1	6
	国内私企 2	3—5
	其他企业 1	3
艺术	国内私企 3	10
	国内私企 4	2—3
	国内私企 5	2
	国内私企 6	5
	其他企业 2	2—3

表 2-5、表 2-6 显示，太仓中专、健雄学院相关专业校内实习实训条件普遍良好，生均工位数均大于 0.5，生均设备值在 2.46 万元左右。

表 2-5　部分专业校内生均工位数据统计

院校	专业	生均工位数
太仓中专	数控	0.5
	模具	0.65
	机械	1
健雄学院	模具	0.85
	机电一体化	0.65

表 2-6　部分专业校内生均设备值统计

院校	专业	生均占有设备值 / 万元
太仓中专	数控	4.5
	模具	2.4
	机械	1.8
健雄学院	模具	4.4
	机电一体化	1.45

　　调查还显示，太仓中专、健雄学院相关专业校内实习实训设备的配备合理性较高，与教学内容的匹配度均在 80% 以上，且年使用率普遍在 80% 以上。

　　（3）课程与教学

　　第一，课程开发。相关专业课程均依据国家专业教学标准，大部分专业还参照德国的职业培训条例，结合企业特别德资企业的生产需求，由企业和院校联合开发。所有课程一般都没有固定的教材，而由教师或企业师傅开发新型活页式教材和工作手册式教材，伴随机械类学生学习的是德国翻译版的《简明机械手册》和《机械制造工程基础》。一般由企业负责或参与开发的课程占所有课程的 85% 以上，如表 2-7 所示。

表 2-7　部分专业课程开发情况数据统计

院校	专业	现代学徒制课程总数	企业参与开发课程数	企业负责开发课程数
太仓中专	数控	13	5	8
	模具	8	2	6
	机械	12	6	6
健雄学院	模具	10	6	4
	机电一体化	15	8	5

　　第二，培训 / 教学实施。院校教师与企业专职师傅之间相互商讨教学的计划和实施问题。专业课程实施有两种形式：一是以企业为主，院校配合企业实施；二是企业实习实训和院校教学分别独立实施，相互之间各负其责。企业以专业技能教学为主，院校以专业理论教学为主，两者互为衔接与补充。企业负责实施和参与实施的课程通常占所有课程的 60% 以上，详见表 2-8。

表2-8 部分专业课程实施情况数据统计

院校	专业	现代学徒制课程总数	企业参与实施课程数	企业负责实施课程数
太仓中专	数控	13	5	8
	模具	8	2	6
	机械	12	6	6
健雄学院	模具	8	4	1
	机电	14	5	5

在相关专业现代学徒制实施时，太仓中专的数控、模具、机械、机电专业在企业累计学习时间分别为60%、52.5%、71.7%、50%，还不包括每学年暑期4周的企业实践教学时间。健雄学院模具、机电一体化专业在企业累计学习时间分别为37.9%和42.5%。

企业培训过程中，企业培训与院校学习匹配度总体水平较高（图2-7）。76%的学徒表示在企业培训过程中有明确的培训计划（图2-8），其中80%的学徒认为企业培训期间能够严格执行培训计划。通过学徒制培养，大部分学徒表示能够融入企业工作氛围，且企业工作氛围融洽（图2-9）。"如果需要，同事之间会相互支持"，学徒认为比较符合、完全符合的分别占45%、35%。"我想讨论学习问题时，总能找到合适的人"，学徒认为比较符合、完全符合的分别占42%、22%。并且企业对员工有一定的制约和激励，同事间合作与竞争相互依存。

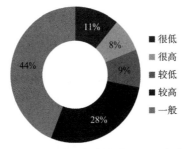

图2-7 企业培训与院校学习匹配度统计

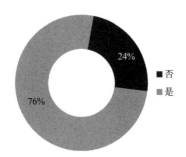

图2-8 是否有培训计划统计

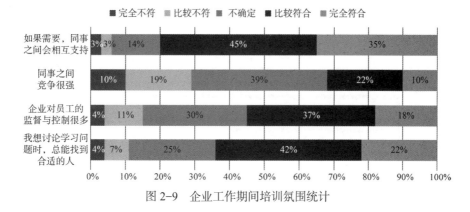

图 2-9　企业工作期间培训氛围统计

　　大部分专业的学徒对工作感兴趣的程度逐年提高（图 2-10）。强烈的职业责任感是胜任每一项工作任务的先决条件。调查显示，专业不同，学徒职业责任感变化也有所不同，模具和机械专业学徒的职业责任感逐年提高（图 2-11）。

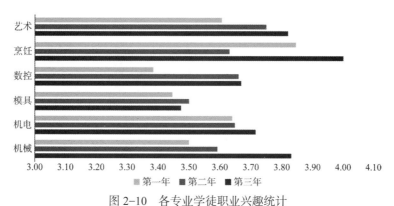

图 2-10　各专业学徒职业兴趣统计

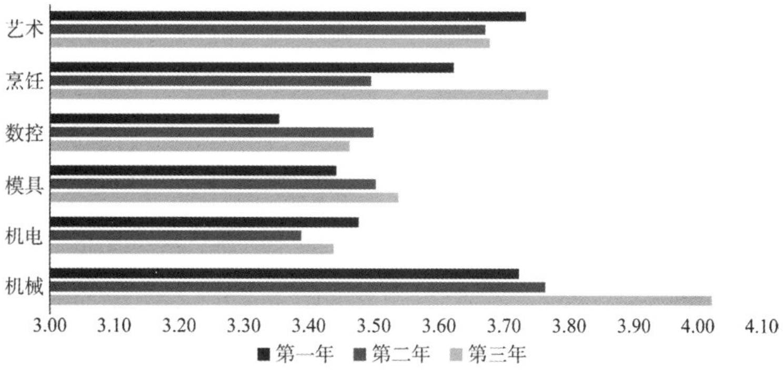

图 2-11　各专业学徒职业责任感统计

　　在学习主动性方面，六个专业不同年级的学徒学习主动性相差不大。依专业不同，艺术、烹饪、机电、机械四个专业企业学徒在第一年的学习主动性最高且逐年微减（图

2-12）。学徒的职业发展承诺程度总体逐年提高（图 2-13），超过 70% 的学徒表示未来打算一直从事本专业的工作。

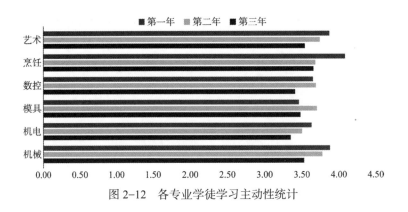

图 2-12　各专业学徒学习主动性统计

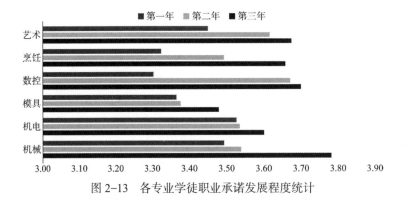

图 2-13　各专业学徒职业承诺发展程度统计

在企业培训过程中，企业师傅的指导方式以观摩法、讲解法、试误法和合作法为主。指导内容围绕企业的基本情况、企业生产的各类产品与提供的各类服务、企业岗位工作职责、工作过程中的经验与诀窍、应急处理办法及个人职业生涯发展展开。

企业培训师的指导得到学生高度认可，大多数学徒认为自己有机会了解企业的整个生产经营过程，明白所做工作在整个企业的价值和意义。等方差假设下，显著性概率 $p = 0.020$（$p < 0.05$），可以认为在校生和毕业生在企业培训师认可度上存在显著性差异（表 2-9），在校生企业培训师认可度明显高于毕业生（表 2-10）。大部分学生认为企业实训能够帮助学徒了解工作的目的和意义，方差不等假设下，显著性概率 $p = 0.002$（$p < 0.05$），针对相关指标，在校生对于企业实训目的和意义的了解程度明显高于毕业生，企业实训对于学徒了解工作的目的和意义具有积极影响。

表2-9 组统计量

	是否毕业生	N	均值	标准差	均值的标准误
企业培训师认可程度	在校生	302	3.9978	.86661	.04987
	毕业生	473	3.8471	.88942	.04090
企业实训目的和意义的了解程度	在校生	302	3.8742	.89520	.05151
	毕业生	473	3.6617	1.03116	.04741

表2-10 独立样本检验

		方差方程的 Levene 检验		均值方程的 t 检验					95% 置信区间	
		F	Sig.	t	df	Sig.（双侧）	均值差值	标准误差值	下限	上限
企业培训师认可程度	假设方差相等	.925	.336	2.324	773	.020	.15072	.06486	.02339	.27805
	假设方差不相等			2.337	635.510	.020	.15072	.06449	.02408	.27735
企业实训目的和意义的了解程度	假设方差相等	13.245	.000	2.942	773	.003	.21244	.07222	.07067	.35421
	假设方差不相等			3.034	705.552	.002	.21244	.07001	.07498	.34989

参加学徒制培养后，超过 60% 的学生认为自己的自主学习能力、团队协作能力和职业能力有所提升（图 2-14），能够遵守并履行行业、企业规范，对待岗位工作认真负责、精益求精。在职业认同感方面，大部分学生表示企业学徒经历更加坚定了自己从事该职业的信心，也更愿意告诉周围的人自己未来从事的职业。

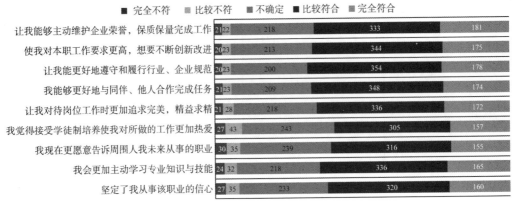

图 2-14　学生参加企业培训的感受统计

学生对院校的看法十个指标中，在校生认为比较符合、完全符合在 85% 以上，毕业生在"能帮助我们解决企业工作中遇到的难题""非常了解企业实际情况""课堂教学设计得生动有趣"三项指标上认为比较符合、完全符合的占 55% 左右，其他指标认为比较符合、完全符合的占 75% 左右，详见图 2-15、图 2-16。在校生、毕业生对学校总体认可，在指标"对学生认真负责"上评价最高，在指标"非常了解企业实际情况"上评价最低。总体在校生评价好于毕业生。

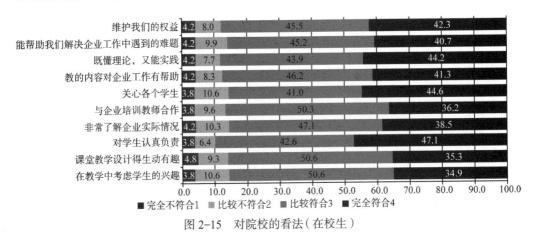

图 2-15　对院校的看法（在校生）

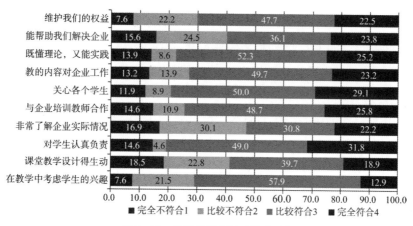

图 2-16 对院校的看法（毕业生）

第三，课程评价。课程评价由学校、企业、第三方共同负责，学校评价内容主要是理论基础，企业评价内容主要是专业技能和职业素养，第三方评价内容主要是 AHK 考试（表 2-11）。过去三年，学徒 AHK 毕业考试成绩：模具均为良，数控均为优，工业机械工均为良，机电主要集中在中和良。未通过毕业考试的比例均在 0—10% 之间。

表 2-11 部分专业院校、企业及第三方评价主要内容

院校	专业	院校评价内容	企业评价内容	第三方评价内容
太仓中专	数控	行为规范，理论学习，基本技能	职业素养，工作品质，技能应用水平	AHK 切削机械工考试
	模具	行为规范，理论学习	基本技能，工作品质，职业素养	AHK 模具工业工考试
	机械	理论课程及测量课程	其余技能模块	AHK 机械工业考试毕业考试
健雄学院	模具	评价进校期间的课程能力	评价在企业车间工作与培训课程的能力	AHK 模具工业工考试
	机电	理论知识，基础技能	综合实践能力	AHK 机电一体化工考试

3. 质量与效益

"双元制"本土化既打造了适合学生职业发展的课程与教学，又培养了符合企业职业标准的职业人才，相关专业学生以参加 AHK、HWK 认证为主，获证率分别在 95% 和 90% 以上，并且 44% 数控学生、53.3% 机电学生获高级工资格证书，36% 数控学生获 CAD 证书，等等。

由培训企业录用的毕业生比例德企均在 90% 以上，国企在 75% 以上，国内私企则相差较大。（表 2-12）。过去三年，企业新录用的、合作培养的中高职毕业生年均收入为：机械、机电、模具和数控专业年均 6—8 万，烹饪专业年均 4—6 万。艺术专业毕业生年收入差距较大，年均收入在 2—10 万之间。

表 2-12　部分企业近三年学徒录用率

企业	培训专业	近三年培训学徒总人数	近三年录用学徒总人数	学徒录用率
德企 1	机械	150	138	92.00%
德企 2		45	41	91.11%
德企 3	机电	31	28	90.32%
德企 4		25	23	92.00%
德企 5	模具	45	43	93.33%
德企 6		55	51	92.73%
德企 7	数控	113	105	92.92%
国企 1	烹饪	9	7	77.78%
国企 2		30	23	76.67%
国内私企 1		9	6	66.67%
国内私企 2		9	8	88.89%
国内私企 3		10	7	70.00%
国内私企 4	艺术	12	12	100.00%
国内私企 5		6	4	66.67%
国内私企 6		10	5	50.00%

毕业生入职 9 个月后，各专业适应工作率分别为：机械 94.37%、机电 97.32%、模具 98.80%、数控 96.63%、烹饪 100.00%、艺术 97.53%，基本上达 95% 以上（表 2-13）。6 个专业毕业生 1—2 月适应工作率均在 75% 以上，其中烹饪专业毕业生 3—5 个月适

应工作率达 100%，具有明显的优势。

表 2-13 部分专业毕业生入职后，适应工作所需时间

专业	适应工作所需时间	在该专业所占比例	在该专业累积所占比例
机械	不到一个月	40.85%	40.85%
	1—2 个月	36.62%	77.46%
	3—5 个月	9.15%	86.62%
	6—9 个月	7.75%	94.37%
机电	不到一个月	47.32%	47.32%
	1—2 个月	42.86%	90.18%
	3—5 个月	3.57%	93.75%
	6—9 个月	3.57%	97.32%
模具	不到一个月	52.41%	52.41%
	1—2 个月	31.33%	83.73%
	3—5 个月	8.43%	92.17%
	6—9 个月	6.63%	98.80%
数控	不到一个月	34.27%	34.27%
	1—2 个月	44.94%	79.21%
	3—5 个月	11.24%	90.45%
	6—9 个月	6.18%	96.63%
烹饪	不到一个月	81.48%	81.48%
	1—2 个月	16.67%	98.15%
	3—5 个月	1.85%	100.00%
	6—9 个月	0%	100.00%
艺术	不到一个月	72.84%	72.84%
	1—2 个月	19.75%	92.59%
	3—5 个月	3.70%	96.30%
	6—9 个月	1.23%	97.53%

二、现代学徒制太仓模式的亮点

1. 突出政府主导，建立现代学徒制太仓模式的发展机制

（1）建立有力的组织机制

成立市主要领导任组长的"双元制"教育发展领导小组，以及指导中心、专家委员会；建立职业教育联席会议制度，定期商议职业教育发展中的重点难点问题，总体布局、全面统筹、协同推进全市职业教育高质量发展；建立政府部门参与的职业院校理事会或董事会、专业建设指导委员会，共同"把脉"、共通"关节"。

（2）建立有效的激励机制

出台《关于深化产教融合加快"双元制"教育发展的实施意见》《太仓市"双元制"人才培养专项扶持资金使用办法》，设立每年 2000 万元专项扶持资金，对 13 类职业教育重点项目进行精准扶持。政策实施三年来，累计下拨扶持资金 3009.75 万元，建成产教融合的"双元制"培训中心 10 个，舍弗勒（中国）有限公司等 3 家企业获评首批江苏省产教融合型企业。

（3）建立高效的治理机制

建立"双元制"项目理事会或董事会，构建了"一对一"和"一对多"两种治理结构。制订《双元制人才培养项目申报条例》，规范了校企合作合同、企生培训合同等规章制度，形成了良性的合同执行机制和成本分担机制。成立项目培训委员会、考试委员会、培训中心，构筑了项目运行、质量控制与监测的治理机制。

（4）建立第三方评价机制

引进德国工商行会（AHK）和德国手工业行会（HWK），建立了以 AHK 和 HWK 为主的第三方评价机制。"双元制"本土化项目实施前，校企双方合作的专业、课程、师资、实训条件等必须得到行会批准。项目实施过程中，由行会在第 18 个月和第 36 个月组织两次毕业考试，两次均通过的学生才能获得行会颁发的职业资格证书。多年来，考证通过率均在 90% 以上，优秀率达 50% 以上。

2. 突出系统搭建，建设现代学徒制太仓模式的运作载体

（1）建设"双元制"本土化产业园

聚焦地方高端装备制造业，江苏省太仓高新技术产业开发区管委会、德国工商大会上海代表处、德资企业、职业院校等多方参与，建设了"人才供给、技术研发、技术转移、创新创业、服务推广、国际交流"一体化的中德智慧制造"双元制"产业园，并于 2019 年获批江苏省产教融合集成平台。

（2）建设"双元制"本土化培训中心

在企业内或产业集聚区，校企共建了太仓德资企业专业工人培训中心（DAWT）、舍弗勒培训中心、海瑞恩培训中心、德国手工业行会培训考试认证基地、中德（太仓）"双师型"教师培养培训中心等10多个工学结合的平台，与产业融为一体，校企共同开发课程教学资源，共同培养学员、院校老师与企业师傅，促进了企业从人才"需求方"向"供给方"的角色转换。

（3）建设"双元制"本土化交流合作平台

牵头组建了"嘉昆太"职业教育联盟和"嘉昆太"高技能人才培训基地联盟，通过专业设置共创、校企资源共享、实训基地共建、技能大赛共办等整合力量，举办了"太仓杯"中德高端制造工匠技能挑战赛和"双元制"教育创新发展大会，搭建职业教育国际化交流合作平台。集合政校企行力量，成立了太仓市"双元制"教育研究院，汲取国内外先进职教经验，进一步助推职业教育质量的提升，为经济社会发展提供更多、更好的技术技能人才。

（4）建设"双元制"本土化信息平台

建成了以"双元E+"信息综合管理平台为载体的校企协同育人体系，打造了"互联网＋现代学徒制"的智慧职教。建成了太仓德资企业专业工人培训中心模具专业智能实训车间，在实训教学数字化管理、三维仿真环境和现实世界的无缝对接感受中提升了工作本位学习效率。基于线上教学平台，构建了"课程＋社团＋比赛"的学生信息素养培养体系。

3. 突出校企协同，构建现代学徒制太仓模式的育人体系

（1）构建中等和高等职业教育一体化培养体系

依托"双元制"本土化职业教育联盟，推进区域内中高等职业教育的"贯通""衔接"。联合港口、港区企业建设太仓中专港城校区，支持太仓中专加快发展五年制高职教育，促进中高职人才一贯制培养。鼓励健雄学院和太仓中专在工业分析与检验等6个专业实施江苏省现代职业教育"3＋3"试点项目，年招生规模200人以上。2020年9月，健雄学院和太仓中专签订了开展区域教育合作办学协议，以期通过合作办学加强教学资源共享，做强"双元制"本土化职教品牌，提升服务产业能力。

（2）构建中—高—本—硕多层次培养体系

2001年，太仓中专率先与克恩—里伯斯等德企合作在模具专业开展"双元制"本土化实践。2005年、2017年，健雄学院、东南大学成贤学院联合有关德资企业和德国高校相继在机械制造、机械设计及自动化专业开始了专科、本科层次的"双元制"本土

化实践。2021年，西交利物浦大学和西北工业大学太仓校区开始探索"双元制"模式专业学位研究生教育。目前，全市开展"双元制"本土化培养的专业有32个，在校学徒3279名，初步构建了中—高—本—硕多层次人才培养体系。

（3）构建院校—企业—社会多样化合作培养体系

除鼓励校校、校企合作培养人才外，还支持院校、企业、社会合作培养人才。依托太仓开放大学，加强与德国行会、德企、退役军人事务局等机构的合作互动，实施"中德高技能及创新人才"培养计划，建成苏州市优秀企业学院2个，建成市民在线学习平台1个，每年开展实用技术培训上万人次。依托太仓中专，联合DAWT、太仓欧商投资协会、德国工商行会上海代表处，在德资企业工人中招收高级学徒，开展Meister培训，成功培养技术"大师"40名，为当代"工匠精神"培育提供了体制基础。

（4）构建精湛技术技能人才内部培养体系

全市职业教育全面推行基于"双元制"本土化的现代学徒制太仓模式，校企共同制定培养方案、共同参与招生选拔、共同开发课程资源、共同建设实训基地、共同组建双师团队、共同实施教学培训、共同开展质量评价等，融通企业标准、融合企业资源、融会企业精神，打造了从中职到本科层次的精湛技术技能人才内部培养体系。已建设教育部、省、市现代学徒制试点项目5个。

4. 突出富民惠企，彰显现代学徒制太仓模式的教育活力

（1）实现招生招工一体化

所有学徒入学时与相关企业签订培训服务合同，明确学徒身份，享受学徒津贴。学习期间实行工学交替，工作本位学习时间不少于50%。毕业时，通常获得"1＋2"证书（1张学历毕业证书＋1张德国行会职业资格证书＋1张中高级技能等级证书）。就业时，学徒与培训企业签约率90%以上，政府、行业、企业和家长认同率达95%以上。成功架起了连接教育制度与用工制度的桥梁，2020年发挥"双元制"教育优势，赋能企业复工复产，《人民日报》《光明日报》先后报道点赞。

（2）助力"中德创新合作高地"

太仓"双元制"本土化为地方特别是为德企输送了数千名精湛技术技能人才，良好的技术技能人才支撑环境吸引了德企纷纷落户太仓。目前，太仓已聚集了400多家德资企业和500多家与之配套的民营企业，成为目前国内德企集聚度最高、发展最好的地区，成为李克强总理点赞的"中德创新合作高地"。

（3）形成"双元制"本土化品牌

"双元制"本土化"太仓样板"入选教育部2018年度质量报告，先后获得省级、国

家级教学成果奖 14 项。2019 年全国职业教育改革发展现场会，150 多位领导、专家到太仓考察，引起积极反响。《中国教育报》、德国《斯图加特日报》等媒体多次专题报道"政府主导、主体融合、合同信守、工学交替、素质评估"的太仓经验，成功构建了以"共赢"为主特征的基于"双元制"本土化的现代学徒制太仓模式。

（4）凸现"双元制"本土化辐射效应

制订并发布了苏州地方标准《双元制职业教育人才培养指南》、启动建设《双元制培训中心建设与管理规范》等。成立了中德双元制职业教育联盟和示范推广基地，带动 16 个省份 90 多家职业院校进行教育改革；接受海南、广西、甘肃、云南、陕西等地的职教师资前来挂职学习；对口支援贵州玉屏县、陕西周至县职业教育发展，发挥了"双元制"本土化在精准扶贫中的辐射效应。

综上所述，基于"双元制"本土化的现代学徒制太仓模式，围绕现代学徒制的标准开发、审查和批准、协同培养、评估、证书颁发、拨款等方面做了一系列创新实践。

在任何一种教育体系中，课程始终处于核心地位。职业教育的发展与改革，最终也会归结到课程的发展与改革[①]。太仓抓住了现代学徒制的课程核心，以地方经济社会发展为基础，基于"双元制"本土化，构建起了现代学徒制太仓模式。以下三章分别从现代学徒制太仓模式的课程架构、课程实施、课程管理进行阐述。

---

① 姜大源.职业教育学研究新论［M］.北京：教育科学出版社，2007.1：124.

第三章　现代学徒制太仓模式的课程架构

教育学家库伯曾说："什么样的课程,形塑什么样的人才。"现代学徒制运作双主体、工学交替等基本特征,比学校职业教育具有更鲜明的跨界、整合和重构性质。无疑,现代学徒制的课程在架构、实施和管理等诸层面,与学校职业教育有明显的区别,甚至有冲突。课程架构即课程的设计开发,课程实施即课程的教学,课程管理即课程的组织协调。其中课程架构是前提,课程实施是核心,课程管理是基础。

这里的课程架构包括课程整体结构、课程具体结构和相关课程资源的设计开发。课程整体结构架构即课程方案的开发设计,课程具体结构架构即课程标准和课程教材的设计开发。具体的课程设计开发技术、方法、途径等已有学者专家专门研究,在此不再赘述。本章主要从课程设置、课程资源开发和课程建构三个角度介绍现代学徒制太仓模式的课程架构。

第一节　课程设置

课程设置是课程方案设计开发的重要内容,是指相关专业的各类各种课程的设立和安排。其主导问题为:在怎样的课程观指导下的课程建设? 现代学徒制课程设置的内涵是什么? 现代学徒制通常设立哪些课程种类、多大容量、如何确定先后顺序?

一、现代学徒制太仓模式的课程观

著名的现代化问题专家阿历克谢·英格尔斯在论及现代制度时指出:"如果一个国家的人民缺乏一种能够赋予这些制度的真实生命力和广泛的现代心理基础,如果执行和运用这些现代制度的人自身还没有从心理、思想、态度和行为上都经历一个向现代化的转变,失败和畸形发展是不可避免的。[①]"现代学徒制实施的前提在于院校、企业等

---

① 在职研究生教育信息网.教育学在职研究生教师素质的提高[EB/OL].(2015-11-27)[2021-2-6]. https://www.eduei.com/jiaoyuxue/baokaozhinan/18883.html.

实施主体的价值认同。院校、企业等实施主体对现代学徒制课程观的确立和认同尤为重要。可以说没有基于工作过程的课程观，就不会有基于"双元制"本土化的现代学徒制实践，更不会有现代学徒制太仓模式。

基于工作过程的课程观，就是课程内容的选择以获取自我建构的经验以及策略方面的过程性知识为主，兼顾事实、概念以及原理方面的陈述性知识，着重解决工作过程中有关"怎么做"和"怎么做得更好"的问题，兼顾解决工作过程中有关"是什么"和"为什么"的问题，并注重过程性知识和陈述性知识融合及一体化。课程内容以工作顺序来序化课程结构，即以专业所对应的典型职业工作顺序或实际的多个职业工作过程归纳抽象整合后的职业工作顺序的每一个工作过程环节来序化相关课程内容，构建课程结构并情境化。这样，课程避免了"纯知识"或"纯技术"的弊端，更多地着眼于在动态的行动体系中精湛技术技能和综合职业素养的培养。

1. 基于工作过程的课程观是以人为本的课程观

（1）基于工作过程的课程观遵循人的认知心理规律

康德说："人是目的，而不是工具。[①]"现代学徒制以培养技术技能型创新人才和应用型创新人才为目标，不仅要培养被动适应社会经济发展、满足功利性岗位需求的"职业人"，更重要的是要培养在未来职业生涯中主动参加设计社会进程和工作世界，成为对国家有用、对社会有责任感的"社会人"。基于工作过程的课程观着眼于"人"在工作过程中所涉及的问题，选择课程内容，以与人自然形成的认知心理顺序一致的工作过程顺序构建课程结构，从而开发行动体系的课程产品。课程不再是建立在静态学科体系之上的显性知识的复制与再现，而是着眼于人的动态行动体系之中的隐性实践知识的生成与构建[②]，使学员对知识的序化过程与学员在工作过程中的行动实现融合。

（2）基于工作过程的课程观符合人的多元智能理论

按照美国哈佛大学心理学家加德纳教授的多元智能理论，职教的学员与普教的学员智能上的差异不是层次上的差异，而是类型上的差异。他们之间没有智力的高低之分，只是智能结构的不同。职教的学员是以形象思维为主，往往具有高度的完形知觉能力及对空间结构方位的识别能力。这种能力就是职业教育的良好基础，而且是能不断生成生长的。现代教育研究表明，具有不同智能类型和不同智能结构的人，对知识的掌握也具有不同的指向性和不同的标准。所以，现代学徒制更应给具有不同智力且

① 宋惠昌.人是目的而不是工具[EB/OL].（2016-4-11）[2021-2-7].http://www.cssn.cn/dzyx/dzyx_gwpxjg/201604/t20160411_2960710.shtml.

② 姜大源.职业教育学研究新论[M].北京：教育科学出版社，2007.1：20.

准备从事不同职业的学员以不同于普通教育的教育。基于工作过程的课程观就是课程目标要指向以经验及策略方面的过程性知识为主，以着重解决工作过程中有关"怎么做"和"怎么做得更好"，课程的内容、结构与呈现方式适合形象思维为主的群体接受知识。这样，职教的学员就能成为与普教学员同一层次不同类型的人才，成为与科学家同一层次不同类型的专家，课程也就发挥了它应有的培养人的作用。

（3）基于工作过程的课程观契合人的行动导向学习

工作过程不管是广义的旨在实现确定目标的生产活动和服务活动的顺序，还是狭义的具体物质产品生产的顺序，都"是一个综合的、时刻处于运动状态但结构相对稳定的系统"。[①] 不同的职业，工作过程所涉及的工作的方式、内容、方法、组织以及工具不同，但其"资讯—计划—决策—实施—检查—评估"这一基本工作过程结构是相同的。基于工作过程的课程观以工作过程为参照系选择、整合、序化知识，且按"重复的是步骤"的原则开发具有平行、递进或包容关系的学习情境，编制行动体系课程。人的学习是一种"有目的的活动"，即行动，且按"资讯—计划—决策—实施—检查—评估"这一完整的行动学习环节循环进行。人的工作过程结构完全契合行动学习环节，基于工作过程导向的行动课程也就契合行动导向学习。

2. 基于工作过程的课程观是推进学生全面发展的课程观

（1）基于工作过程的课程观注重关键能力的培养

姜大源认为，职业教育既承载着为社会培养直接创造财富的劳动者和专门人才的重任，又承载着促进形象思维为主的具有另类智力特点的青少年成才的重任。这也就是职业教育的培养任务，是对学员能力发展提出的具体标准。也就是说职业教育的现代学徒制，更要追求生存和发展的能力教育。这种能力教育不仅指专业能力和方法能力的培养，还包括社会能力的培养。基于工作过程的课程观关注胜任职业活动所需要的技能和相应知识及其合理知能结构的应用性和针对性；关注胜任职业活动所需要的工作方法与学习方法及其科学思维模式的逻辑性和合理性；关注胜任职业活动所需要的行为方式及其积极人生态度的适应性和规范性。所以说，基于工作过程的课程观的行动体系课程注重知识、技能与价值观的融合，不仅涵盖专业对应的工作过程理论知识和实践技能，还渗透具体的知识、技能所承载的价值观，是培养人全面能力的体系。相对于专业能力的培养，更注重过程优化、质量意识、安全意识、经济意识、时间意识、全局与系统思维、目标辨识与定位、联想与创造力、自信心、成功欲、心理承受力、社

① 姜大源.职业教育学研究新论［M］.北京：教育科学出版社，2007.1：18.

会责任感等等与纯粹的、专门的职业技能和知识无直接联系的能力，即关键能力的培养，也可以说是工匠精神的培育。

（2）基于工作过程的课程观注重实践活动的设计

马克思指出，未来教育对所有已满一定年龄的儿童来说，就是生产劳动同智育和体育相结合，它不仅是提高社会生产的一种方法，而且是造就全面发展的人的唯一方法。由此可见，单一的教育内容和手段不能促进人的全面发展，生产劳动在培养人的全面发展中具有重要作用。职业教育不仅对于社会发展具有工具价值，还对人的综合素养培养、个性塑造和终身发展具有更高的人文价值，根源是其为与生产劳动联系最紧密的一种教育类型。基于工作过程的课程观注重从职业工作的职责分析、任务分析中生成技能课程；注重创设职业情境实施技能课程或在企业岗位真实的职业情境中实施技能课程；注重第二课堂、第三课堂的社会实践课程开发与实施。为此，必须把实践活动构建为一个相对独立的子系统，与学校系统、企业系统有机联系、有机融合，相互作用、相互制约，切实保证学员在与生产劳动相关的实践活动中成才。

（3）基于工作过程的课程观注重学员终身的发展

人本主义认为，要对技能的关注，更要对人的全面、持续发展的关注。在现代社会，知识爆炸和技术进步加快了人的生活方式和劳动力结构变更的速度，劳动者应该具备不断地开发自身潜能和不断适应劳动市场变化的能力。基于工作过程的课程观强调思想政治、语文、历史、数学、外语（英语等）、信息技术、体育与健康、艺术等公共基础课程的设置与实施，突出基础课程对专业课程的服务性和对学员终身发展的生长力。以国家教学标准结合地方、企业标准确定课程目标，构建专业课程体系，突出专业课程的基础性和对学员职业终身发展的支撑力。要求课程开发主体的多元性、实施环境的职业性、教学过程的实践性、质量评价的多样性等，突出课程体系的开放性和对学员社会化的促进力。这样，有力确保学员终身可持续发展。

3. 基于工作过程的课程观是行动导向的课程观

（1）基于工作过程的课程观遵循技术技能人才培养核心规律

技术技能型创新人才和应用型人才培养的核心规律是"做中学、学中做，工学结合"。基于工作过程课程观的学习是有目标的行动，目标注重"为了行动而学习"。学习的逻辑起点是行动，原则注重"通过行动来学习"；学习的过程依照职业的工作过程展开，注重"完整行动过程"；学习的评价以行动能力为标准，注重"反思性行动"；学习的组织具有跨界性，注重"社会性行动"。整个学习置于相应职业情境或类似职业情境的学习情境中，学员在学校与企业之间交替，通过"做中学、学中做"行动，实现理论知识、实践技能和价值观的融合。

（2）基于工作过程的课程观突出学员参与行动的过程

资讯、计划、决策、实施、检查和评估等行动学习过程的行动主体是学员，教师是行动学习过程的组织者、协调人。在教学中教师与学员互动，让学员通过"独立地获取信息、独立地制订计划、独立地实施计划、独立地评估计划"，在自己动手的实践中，掌握职业技能、习得专业知识，从而构建属于自己的经验和知识体系。[①] 基于工作过程的课程观认为，课程不是结果，而是过程，应是职业活动过程系统整体性的反映。高度关注"怎样做"和"怎样做得更好"的问题，而不是仅仅关注"是什么"和"为什么"的问题。要突出表现职业的工作过程导向性，让学员参与知识、技能和行为方式的形成过程，而不是仅仅复制其结果。打破课程的"学科体系"，转向课程的"行动体系"；抛弃课程的"教师中心"，转向"学员中心"，使课程成为学员参与知识、技能和行为方式养成的过程。

（3）基于工作过程的课程观关注动作行动与心智行动的整合

行动包括个体的主观意识行动和客观具体行动，即心智行动和动作行动，分别与形成心智技能和动作技能有关。技术技能型创新人才和应用型创新人才应是心智技能和动作技能的综合体。基于工作过程的课程观以"工作过程"为参照系，建立以"隐性知识为起始点"的"串行结构"行动课程体系。学员反复练习三个以上具有平行、递进或包容关系的学习情境，习得专业技能及隐性的工作经验和策略。在"独立地计划、独立地实施与独立的评估"中的强调自我调节行动，突出学员动作技能与心智技能自我构建的行动过程。课程内容与课程结构强调理实一体化，追求学员个体知识体系的有机生成、自我构建及与动作行动、心智行动的自我转换，让学员通过自己的行动获得属于自己的知识，构建属于自己的知识体系。

二、现代学徒制太仓模式的课程设置内涵

课程设置是现代学徒制课程方案设计开发的一个重要环节。太仓模式对于现代学徒制的课程设置内涵有如下理解。

1. 课程设置是深化现代学徒制的根本需要

深化现代学徒制的根本目的是完善职业教育和培训体系，为我国社会主义建设事业培养合格的人才。课程设置关系到"培养怎样的人"这一核心问题。规范与创新的

---

① 姜大源. 职业教育学研究新论［M］. 北京：教育科学出版社，2007.1：21.

课程设置是深化现代学徒制,培养国家、企业所需人才的根本需要。

(1)课程设置是落实立德树人根本任务的需要

校企协同教育的根本是立德树人,培养社会主义合格的建设者和可靠的接班人,课堂(包括企业现场)教学是主渠道,课程是重要载体。课程设置要贯彻落实党和国家在课程设置、教学内容等方面的基本要求,全面推动习近平新时代中国特色社会主义思想进教材、进课堂、进学员头脑,积极培育和践行社会主义核心价值观。要不断加强学校思想政治工作,持续深化全员、全过程、全方位"三全育人"综合改革,实现思想政治教育与技术技能培养的有机统一,把立德树人融入思想道德教育、文化知识教育、技术技能培养、社会实践教育各环节;要推动中华优秀传统文化融入教育教学,加强革命文化和社会主义先进文化教育,落实立德树人根本任务。

(2)课程设置是落实教学标准基本遵循的需要

国家有关规定、公共基础课程标准和专业教学标准,对相应专业学员的知识、能力和素质及其培养规格都有明确要求,是现代学徒制校企协同人才培养的蓝本和基本遵循。课程设置要开齐开足公共基础课程,要科学设立专业(技能)课程,准确确定必修课程,合理开设选修课程。要做到传授基础知识与培养专业能力并重,强化学员职业素养养成和专业技术积累。要做到专业(技能)课程设置与培养目标相适应,课程内容紧密联系生产劳动实际和社会实践,突出应用性和实践性,注重学员职业能力和职业精神的培养。要做到按照相应职业岗位(群)的能力要求,确定专业核心课程。

(3)课程设置是落实企业人才宗本祈求的需要

智能制造时代,企业需要掌握较为全面的基础知识和职业能力、具备较高职业素养的人才,在执行和完成职业活动的过程中能胜任多种角色并承担多重任务,应对新的工作情境。这就是企业对现代学徒制人才培养的宗本祈求。课程设置要紧跟产业发展趋势,满足企业人才祈求,处理好校本课程与企业课程、理论课程与实践课程的关系,凸现企业主体地位,确保企业参与人才培养的全过程;要学用相长、知行合一,培养学员的创新精神和实践能力,促进学员身心健康,提高学员审美和人文素养;要强化劳动教育,教育引导学员崇尚劳动、尊重劳动,将专业精神、职业精神和工匠精神融入人才培养全过程。其课程设置的基本思想是:既要使学员尽可能地掌握基本的专业理论知识,更要使学员掌握职业需要的实践能力,理论与实践相结合。其中,理论教学主要在学校课堂进行,约占总学时的30%,技能和实践教学主要在企业和实训场所进行,约占总学时的70%。

2. 课程设置是深化现代学徒制的生命源泉

职业教育课程是职业院校人才培养的重要载体，课程的优劣直接决定了人才培养质量的高低。现代学徒制既是一种办学模式，更是一种人才培养模式。它作为我国职业院校教育教学改革的重要方向，有着相当多的难点与痛点，尤其需要相应的课程支撑。毋庸置疑，规范与创新的课程设置是深化现代学徒制，赋予其生命力的源泉。

（1）课程设置是现代学徒制培养目标实现的保证

培养目标是对学员毕业 3 年后能够达到的专业和职业成就的总体描述。现代学徒制人才培养的总目标是培养德智体美劳全面发展的复合型人才。内容上，包括社会主义核心价值观培育与践行、基础知识掌握、专业能力培养，特别是职业素养养成和专业技术积累三个方面。规格上，包括了素质、知识、能力三个要素。在素质要素方面，首先要求：坚定拥护中国共产党领导和我国社会主义制度；崇尚宪法、遵法守纪、崇德向善、诚实守信、尊重生命、热爱劳动。在知识要素方面，首先要求：掌握必备的思想政治理论、科学文化基础知识和中华优秀传统文化知识；熟悉与本专业相关的法律法规以及环境保护、安全消防等相关知识。在能力要素方面，首先要求：具有探究学习、终身学习、分析问题和解决问题的能力；具有良好的语言、文字表达能力和沟通能力[①]。这既要贯彻党和国家的要求，也要落实学校、企业的希望，更要体现学员的追求。课程设置是人才培养方案的核心内容和关键环节，基本决定了人才培养的质量。培养目标是课程设置的重要依据，课程设置是培养目标的主要载体。什么样的课程设置基本决定了什么样的课程，决定了培养出怎样的人。只有规范与创新课程设置，校企才能全面体现国家、集体、个人各方的意志，保证实现现代学徒制培养目标。

（2）课程设置是现代学徒制专业建设方向的指南

专业建设是职业院校发展的永远命题和不竭动力，也是深化现代学徒制的前提和基础，更是人才培养的实施保障。专业建设主要包括专业目标、师资队伍、课程体系、教学条件和培养质量等方面的建设，关键是以涵盖学员未来生活、工作所需的基本知识和技能的课程建设，以适应现代学徒制教育教学需要的"双师型工作团队"建设，以满足学员职业素养和能力培养的教学平台建设。专业建设是职业院校优化结构、体现特色、提高人才培养质量的根本性任务，也是企业参与技术技能型创新人才和应用型创新人才培养的主要抓手。课程设置是学校和企业根据人才培养目标与培养规格而对各类各种课程的设立和安排。专业建设是课程设置落地的保障，课程设置是专业建设

---

① 江小明，李志宏，王国川 . 对落实《教育部关于职业院校专业人才培养方案制订与实施工作的指导意见》的认识与思考[J]. 中国职业技术教育，2019（23）：5-9.

的方向指南。建设什么样、建成什么样的课程体系、师资队伍和实习实训条件等，都和课程如何设置密切相关。只有做好了课程设置，校企才能有效地建设好课程体系、师资队伍、教学条件等，建成现代学徒制的品牌专业（群）。

（3）课程设置是现代学徒制教育教学实施的保障

教育是提高人的综合素质的实践活动，教学是教师把知识、技能传授给学员的过程。教育教学引导受教育者获得知识技能，陶冶思想品德，发展智力和体力。现代学徒制教育教学活动包括了职业院校、企业以及校企共同实施的教育教学活动，当然也包括社会的一些教育教学活动，涉及的主体多元、环境复杂、课程多样，操作难度相对较高。教育教学工作是职业院校的中心工作，同样也是深化现代学徒制的中心工作。教育教学是课程设置的具体呈现，课程设置是教育教学的实施蓝图。课程设置基本决定了教育教学的实施状况和人才培养的质量，适合的、一流的课程设置不一定呈现出好的教育教学，而好的教育教学一定有适合的、一流的课程设置支撑。只有规范与创新课程设置，校企才能重构人才培养模式，进行课程体系、实践教学、教学方法改革，才能构建有利于技术技能型创新人才和应用型创新人才培养的课程结构与比例、产学合作方式等，保障现代学徒制教育教学活动的实施。

三、现代学徒制太仓模式创新性课程设置策略

校企联合开展技术技能型创新人才和应用型创新人才培养，是现代学徒制最重要的内容和方式。课程设置时要以《教育部关于职业院校专业人才培养方案制订与实施工作的指导意见》（教职成〔2019〕13号）为基本标准，以职业教育国家教学标准为基本遵循，以学员为本，从学校实际出发，发挥企业主体作用，挖掘社会资源，规范与创新课程设置，深化现代学徒制。

1. 抓住学员、学校、企业诸要素，规范与创新结合，优化课程科目设立

现代学徒制课程不同学校本位的课程，课程设置时既要关注学校要素，又要关注企业要素，更要关注学员要素。

（1）规范设置教学计划内课程，创新设置教学计划外课程

一是规范设置教学计划内课程。第一，以习近平新时代中国特色社会主义思想为指导，落实立德树人根本任务，规范思想政治理论课程设置。第二，以职业教育国家教学标准为基本遵循，贯彻落实党和国家在课程设置、教学内容等方面的基本要求，规范设置公共基础课程和专业（技能）课程、必选课程和选修课程。第三，与培养目标相适

应，紧密联系合作企业工作实际和社会实践，突出应用性和实践性，注重学员职业能力和职业精神的培养，规范设置专业（技能）课程，包括顶岗实习课程。第四，遵循职业教育、技术技能型创新人才和应用型创新人才成长和学员身心发展规律，规范公共基础课程与专业课程、理论课程与实践课程的学时分配。

二是创新设置教学计划外课程。以往人们把"课程设置"往往理解为教学计划内课程的开设，这是不够全面的[①]。我们要在规范设置教学计划内课程的前提下，创新设置教学计划外课程。第一，根据专业特色和学员个性特点，开辟第二课堂，设置学科与技能竞赛、专业社团与志愿者服务课程。第二，结合合作企业文化，拓展第二课堂，从企业技术、方法、管理模式、服务方式等方面选择项目或任务，设置技术革新与发明创造、工作建议与团队活动选修课程。第三，利用网络和信息化资源，开辟第三课堂，选择专题或案例，设置网上选修课程。第四，围绕专业群和合作企业工作，鼓励跨学科、跨专业拓展第三课堂，筛选国家职业资格证书和行业、企业认证证书，设置认证等转换学分的选修课程。

（2）规范设置必修课程，创新设置选修课程

一是规范设置必修课程。首先按《指导意见》开齐必修课程门类。中等职业学校应当将思想政治、语文、历史、数学、外语（英语等）、信息技术、体育与健康、艺术等列为公共基础必修课程，并根据专业需要，可将物理、化学、中华优秀传统文化、职业素养等课程部分列为必修课。高等职业学校应当将思想政治理论课、体育、军事课、心理健康教育等课程列为公共基础必修课程，并根据专业需要，可将马克思主义理论类课程、党史国史、中华优秀传统文化、职业发展与就业指导、创新创业教育、信息技术、语文、数学、外语、健康教育、美育课程、职业素养等部分课程列为必修课。另外，按照相应职业岗位（群）的能力要求，结合企业需求，确定若干门专业（技能）课程列为必修课。其次按《指导意见》开足必修课程课时。每学年安排 40 周教学活动，工作本位学习以每天 6 学时计。三年制中职总学时数不低于 3000；三年制高职总学时数不低于 2500。中、高职选修课教学时数占总学时的比例均应当不少于 10%。在课程设置时，既要保证必修课程量，原则上教学时数占总学时的比例为 80%—90%，中职学时数一般安排 2400—2700，高职学时数一般安排 2000—2250；更要保证公共基础必修课程量，中职课程学时一般安排 800—900 学时，高职课程学时应一般安排500—560 学时。

---

① 江小明，李志宏，王国川. 对落实《教育部关于职业院校专业人才培养方案制订与实施工作的指导意见》的认识与思考[J]. 中国职业技术教育，2019（23）：5-9.

二是创新设置选修课程。第一，从学员发展出发设置。设置关于国家安全教育、节能减排、绿色环保、金融知识、社会责任、人口资源、海洋科学、管理、文化艺术等人文素养、科学素养方面的选修课程；设置必修课程的拓展模块方面的选修课程，特别与外企合作的项目，要把英语水平提升纳入选修课程。第二，从学校专业出发设置。设置前道专业和后道专业的相关内容为选修课程，例如，在中职机电专业课程中，可设置一定的机械类和电子类专业课程。第三，从企业需求出发设置，设置企业新业态、新标准、新技术、新管理模式、新服务形式等方面的选修课程。

（3）规范设置专业核心课程，创新设置工作本位课程

一是规范设置专业核心课程。专业核心课程是专业课程体系的"干"，是具体某一专业课程体系中居于核心地位的具有生成力的专业课程，是对学员的职业发展具有决定性意义的专业课程。第一，从专业（技能）课程对职业能力的牵引力度出发，综合考虑专业的职业面向、培养目标和培养规格，企业的标准、技术、工艺等，特别要关注生产工具、生产方式、组织方式、管理方式等因素设置专业核心课程。工作本位的专业核心课程约占30%。第二，通常一个专业的专业核心课程门数为6—8门，必然是必修课程。学时占专业（技能）课程的70%以上。第三，课程类型以模块课程、项目课程、学习领域课程为主，以实践性课程为主。

二是创新设置工作本位课程。工作本位学习把教学与工作结合起来，是一种最有效的技术技能学习方式。工作本位课程是指课程内容与企业生产、服务等相关，在企业的培训中心或学习岛、工作现场学习的课程。学校和企业要充分挖掘资源，最大限度设置工作本位课程。第一，以合作企业的具体设备、标准、技术、工艺、管理等某一要素设置课程，以激发学员的学习兴趣，提高学员学习的深度，培养学员设定目标、自我管理、自我认知、人际交往以及团队合作等能力。第二，以合作企业典型产品、服务项目、工作任务等设置课程，以培养学员的动手能力和分析问题、解决问题的能力。第三，除设置6个月的顶岗实习课程外，还可设置认知实习、跟岗实习课程。

2. 围绕时间、空间、设备诸要素，在规范中创新，优化课程安排

学校和企业根据人才培养目标与培养规格联合设定课程类型、课程门类和学时分配后，在各年级的安排顺序如何，怎么安排是课程设置另一重要命题。课程设置时既要关注时间要素，又要关注空间要素，更要关注设备要素。

（1）遵循规律

一是遵循学员身心发展规律，处理好理论教学与实践教学、学历证书与各类职业培训证书之间的关系，合理安排公共基础课程与专业（技能）课程顺序。二是遵循人类

"实践、认识、再实践、再认识"的认识规律；遵循工作知识的学习规律，先通过体验学习隐性的工作经验知识和策略知识，形成研发的认知基础与初步的技能，后进行显性的技术理论知识学习，形成技术概念，再开展运用技术解决工作实际问题，实现顿悟内化，让学员自我建构适应社会工作的知识、技能和素养[①]，合理安排专业理论课程、理实一体化课程、专业技能课程与顶岗实习课程顺序。三是遵循技术技能形成和人才成长规律，从单一到综合、简单到复杂、模仿到实战"做中学、学中做"，合理安排专业技能课顺序。

（2）突出主线

工学结合是现代学徒制教育教学的特征之一，工学交替就是现代学徒制课程安排的主线。通常公共基础课程与专业理论课程由学校实施，专业技能课程由企业实施，理实一体化课程根据校企教学设施实际情况安排实施。一般以期释或日释方式安排工学交替，具体由校企综合多种因素决定。通常学校和企业距离较远的、工科类专业的以期释为多。时间长短由课程容量大小决定，一般3—4周为宜。第二课堂、第三课堂课程通常不在总学时内安排，可在课余、非教学周或假期内安排。

（3）注重效率

现代学徒制课程安排不仅受时间、空间因素制约，还要受设备、企业师傅等资源因素影响。课程安排时，要综合考虑、提升效率，优化课程安排。一是在学校学习的时间段，公共基础课程尽可能均衡安排，选修课程可相对集中安排。二是一门专业课程也不一定要在一个时间段内完成，可分2—3个时间段内完成，在整个学习年限内灵活安排。三是6个月的顶岗实习课程可集中设置，也可根据专业实际和合作企业情况分阶段设置。四是在企业学习的时间段，可根据企业设备、师傅等因素，把每个班级分成若干个教学小组，每个小组学习不同的课程，一个时间段后小组轮换学习课程，一个学期为一个周期，达到学习进程一致。

第二节 课程资源开发

现代学徒制太仓模式是一种技术技能型创新人才和应用型创新人才培养的模式，同样离不开课程资源开发的支撑。其主导问题为：课程资源是什么？现代学徒制的课程资源有何特点？现代学徒制太仓模式的课程资源是如何按照多样性开发的？

[①] 汪治.职业教育专业人才培养方案科学制订的理念与策略[J].中国职业技术教育，2019（23）：15-19.

一、关于现代学徒制课程资源开发的思考

现代学徒制的课程资源不同于其他教育类型的课程资源，也与院校职业教育课程资源有一定区别。因此，要有效开发现代学徒制课程，前提是要对课程资源及其开发有一个全面的认识。

1. 有关现代学徒制课程资源的思考

（1）课程资源不等于课程

要做好现代学徒制课程资源开发，首先要弄清楚课程资源与课程的区别和联系。从内涵上来看，课程是教学内容及其进程的总和，即课程不仅是教与学的内容，还包括互相交织的系列教学活动。课程资源是指构成课程的主要要素和基本条件，即包括构成课程的要素和保障课程实施的条件。课程资源不是指向课程活动本身，而是指向构成课程活动所需要的一切素材和条件[①]。由此可见，课程资源与课程存在着十分密切的关系。课程资源是形成课程的要素来源与必要而直接的实施条件。因此，课程资源是课程的前提和基础，没有课程资源也就没有课程，课程是课程资源开发和利用的结果。课程资源并不等于课程，课程资源只有在经过教育学加工并付诸实施时才能成为课程。一般认为，课程资源是指有利于实现课程目标的各种因素，如生态环境、人文景观、国际互联网络、教师的知识、教材、学科知识等[②]。在职业院校和企业内外，现代学徒制可以开发和利用的资源多种多样，但并不是所有资源都是现代学徒制的课程资源。职业教育课程资源构成要素包括课程思想资源、课程知识资源、课程经验资源、课程人力资源等四大资源[③]。现代学徒制课程资源也是如此，既是教育资源，又是社会资源，有其特殊性和丰富的来源。有校内与校外、显性与隐性、静态与动态、预设与生成的各种资源，丰富多彩，呈分散无系统状态。与普通教育相比，职业教育的课程资源尤其是现代学徒制课程的资源更多地来自产业、行业和企业，特别是企业的生产活动要素和条件等。

（2）校企合作是不可或缺的课程资源

现代学徒制是否必须校企合作，对此学者有不同的看法。笔者认为，现代学徒制需要职业院校与企业共同参与和相互配合，这是现代学徒制形态职业教育的标志，也

---

① 吴刚平.课程资源的理论构想［J］.教育研究，2001（9）：64-64.

② 楼一峰.高等职业教育课程资源的开发和利用［J］.职业技术教育，2007（1）：54-55.

③ 马庆发.职业教育课程资源理念拓展研究［J］.职教论坛，2011（21）1-4.

是世界性的职业教育发展趋势。企业是一种重要的社会资源，但并不一定是现代学徒制的课程资源。只有建立了校企合作关系的企业，其人、财、物等才有可能成为现代学徒制的课程资源。校企合作体现了教育要适应经济发展规律的要求，是实现教育与生产劳动和社会实践相结合的重要方式，是实施现代学徒制的前提；校企合作体现了教育要适应人才成长规律的要求，是学员从教育向社会平稳过渡的主要途径，是实施现代学徒制的出发点；校企合作体现了教育要适应科技进步、管理方式变革的要求，是院校专业、课程、实训基地、"双师型"师资队伍等建设的必要抓手，是实施现代学徒制的基础。因此，良好的校企合作关系是职业教育尤其是现代学徒制不可或缺的课程资源，企业课程资源更是职业教育尤其是现代学徒制最重要的课程资源。假如没有良好的校企合作关系，就不可能有优质的企业课程资源，不可能有现代学徒制的课程资源，也就不可能有现代学徒制的实施。可以说，没有校企合作，就没有真正的职业教育，更没有现代学徒制。只有开发好校企合作课程资源，才能办好职业院校，实施好现代学徒制，培养好人才，发展好教师。

（3）教材不是唯一的课程资源

教材是职业教育的重要课程资源，直接利用就成为课程的一种主要形式，但不是唯一的职业教育课程资源。尤其对现代学徒制来说，如果把课程资源窄化为教材，课程资源结构就单一了，无人力、物力、财力和环境等因素的资源性优势，现代学徒制将无法实施。现代学徒制课程资源不仅仅指以教材为主要标志的教学资料，以教学设备为主要标志的教学设施，体现教学进程的教学方式（包含教学方法和评估方法），以及开发、实施课程的教学团队（也包括学员、家长和其他社会人士）等。还包括职业院校和企业如图书馆、资料室，规章制度、校风厂风等物质与文化资源。还包括存在于家庭生活、职业生活、社会生活之中默会的课程经验资源和职业文化、技术文化、专业文化等延伸性课程资源。包括随时生长和创新的技术变革与提升的课程知识资源和动态生成的课程资源。当然也包括形形色色、名目繁多网络平台和数字化资源。特别要指出的是企业的生产活动相关要素和条件等是现代学徒制必需的课程资源。

2. 有关课程资源开发的思考

（1）课程资源开发不等于课程开发

职业教育的课程开发是以基于工作过程的课程观为先导，以建设行动体系课程为指向，围绕课程的目标、内容、实施和评价，集观念、师资、内容、技术、方法、制度于一体的整体开发。即是对课程方案、课程标准和课程教材所应达到的目标、选择的内容、采取的结构、评价的标准进行的可行性研究。课程资源开发实质上是探寻一切有可能进入课程，能够与教育教学活动联系起来的资源。从课程资源的本质来看，它是课程开发的条件，是课程的来源和构成要素，是课程得以形成和发展的基本前提[①]。课程开发任何一个步骤和质量、有效性，都与课程资源的认识、开发、优化配置、有效整合利用密切相关。所以，课程资源开发不等于课程开发，课程资源开发是课程开发的前提和基础，课程开发是课程资源构建成课程必不可少的环节。因此，没有课程资源的科学、合理开发，就不可能有课程的科学、合理开发，更不可能有适合的基于工作过程的课程。

（2）教师是课程资源开发的最重要主体

课程资源的开发者通常有行业企业的领导、专业技术人员、技术方面的能工巧匠、师傅和院校的课程领导、课程教师。其中院校教师和企业师傅不仅是最重要的课程资源，还是课程资源开发最重要的主体。首先，院校教师和企业师傅既是构成课程的要素，又是保障课程实施的条件，是课程开发、课程利用和课程管理的重要主体，是不可或缺的课程资源。院校教师和企业师傅是其他课程资源的主要开发者，合作企业、设施设备、教材与参考资料等课程资源通常都是由院校教师和企业师傅直接开发的。院校教师和企业师傅还是重要的隐性课程资源，教师的人格、素养、气质等对学员会有潜移默化的影响，具有很强的示范效应。院校教师和企业师傅更是重要的动态课程资源，不仅自身资源会有动态变化，还决定了其他课程资源的动态生成。其次，院校教师和企业师傅是课程资源开发最重要的主体。院校教师和企业师傅最了解、最清楚哪些资源可以成为课程资源，哪些课程资源可以进入课程转化为现实的课程要素，在课程资源开发、提升和完善上最有发言权，具有不可替代的作用和地位。院校教师和企业师傅资源的优劣，基本决定了课程资源开发质量和水平的高低，也就基本决定了课程开发质量和水平的高低。

（3）人才培养方案是课程资源开发的蓝图

现代学徒制课程资源开发涉及的内容复杂、投入巨大、主体众多，是一项系统工程。以现代学徒制相关专业的人才培养方案为蓝图开发课程资源是实用、有效的路径。前提是人才培养方案要基于工作过程课程观，符合专业设置标准、专业教师标准、课程教学标准、实践教学标准、专业仪器设备装备规范等国家专业教学标准，结合地方行业标准和企业主体对技术技能型创新人才或应用型创新人才的要求。围绕职业面向、培养目标与人才规格、课程设置、学时安排、教学进程总体安排整体系统地开发课程资源，而不是个人拍板，随意建设课程资源"孤岛"，甚至建设不相关的课程资源。根据职业院校和企业的课程教学分工，在环境、设施、师资等方面互补性地开发课程资源，

---

① 楼一峰.高等职业教育课程资源的开发和利用[J].职业技术教育,2007（1）:54-55.

避免重复或遗漏。职业院校和企业立足自身实际，以基于工作过程的课程观创造性地开发具有现代学徒制特点的课程资源，特别要注重开发与工作本位课程相关的课程资源。随着人才培养方案修订和技术、教育、科研的发展，要动态开发、及时完善与更新课程资源，以保持课程资源的活力，满足课程资源利用的需要。

二、现代学徒制太仓模式课程资源的多样性开发

高效率、高质量开发符合职业教育规律和特点，具有鲜明现代学徒制特色的课程资源，是现代学徒制实施的客观要求。基于以上对课程资源和课程资源开发的思考，现代学徒制太仓模式实施了课程资源的多样性开发。

1. 现代学徒制太仓模式课程资源的主体性开发

主体性是指人能够自觉、主动地认识和调控自己的心理和行为。主体性是现代学徒制太仓模式首要内涵特征。职业教育的课程资源是多层次、多类型、多元化的，有的是客观存在的，有的是要主动创设的。现代学徒制太仓模式课程资源的主体性开发主要体现在以下三个方面。

（1）以人为本的全面发展理念

人的全面发展是课程资源开发的起点和归宿点。基于工作过程课程观内核不仅是"就业导向"的发展观，更是"以人为本"的价值观。现代学徒制太仓模式确立了以人为本的全面发展理念，课程资源开发以服务学员全面发展为宗旨，树立有利于学员全面发展的价值观与态度，确立有利于学员全面发展的行为方式、内容表达、权利关系以及与环境的关系，基于学员接受和理解课程资源的能力开发课程资源。例如，确立"学员是未来，将他育成才；学员是未来，一定能成才""助学员成才，让社会满意"等理念系统，建立理实一体化、单项技能训练、综合技能训练的学习环境；设计有利于学员总结、展示和师生交流、反思的"面对面学业评价"形式；引进、组织有助于学员学历提升的成人高等教育、自学考试等高等教育资源等。立足学员，依靠院校教师、企业师傅，依据学校企业专业，切实使课程资源开发围绕培养学员成才展开，真正为企业输送大批适合的高素质技术技能型创新人才和应用型创新人才乃至能工巧匠、大国工匠型人才。

（2）主动相向的校企合作行为

职业院校和企业是现代学徒制最重要的资源，如何充分合理开发，使之成为课程资源的重要组成部分，实现其应有的课程意义与价值，是现代学徒制有效实施的重大课题。现代学徒制成功实施的关键是校企合作，是"学校本位"还是"企业本位"，应该

由双方条件、能力和行业特点等因素决定，不能一概而论。但都要发挥主体职责，提升校企合作的广度、深度和效度。现代学徒制太仓模式不管是"学校本位"还是"企业本位"，院校和企业都摒弃强调客观的"毛病"，破除"等、靠、要"的意识，瞄准人才链与产业链的对接，主动出击，成为校企合作能动的主体，与对方主动相向而行开发课程资源。例如，院校和企业共同组建了AHK德国双元制职业教育联盟、"双元制"本土化职教联盟，搭建了"太仓杯"中德高端制造工匠技能挑战赛平台，建立现代学徒制的项目理事会或董事会，共同面向院校学员或企业员工招收学徒，在企业或院校建立培训中心或教学工场等实践教学平台等。根本的是院校与企业在观念上达成了默契与价值认同，行为上实现了协调与相向而行。

（3）自主超越的创新创业行动

与学校职业教育相比，现代学徒制是新生事物，涉及的课程资源基础薄弱、来源复杂、种类繁多，大部分课程资源不是自然生成或已经存在的，而是需要相关主体开拓创建的。因此，相关主体不仅要有自主超越的创新创业意识，更要有自主超越的创新创业行动。现代学徒制太仓模式的各主体抓住现代学徒制本质特征，不仅自觉主动地开发课程资源，更是自主超越地开发课程资源。例如，政府出台《太仓市对德合作产业发展专项资金使用办法（试行）》（太政发〔2017〕68号）和《太仓市"双元制"人才培养专项扶持资金使用办法（试行）》（太双办〔2019〕1号），鼓励开展现代学徒制；建立中德（太仓）"双师型"教师培养培训中心和组织Meister培训班培养"双师型"院校教师和企业师傅；在工业园区零租金或低租金提供场地用房建立培训中心或跨企业培训中心，丰富实践教学课程资源；建设太仓市双元制教育研究院和太仓市"双元制"本土化展览馆，举办中德"双元制"教育创新发展太仓论坛等。正是太仓把握了职业教育规律，解放思想、大胆创新、勇敢创业，才丰富、完善了现代学徒制课程资源，构建了基于"双元制"本土化的现代学徒制太仓模式。

2. 现代学徒制太仓模式课程资源的聚焦性开发

这里的聚焦性是指把视线、注意力等集中于现代学徒制实施有关的核心课程资源。现代学徒制是校企合作、工学结合，以工作本位学习为主的职业教育形态，有其独特的核心课程资源支撑其课程体系。现代学徒制太仓模式主要围绕以下三个方面，进行课程资源的聚焦性开发。

（1）聚焦企业优势

不同的地区有不同的产业结构和主导产业。主导产业、优势企业往往是现代学徒制课程资源的主要来源。抓住地方主导产业、优势企业开发课程资源对现代学徒制实施至关重要。现代学徒制太仓模式聚焦太仓德资企业和与德资企业上下游配套的民营企业，开发现代学徒制的企业课程资源。德资企业往往受德国总部企业"双元制"教育传统影响，与德资企业配套生产服务的民营企业，法人或主管往往有德国留学或德资企业工作的经历。这样的企业往往比较容易接受现代学徒制，乐于参与现代学徒制，政府还引导组建太仓欧商投资协会，协调院校、企业关系，优化相关课程资源配置；职业院校也主动承办太仓欧商投资协会的活动，积极参与太仓欧商投资协会的活动，开发更多的企业课程资源。截至 2021 年 6 月，太仓职业院校已与 178 家德资企业及与德资企业配套生产服务的民营企业在教育教学层面建立了现代学徒制人才培养合作关系，开发 32 个现代学徒制项目，建立了丰富的企业课程资源。

（2）聚焦培养目标

现代学徒制是以培养技术技能型创新人才或应用型创新人才为目标的职业教育形式。技术技能型创新人才或应用型创新人才通常具有综合职业素养高、专业基础扎实、实践能力突出、富有创新意识和能力等特征。这些素养、意识、能力等培养离不开相关的课程资源支撑，而作为课程要素和条件的课程资源开发，理应聚焦培养目标。现代学徒制太仓模式开发课程资源特色之一就在于聚焦现代学徒制的人才培养目标。例如，在院校内开发专业教学工场、跨专业教学工场和企业教学工场（引企入校），在企业或工业园区开发企业培训中心、跨企业（专业）培训中心、企业学习岛、企业产品教学车间。在院校或企业配备行业标准手册（工具书）和相关技术手册，开发专业小书库。营造专业文化、企业文化、职业文化氛围，设计企业拓展活动和专题活动，安排德国总部企业研修活动等。截至 2021 年 6 月，已开发企业或工业园区内的企业培训中心 12 个，跨企业培训中心 4 个，企业学习岛 38 个。

（3）聚焦薄弱环节

现代学徒制是典型的"跨界"职业教育形态，与学校职业教育相比，课程及课程的利用与评价等，都有明显的特殊性。这种特殊性给现代学徒制课程资源开发提出了特殊要求，也往往成为现代学徒制课程资源开发的薄弱环节。如果不能有效开发相应的课程资源，往往会导致现代学徒制实践的失败或不可持续。现代学徒制太仓模式聚焦现代学徒制的薄弱环节开发课程资源。例如，把合作企业的具体设备、标准、技术、工艺、管理等资源纳入课程资源，把合作企业典型产品、服务项目、工作任务等转化课程资源，开发了切合企业生产实际的工作本位课程资源。从合同制定，项目管理，人才培养专业体系建立（包括岗位能力分析、支撑元素分解、教学资源整合、课程制定、培养方案生成等）校企共同开展学员成绩评定的育人平台。构筑了融合相关教学模块或课程库及配套学习资源、拓展学习资源等便于师生校企异地、课内外学习的自主学习平台。构建了有数据中心、身份认证、公共门户、办公自动化、人事管理、学员管理、后勤管理、教学管理、流程审议，以及基于管理驾驶舱的数据采集与分析、过程控制与预警等功能的校企合作综合管理平台。引进了德国工商行会上海代表处（AHK）和德国手工业行会奥登堡（HWK）等除校企之外的第三方评价组织。这样，克服了现代学徒制工作本位课程资源缺失、工学交替不畅、异地管理不便、课程评价欠客观等薄弱环节，确保了课程开发、课程利用、课程管理等方面课程资源的系统完整。

3. 现代学徒制太仓模式课程资源的融合性开发

通俗地说，融合性是指把两种或者两种以上的不同观念或者形式聚集汇合成一个统一体，你中有我，我中有你，但仍保留各自基本特征，是一种"和而不同"式的结合。融合性是现代学徒制太仓模式核心内涵特征。现代学徒制的课程资源来源众多，呈现形式多样，相互之间统一、互补、支持至关重要。现代学徒制太仓模式课程资源的融合性开发主要体现在以下三个方面：

（1）院校与企业"双师型工作团队"的融合开发

通常院校教师有比较系统的专业理论知识，负责专业理论教育，企业师傅掌握熟练的专业技能和生产要求，负责专业技能的培训，两者相互配合、相互协调，实施现代学徒制课程教学。现代学徒制太仓模式充分认识教师课程资源的重要性，十分重视院校教师、企业师傅的融合开发，构建"双师型工作团队"，为打造教学创新团队奠定基础。企业按不小于1∶3师生比配备兼职师傅，按不小于1∶16师生比配备专职师傅；企业师傅要具备一定的专业权威性、一定的专业技能操作能力和一定的教学能力三项专业素质，还要具备正能量、责任心和良好的团队合作精神三项社会素质。通常在有5年以上企业工作经历的技术工人中挑选。根据课程总量及相关教学要素动态配备院校专兼职教师，并根据教师个体等因素动态确定模块主讲教师，一个模块配备不少于两个主讲教师，一个教师安排不少于两个模块的主讲任务，其中兼职教师不少于20%。利用"中德双师型教师培养培训中心"，组织专业教学法培训，培养院校教师动手操作能力和专业教学能力，建立额外的师资等级认证和晋升机制（类似企业的工程师职称）。组织Meister职业资格培训，培养企业师傅的管理能力和教育教学能力，建立额外的师傅等级认证和晋升机制（类似教师的职称体系）。另外，校企还建立交流沟通制度，通过活动和平台，交流思想、沟通工作。

（2）企业和院校实践教学实体平台的融合开发

现代学徒制的学员在职业院校和企业之间工学交替学习，其间的"跨度"是比较大的，需要在院校学习岗位和企业工作岗位之间设计一艘学习型"摆渡船"——实践教学实体平台，让学员顺利过渡。实践教学实体平台可以是院校内的专业教学工场、跨专业教学工场和企业教学工场（引企入校），也可以是企业或工业园区内的企业培训中心、跨企业（专业）培训中心、企业学习岛，关键是要成为课程的要素或支撑条件，为现代学徒制课程开发和利用服务。现代学徒制太仓模式从实践教学实体平台"双主体""双职能""三要素"开发，实现了实践教学实体平台功能、师资、环境"三要素"融合。从规划、投入、运行、管理"双主体"四位跨界架构，在院校学习与企业岗位之间构筑了一个"做中学、学中做"的教学平台，形成"院校＋实践教学实体平台＋企业"校企融合的新结构。从管理、教学"双职能"一体化架设，在管理层面，校企共同成立校企联合管理委员会，实行经理负责制，开展项目管理，实现单独考核。在教学层面，成立了理事会或董事会，制订教育教学职责，明确专业技能教学主要任务，由项目经理负责组织教育教学活动，建成"管理＋教学"融合的实践教学实体平台。从功能、师资、环境"三要素"共建，实现功能、师资、环境"三要素"共融。校企定制实践教学实体平台建设方案，赋予实践教学实体平台课程的内涵和特色，配置和优化其功能。由企业技术骨干和院校教师共建教学工作团队，共建既体现职业情境，又富有教育教学情境的实践教学实体平台环境。校企依托平台环境，导向工作过程，注重学校本位学习与工作本位学习的衔接，开发内容、设备、师资、方法和手段配套的资源包。校企以产品升级为纽带，每年完成一轮教学资源升级，定期组织院校教师和企业师傅岗位进修，及时更新教学设备、设施等环境要素。

（3）线上课程资源与线下课程资源的融合开发

现代学徒制课程资源具有更明显的"时空"特征，主要的课程资源分布在职业院校和企业两个场所，工学交替使得部分时间碎片化现象更加突出。信息技术的飞速发展，极大地改变了人们的学习方式，也给课程资源的开发带来了新的挑战和革命，要求从多角度、多方位、多时空，开发多层次、多类型、多元化、系列配套的课程资源，尤其要注重开发线上与线下融合的课程资源。现代学徒制太仓模式基于太仓各级各类岗位和各个专业领域技术技能型创新人才和应用型创新人才的能力素质结构模型，对线下课程资源和线上课程资源进行系统化设计，确定建设哪些虚拟空间，哪些内容需要匹配数字化资源以及匹配何种类型的数字化资源。在职业院校内，建设了基于网络的教学资源库、网上学习系统和数字图书馆，并创设便捷的交流与沟通情境；购买超星泛雅平台、勤学网等覆盖主体知识、案例及分析、习题试题库、教案、多媒体课件、学习软件等开放在线课程资源；开辟教师教学空间和学员学习空间，且为企业师傅建立教师账号，方便师生随时可以调用课程资源。教师和企业师傅在泛雅等平台自主开发微课、电子资料等数字化课程资源,并充分利用移动网络、智能手机及其他移动终端,使学习者能够便捷地获取课程资源。在企业开发了集教学、教研、管理于一体的数字化管理系统,使线上课程资源与线下课程资源二者能够相互融合、相互支撑。

4. 现代学徒制太仓模式课程资源的集约化开发

集约化是指在充分利用一切资源的基础上,集中合理地运用现代管理与技术,充分发挥人力资源的积极效应,以提高工作效益和效率的一种形式。现代学徒制是一种以技能传承为主要内容的职业教育方式,"做中学、学中做"是其主要的教学方式,相比其他教育类型,课程资源的投入是巨大的,亟待集约化开发。现代学徒制太仓模式主要围绕以下三个方面进行课程资源的集约化开发。

（1）集约化开发院校企业课程资源

县域乃至特殊的区域经济在整个经济中占有特别的重要地位,是职业教育包括现代学徒制课程资源的主要来源。其中区域内的职业院校以及与职业院校专业对接的企业是最主要的课程资源,其开发是否合理、是否科学,很大程度会影响区域现代学徒制是否有效推广,影响区域职业教育质量的高低。现代学徒制太仓模式对区域内的职业院校和企业课程资源进行了集约化开发。例如,太仓中专与太仓市内 108 个企业实施现代学徒制人才培养,机电技术专业除和欧托凯勃汽车线束（太仓）有限公司合作开展现代学徒制人才培养外,还和其他 9 个企业联合开展现代学徒制人才培养,学校统筹开发设备设施资源和企业资源。克恩—里伯斯（太仓）有限公司分别与太仓中专、健雄学院、东南大学成贤学院开展中、高、本多个层次的现代学徒制项目;舍弗勒（中国）有限公司与太仓中专开展机械加工技术专业现代学徒制人才培养,与健雄学院开展机电一体化专业现代学徒制人才培养。这样,一个院校与多个企业合作、一个院校在多个层次进行实践;一个企业与多个院校合作、一个企业在多个专业开展现代学徒制,实现了院校企业资源开发集约化。

（2）集约化开发专业群课程资源

新的技术革命带来了职业活动的改变,由单一工种向复合工种转变且赋予新的职业内涵,技能与技术的整合,给职业教育人才培养提出了新的挑战。专业群建设是现代职业教育应对新时代人才培养新要求的重要举措。现代学徒制同样存在专业群建设的课题,也就有专业群课程资源集约化开发的问题。现代学徒制太仓模式建设"跨专业教学工场",实现专业群课程资源集约化开发。通常专业群开发包括课程目标确立、课程资源开发和课程教学运行设计三个步骤（图3-1）,而其中课程资源开发是关键。课程资源开发包括建立课程模块分目标、教学模式开发、教学设备开发、教学资源开发、教学环境开发五个环节。这种课程资源开发是在具体培养目标下，根据专业群容量和教学模块情况的针对性开发；是在目标指引下的人、财、物、时间、空间的统筹性开发；是教学模式、教学设备、教学资源、教学环境的配套性开发。这样开发的专业群课程资源投入合理、结构优化、功能齐全、可利用率高。

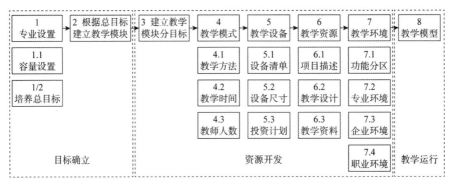

图 3-1　教学系统最优化模型实施工作流程图

（3）集约化开发实践教学实体平台课程资源

实践教学实体平台通常是职业教育投入最大的课程资源。常常会有设备设施等资源严重不足或严重浪费的问题。现代学徒制太仓模式通过集约化开发实践教学实体平台课程资源，确保了设备设施的利用率，提高了学员的动手实践概率。综合考虑设备利用率等因素配备设备台套数（设备台套数 $n = \frac{\sum_{k=0}^{\infty} I_k T_k}{m \times w}$，其中，当 $0 < \sum_{k=0}^{\infty} I_k T_k < 680$ 时，$n = 20$；I：教学小组人数，一般 20 人；T：课程教学周数；m：设备使用率，一般为 85%；w：年教学时长 40 周）。以课程课时总量、1 个教师应承担的教学任务量等配备教师数（教师配备数 $s = \frac{rp\sum_{k=0}^{\infty} 28T_k}{w \times M}$，其中，28 为周课时数，当 $0 < \sum_{k=0}^{\infty} 28T_k < 640$ 时，$s = 1$；r：跨课程系数，一般为 1—2；p：教学小组数，一般为 2；T：课程教学周数；w：年教学时长 40 周；M：教师周工作量，一般为 16 节）。通常把 1 个行政班分为 2 个教学小组，每个小组有 1 名教师授课，按教学运行模型在校企、校内各空间轮换，教师相对固定。在综合教学模块学习时，每个小组还根据设备配备等情况，分成若干小组，例如 18 名学员分成 6、6、4、2 四个组，在岗位轮换时动态拆分组合，完成教学内容交替轮换、螺旋上升。

（4）集约化开发项目模块课程资源

项目、模块课程是职业教育较为普遍的课程类型，其课程资源开发的难度比较大、开发的工作量繁重，往往导致开发者望而却步，或者虎头蛇尾。为此，校企集中力量集约化开发了系统的项目模块课程资源（如图 3-2）。一个学习模块根据课程目标开发初、中、高三级课程资料，并配备对应的教学设备、工具、媒体等，进行项目模块课程资源分层架构。一个教学项目的课程资料包括教学设计等 16 项，既包含师生的教与学资料，又包含纸质和信息化教学资料，进行项目模块课程资源立体架构。另外，对教学设计、项目描述、教学设计流程内容等规定格式、制定模板，进行项目模块内容资源标准架构。

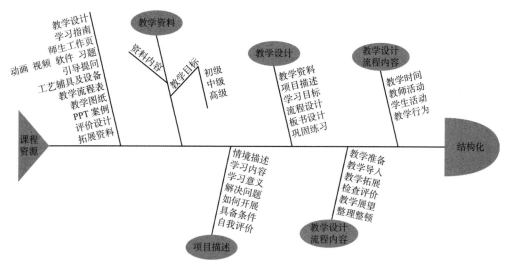

图 3-2　课程资源系统架构示意图

第三节　课程建构

课程建构即课程开发。现代学徒制的课程建构通常也包括相关专业的课程方案、课程标准和课程教材的开发，具体的内容繁多复杂。其主导问题为：课程结构如何架构？工作本位学习课程如何设计？活页式教材如何开发？

一、现代学徒制太仓模式的课程结构

合理科学的结构是事物优良功能的保证。制约现代学徒制成功实施的课程因素是众多的，但课程结构无疑是关键因素。课程结构很大程度决定了人才培养的目标和人才类型。

1. 现代学徒制太仓模式课程结构的设计

课程结构的设计是个极其复杂的活动，并不仅仅是理性的产物，即在既定课程目标下确定具有不同价值的课程类型或具体科目在课程体系中的地位，并清楚地界定它们之间的权重关系。课程结构的设计又是非理性产物，即以长期形成的社会文化和传统、校企各种经验和习惯等为课程设计的"参数"。因此，在现代学徒制课程结构的设计中，要尽力防止出现认识误区和处理偏颇的现象。一方面要清晰地界定各课程之间的权重关系，进行系统化设计，另一方面，又要充分兼顾到非理性要素在课程中的特色化体现，进行多元化设计。

（1）现代学徒制课程结构的设计方向

通过比较国内外成熟的课程以及我国近几年现代学徒制实践发现，目前工作过程导向仍然是现代学徒制课程结构设计最为有效的引擎之一。工作过程导向的核心思想就是按照典型职业工作过程开发课程，在职业活动情境中实施课程，并高度注重"关键能力"的培养。但是工作过程导向这一引擎器推进的样式应是多元的。

现代学徒制太仓模式以工作过程导向为引擎器，根据专业、实施条件等因素，有选择的特色化推进课程结构设计。在借鉴、创设和创新的研究过程中，发现不同的专业大类不仅都可以进行工作过程系统化的课程结构改革，而且一定的专业工作过程系统化的课程结构设计的样式完全可以个性化。一方面，根据专业分类及其课程目标等对课程结构进行系统化宏观设计。例如，机械制造、电气电子等专业，重在技术操作能力的培养，强调实际动手能力，要在实践中去发现问题、解决问题，重视经验性技能的获得，并强调实验与实习过程。随着科学技术的发展，职业岗位的科技含量越来越高，岗位变动的可能性也比较大，这要求学员有较高的自我学习和自我提高能力。因此借鉴"学习领域"的课程结构，有利于培养出具有一定理论基础和实践能力的技术技能型创新人才和应用型创新人才，使学员能适应科技进步对职业演变的影响。管理、经贸、服务等专业，在社会活动中具有与各方面接触频繁的特点，所以这类课程应体现灵活、变通的特点，强调学员的临场应变能力。所以宜借鉴 CBE 的课程结构，培养学员综合的职业能力和职业素养。商务、涉外、设计等专业，主要从事独立思维性较强的工作，对技术理论知识的要求相对于其他专业要高一些，所以要加强传统的知识、技能训练；要有现代的技术设备、技术手段，具有先进的技术方法和技术思想。在课程结构的选择上，宜借鉴"宽基础、活模块"的样式，重视现代理论与传统知识的互补，结合本专业、本地区优势课程资源进行合理搭配。另一方面，根据宏观设计，对具体课程结构进行多元化微观设计。例如，体育与健康、思政类、就业指导类、综合实践课程等，主要探索以活动的方式进行课程结构设计。专业基础课程类，主要探索以学案导学、任务引领的方式进行课程结构设计。专业实践课程类，主要探索以项目、学习领域的方式进行课程结构设计。

（2）现代学徒制课程结构的设计方略

没有课程结构动态化、职业化、典型化，从而体现工作过程导向下的系统化，就不可能实现课程结构的体系化。因此，现代学徒制要根据人才培养目标，结合学员实际和企业特点，动态地从具体的工作过程切入，并从实际的多个职业工作过程中归纳抽象整合的典型工作任务，准确选择内容、有序安排内容、客观呈现内容、合理组织内容，科学实现课程结构体系的设计。

国外职业教育中的 CBE、MES 和"双元制"课程较为成熟，并已经取得相当的成功，但这些课程提出的课程结构都是根据他们国家的具体国情设计和发展起来的。只有认真研究我国社会经济和区域经济发展的特点，探索出适合我国的本土化、地方化的职业教育课程结构才能深化课程改革。因此，现代学徒制太仓模式课程结构改革创新，首先在学习和借鉴国外职业教育特别是德国"双元制"先进课程结构基础上，创造性地形成符合我国国情、具有太仓地方特色的课程结构开发思路。第一，现代学徒制太仓模式技术技能型创新人才和应用型创新人才的课程目标（人才培养目标）决定了课程结构应具有共适性、个体性和衍生性的特点。第二，现代学徒制太仓模式的不同专业特点决定了不可能有一种课程结构能够完全适用所有的专业类别，决定了课程结构应具有多样性、应变性的特点。第三，基于全面发展的课程理念，决定现代学徒制太仓模式课程结构改革创新应基于学员终身学习，以综合素质的培养为出发点，以能力为本位，对职业岗位必需的知识与技能、理论性与职业性之间的相互关系进行合理分析，使其保持恰当的平衡。第四，基于太仓特色性的课程资源、先进的课程实施条件，决定制约现代学徒制太仓模式课程结构改革的创新性和超前性。基于以上认识，在不同专业、不同课程内容、不同课程实施条件等情况下，现代学徒制太仓模式课程结构设计时要着力抓住两个要点：一是课程结构体系体现以综合素质和专业技术应用能力培养为主线的思想；二是课程结构体系在动态中科学设计，进而达到系统性地实现人才培养目标。

2. 现代学徒制太仓模式课程结构的重构

课程作为一个复杂对象，对其作出不同的理解和把握都可能是合理的，但从课程本体出发的认识是最具根本性和稳定性的。课程结构是指特定课程体系的结构形态，是一定理念指导下，各种要素"结构化"的结果。它是从课程的宏观编排、组织出发，确定课程的范围、地位和顺序而形成的结构框架。处于现代学徒制基础和核心地位的课程，既有被决定被制约的性质，又存在着自主和能动特点。因此，只有科学地认识课程结构有其被制约的性质，同时又看到课程结构在其重构实施过程中具有的自主性和能动性，且准确把握重构过程中的这种辩证关系，是课程结构健康、创新发展的关键所在。现代学徒制太仓模式课程结构的这种辩证重构体现以下三点。

（1）课程结构的重构强调综合性

现代学徒制太仓模式在选择课程内容、安排课程结构和设计课程形态从"以学员能力发展为本、体现以服务就业为导向的特质要求、服务终身学习需要"三个方面进行综合考虑。既不重知识轻技能，也不偏技能而忽视人文素养，体现"职业"和"教育"的双重特点，以培养创新型现代社会人为课程体系目标，在课程重构中综合优化基础课程、专业课程、工作本位学习课程、必修课程、选修课程，并依据"工作过程导向"选择课程内容，序化课程结构，设计教学方式，进行有效评价，构建起以职业能力为本位、以职业实践为主线、以项目课程为主体，在着力培养学员实践能力和创新能力的同时，注重职业道德和综合素质的培养的课程结构。

（2）课程结构的重构突出选择性

第一，凸显学员主体的选择性。增加选修课及其比例，针对学员多元智能设计课程，使学员有更广泛的选择空间，以适应学员发展的多样化需求。第二，强化导向性选择。一是根据"工作过程导向"选择课程资源。在课程内容与课程结构的构建过程中特别关注生成的课程资源，尤要关注广大院校教师、企业师傅的关键生成性课程资源，确保课程可持续发展的强大驱动力。二是根据"工作过程导向"选择课程结构序化方式，针对性地选择纵向板块、横向板块和纵横板块，并作大胆创新改革。

（3）课程结构的重构体现均衡性

均衡化配置是指在同一课程整合目标前提下的差异性的均衡化。均衡化不是平均化，而是合理地、科学地对课程结构进行解构和重构。现代学徒制太仓模式通过调研、规划，在实践中合理地确定各课程的权重系数，对课程内容和课程结构进行不断的有机整合，使各课程在课程体系中的地位、功能，不断地优化配置，充分地发挥其将教育目标转化为教育成果的纽带作用，促进学员全面、和谐地发展。

3. 从点到面：现代学徒制太仓模式课程结构的有效架构路径

20世纪90年代以来，我国职教界借鉴国外先进经验，努力以工作中知识、技能和态度的分析来架构课程结构，但结果并不令人满意。究其原因，主要是忽视了课程结构架构路径的优化选择，致使课程始终走不出传统"三段式"的藩篱，不能导向工作过程，从而影响了职业教育质量的提升。笔者通过对德国学习领域课程结构的学习与研究，认为从点到面是现代学徒制课程结构的有效架构路径。

（1）从点到面路径——有效确立起促进以形象思维为主的学员成才的课程结构支

撑点

课程结构是在一定理念指导下，各种要素"结构化"的结果。现代学徒制学员的智能特点普遍是抽象思维能力较弱、或已严重挫伤，形象思维能力较强、但未得到开发。这种学员智能特点是开发课程结构必须考虑的维度之一。通常，课程结构的建构有"从面到点"和"从点到面"两种路径，而后者在理念、切入点、框架等方面更适合将以形象思维为主的学员培养成高素质的现代社会人。

① 从点到面路径的核心理念有利于架构出促进以形象思维为主的学员成才的课程结构

核心理念的不同实质是"培养什么样人"的核心价值观的不同，从而导致不同课程结构所产生的价值功能有着本质性差异。从面到点路径强调文化基础课是学习专业基础课的基础，其架构的核心理念是"技术是科学的应用"、"实践是理论的应用"。从点到面路径倡导"建构主义——学习者从经验中积极地构建他们自己的知识和意义"，强调职业生活中每一个简单、典型的工作任务都是学习的起点，文化基础课、专业基础课、专业课是可以同时在"做中学"的，有利于架构出促进以形象思维为主的学员成才的课程结构。

② 从点到面路径的切入点有利于架构出促进以形象思维为主的学员成才的课程结构

两种路径所形成的课程结构，其直接作用在于学员的发展趋势，特别是可持续发展的基础动力趋势将会出现明显的差异。"三段式"职业教育课程结构决定了其课程排列顺序从文化基础课程到专业基础课程再到专业课程，课程结构的切入点由宽泛、抽象逐步变为狭窄、具体。这种游离于生活与具体工作任务外的课程，不利于学员经验性知识的体验、领悟和潜能的开发、生成，更谈不上个性的张扬和特长的形成，不仅不利于促进以形象思维为主的具有另类智力特点的青少年成才，而且事倍功半。而从点到面路径使得现代学徒制课程从与学员生活密切相关的、具体的、狭窄的工作任务开始切入，并由此展开整个课程，不管从现代学徒制学员的智力特点，还是从职业生活的认知规律考量，都有利于促进以形象思维为主的青少年职业素养的个性化发展。

③ 从点到面路径架构的课程结构框架有利于促进以形象思维为主的学员成才

课程方案、课程标准、教学进程表、学时分配表、学分分配表、课程表等都是课程结构框架的呈现方式。架构路径制约课程结构，课程结构反映架构路径的内在要求，不同的路径选择就会架构出不同的课程结构。文化基础课程、专业基础课程、专业课程"三段式"是传统职业教育课程结构的典型范式，是从面到点路径选择的结果。项目课程、学习领域"系统化"是工作过程导向课程结构的成功探索，是从点到面路径发展的必然结果。它从职业生活出发，考虑课程的宏观编排、组织，确定课程的范围、地位和顺序，科学呈现出各种课程类型以及具体科目在课程体系中的先后、从属、比例等关系，有利于促进以形象思维为主的学员成才。

（2）从点到面路径——有效突破现代学徒制课程结构改革的瓶颈

职业性严重不足是现行现代学徒制课程结构普遍存在的突出问题。要解决这一问题涉及诸多因素，而课程结构架构路径选择是关键。从点到面路径是现代学徒制课程结构有效架构的必然选择。

① 从点到面路径架构课程结构为课程导向工作过程提供了有效保障

在职业生活中要经历许多个工作过程，涉及的实践知识、理论知识和文化知识是综合的，知识和相关技能也是综合的。其实，职业生活与工作过程为同心圆，其核心是价值观，都是通过独立或分工与合作，综合所需要的实践知识、理论知识和文化知识及相关技能，经过"资讯、计划、决策、实施、检查、评估"六个步骤来完成工作任务。因此，课程导向工作过程就是要导向职业生活。所有课程都围绕工作任务及相应的职业生活展开，从点切入，彼此之间从一种离散的状态经过序化走向一种整合的状态。从而使课程结构体现现实职业生活的内容形式、技术行为、运行规则、变化趋势等；体现专业技能课程与公共基础课程走向融合，凸显其独立性和融通性；并以动态的课程结构来适应职业生活的多种多样、不断变化。因此，从点到面路径架构课程结构为课程导向工作过程系统化提供了有效保障。

② 从点到面路径架构课程结构为学员意义构建工作知识提供了有效保障

工作知识和学术知识是有本质区别的，它的意义只有在工作实践中才能被建构，这一认识已普遍被职教同行认可。这就告诉我们，从与学员生活密切相关的、具体的、狭窄的工作任务开始切入架构课程结构，能让学员在良好条件下反复训练、反复体验，逐步领悟某些不易言传的经验和应变方法，提升职业能力和综合素养。因此，从点到面路径架构课程结构为工作过程知识的意义构建提供了有效保障。

（3）从点到面路径——有效实现现代学徒制课程结构导向工作过程的动态发展（以太仓中专在德国专家指导下开发的三年制中专数控专业课程结构为例）

从点到面架构课程结构从与生活密切相关的、具体的、狭窄的工作任务切入，在充分考虑课程性质、类型、内容、课时与权重等要素的基础上，关键在于做好以下三方面工作。

① 从点做起，动态开发学习情境实现课程内容结构职业化

从点做起就是要从具体的工作过程切入，并以实际的多个职业工作过程归纳抽象

整合的典型工作任务来动态开发学习情境，实现课程内容结构职业化。

第一，明确专业培养目标。不同专业的培养目标是不同的，同一专业不同层次学员的培养目标也是不同的，不同时间、不同地区同一专业、层次学员的培养目标也是不同的。明确专业培养目标主要是明确培养的学员要具备哪些职业能力。如太仓中专数控专业学员要具备业务和业务流程、制造工艺、制造系统维护、设备控制技术、英语五个方面的职业能力。制造工艺方面职业能力重点是让学员通过学习掌握生产过程中各阶段的规划、协调、评价，优化、监测工作和具体的投入；完成工件过程的组织生产与具体行动。

第二，确定课程内容。专业培养目标是确立课程内容的前提和基础。首先要根据专业培养目标确定课程目标，关键是要明确课程目标中所蕴含的价值观。其次要把课程目标转化为具有操作性的课程标准。再次要根据课程标准，进而开发课程内容，确定内容比例关系，确保课程结构的合理性，保障专业培养目标的实现。

第三，开发学习情境。学习情境就是学习内容单元。首先，内容要反映职业生活特质，体现普遍性、地方特点与技术发展方向。其次，一个学习情境都按资讯—计划—决策—实施—检查—评价六个步骤设计，体现工作过程的相对固定性。再次，学习情境之间要具有平行、递进或包容的关系，体现工作任务涉及全部知识、技能、态度的娴熟性。如为让太仓中专数控专业学员会使用手动工具的零件加工，开发了斜锲、管道夹、泵三个学习情境。

② 点面结合，动态开发学习领域实现课程科目结构合理化

科目是某一课程性质、类型、内容的综合，有地位和呈现形式的区别。点面结合就是既从具体的工作过程切入，又从学员将来所要面临的职业生活和可持续发展考虑，强调陈述性知识与过程性知识、理论知识与实践知识在组织方式的整合，知识排序的方式与知识习得方式的整合，具体知识与其承载的价值观的整合来动态开发学习领域，实现课程科目结构合理化。

首先，突出工作过程导向，开发专业学习领域（科目）。不同职业的职业任务和行动过程的要素构成了不同的工作过程。一要根据工作过程设计教学过程，在工作情境中实施教学活动，并高度关注关键能力的培养。二要重点关注工作对象、方式、内容、组织、工具等要素来开发专业学习领域。如太仓中专数控专业开发了用机床加工零件、技术系统的维护保养、控制技术系统的运行等十个专业学习领域。

其次，面向职业生活，开发课程科目结构。博比特认为，人类经验活动分为语言、健康、公民、一般社交、休闲娱乐、维持个人心理健康、宗教、家庭、非职业性、个人职业活动十大领域。很显然，个人的职业活动绝不是人类经验活动的全部，而且是很小

的一部分。因此，太仓中专数控专业除开发了专业学习领域外，还开发了专业基础学习领域和跨专业学习领域。专业基础学习领域包括读识图与制图、专业理论、英语三个科目；跨专业学习领域包括语文、思想政治、机床结构拆装等十个科目。专业基础学习领域、跨专业学习领域和专业学习领域组成了太仓中专数控专业的课程科目结构，基本做到了职业性与人本性的统一、必修科目与选修科目的兼顾。

③ 全面架构，动态开发相关表式实现课程体系结构多元化

人类活动的十大领域并不是均衡的，从事不同职业的群体固有不同的特点，个体之间还有明显的差别。全面架构就是从职业生活开发课程目标出发，做到普适性与个体性结合来动态开发相关表式，实现课程体系结构多元化。

第一，全面、准确开发学习领域课程目标。开发课程目标是课程结构架构的重要环节。课程目标开发应主要涉及基本知识和基本理论的掌握，专业能力的培养和价值观、态度与道德修养，体育和健康教育、公民教育、创业教育等内容。课程目标表述必须包含行为主体、行为动词、行为条件和表现程度四个基本要素。行为主体必须是学员而不是教师，行为动词应尽可能是可理解、可评估的，行为条件和表现程度一定要明确、具体。通常可以用表格的形式表示，便于对照。太仓中专数控专业技术系统的维护保养学习领域课程目标为学员做好技术系统保养特别是运行设备保养的准备工作，并调查影响运行状态的因素，从安全性、可行性和经济性的角度评价维修措施的价值。表述专业学习领域课程目标时，还要表述对应理论知识目标。

第二，全面、具体规范学习领域课程实施。课程表、教学进程表、学时分配表、学分分配表是构建课程体系的骨架，也是规范课程实施的有效工具。从宏观上来看，课程体系结构要纵向板块、横向板块、纵横板块灵活设计，以纵横板块为主；独立板块、非独立板块两者结合。从微观上来看，要构建以项目课程为主体的多种行动体系结构，让学员从见习到独立工作逐步展开，在工作本位学习中成长；要从横向并列，而非纵向演绎关系来理解基础课程与专业课程之间的关系，并确保合理的比例；基础课程要与专业课程并列开设，并贯穿整个课程始终；信息技术要整合所有课程其中。课程类型要具有互补性，课程内容要具有层次性，特别要加大选修课程的安排力度。另外，为有利于促进学员可持续发展的拓展性理论课程安排在最后开设。

二、现代学徒制太仓模式的工作本位学习课程

现代学徒制是实现教育与生产劳动和社会实践相结合的重要实现方式，是职业教

育制度的有机组成部分，是学校与企业合作的有效形式，是学员从教育向社会平稳过渡的主要途径。正如马克思所说，"从工厂制度中萌发出来的教育与生产劳动相结合，不仅是提高社会生产力的一种手段，而且是造就全面发展的人的唯一办法"，是"改造现代社会最强有力的手段之一"。在现代学徒制实施过程中，最困难的核心问题是工作本位学习设计、实施和协调。解决这一核心问题的前提是对工作本位学习和工作本位学习课程有清晰的认识。

1. 有关工作本位学习课程相关概念辨析

（1）工作本位学习与工作场所学习

工作本位学习是学徒制的核心特征之一。21世纪以来，工作本位学习被国外大学引入高等教育体系之中，且形式日趋多样化，逐渐成为国外高等教育发展的显著特征之一。工作本位学习通俗的理解就是围绕工作展开的有关特定知识与技能的学习活动。对于工作本位学习的概念，国内外学术界至今并无统一定义。就工作本位学习的内容来说，布莱曼认为工作本位学习的概念蕴含了四方面的内容：一是在工作中学习（Learning at Work），即在工作场所中进行实践学习；二是通过工作进行学习（Learning through Work），即边工作边总结学习经验；三是为了工作而学习（Learning for Work），即为完成工作而进行的一切学习；四是基于工作经验的学习（Learning from Work），即运用工作经验来学习。罗伯茨等将工作本位学习总结成文献学习、工作实践学习和反思学习三个相互关联的内容[①]。笔者认为，工作本位学习是基于特定的工作场所和职业情境，以工作任务为单位组织，把学习与工作结合起来，通过工作任务的完成来建构与职业相关的知识、技能的过程。基于工作本位学习的过程是"从学习过程到工作角色的链接"，包括工作场所学习和岗下经验学习。工作场所学习侧重于具体的结构化的工作过程学习；岗下经验学习侧重于工作知识技能的积累和体验。工作场所学习和岗下经验学习结合的工作本位学习是不同专业的学习者通晓并掌握多种知识与技能的重要手段。所以，工作本位学习不等于工作场所学习，工作本位学习包括工作场所学习，工作场所学习是工作本位学习的必要形式，工作本位学习是工作场所学习的演绎和拓展。

（2）工作本位学习与工作本位学习课程

工作本位学习是一种"合法的边缘性参与"，能使学习者与环境相互作用，积极地在行动上和态度上达到工作中的相关要求，从而形成个人能力与个人经历的社会化，

---

① 李力，张芸祯. 国外关于工作本位学习的研究述评［J］. 比较教育研究，2017（4）：18.

从边缘参与走向中心参与。现代学徒制的"合法的边缘性参与"不是一种放羊式的参与，而是一种结构化的学习。其结构化的重要标志之一就是有工作本位课程的框架和支撑。工作本身是由一系列任务和活动组成，是工作本位学习课程的课程资源。根据工作本身的一系列任务和活动及其工作过程开发的课程就是工作本位课程，其核心价值在于创造学习与工作之间恰当的联系。个体参与"做"、观察、讨论和思考等活动，完成一系列工作任务，就是课程实施。课程实施影响个体思考和行动，就产生工作本位学习。基于工作本位学习包括工作场所学习和岗下经验学习两个阶段和形式，工作本位学习课程也包括工作场所学习课程和岗下经验学习课程。所以，工作本位学习课程是工作本位学习的内容和活动形式总和，工作本位学习是工作本位学习课程内容和活动实施的结果。

（3）工作场所学习课程与岗下经验学习课程

工作场所学习课程就是现代学徒制合作企业工作现场的每一项具体工作，也就是说，"工作即课程；课程即工作"。对以技术技能传承为核心的现代学徒制而言，工作现场学习是理论技术的学习，经验技术的掌握，创造技能的开发最适合的方式，是实现培养目标的最适合途径。工作现场学习课程也就是基于工作过程课程真实的实施、检查、评估环节，是实现现代学徒制课程目标和教学目标最有效、最高效的课程。岗下经验学习是对工作现场学习广泛地采集有价值的直接经验和存在于教材、技术手册、操作指南等间接经验的整理、分析、归档以及模拟、体验。岗下经验学习课程就是在真实的企业环境或模拟的职业情境中，以具体工作任务为主要内容，以生产流程为组织结构，以行业标准为评估准则的课程。岗下经验学习课程的设置一方面是基于工作现场学习课程实施难度因素考虑，另一方面是基于工作现场学习课程实施制约因素的考虑。通常岗下经验学习课程在工作现场学习课程前后实施，两者构成完整的工作本位课程体系。所以，工作场所学习课程与岗下经验学习课程是工作本位学习课程有机联系、互为依存的两个组成部分，两者缺一不可。工作场所学习课程是岗下经验学习课程的检验与升华，岗下经验学习课程是工作场所学习课程的预设与补充。

2. 工作本位学习课程的运行环境

在现实条件下，开展工作本位学习迫切需要从其课程运行环境上加以科学的规划。其运行环境主要涉及平台创设、体系安排、条件要素三个方面。

（1）工作本位学习课程的平台创设

任何事物的良性运行必然有其合理的环境。工作本位学习作为一项建立在学校与企业合作基础上的社会性工程，课程运行平台的创设是其有效运作的基础与前提。工作本位学习课程的平台的创设有学校主导、行业企业主导、政府主导三种形式，（如图 3-3 ）。

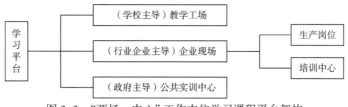

图 3-3　"两场一中心"工作本位学习课程平台架构

学校主导形式。学校通过建设教学工场或跨专业教学工场，将职业情境引入课程环境之中，构建以"工作任务"为导向的实践性工作本位学习课程运行环境。学员在职业情境中，通过模拟企业的工作过程学习，获得模拟的工作体验、习得积极的工作态度、学到实际知识和技能，为成长为符合企业需要的技术工人奠定基础。

行业企业主导形式。一是企业通过建设培训中心或跨培训中心，将职业情境引入课程环境之中，构建以"典型工作任务"为导向的实践性的工作本位学习课程运行环境。二是企业通过工作现场的优化，将企业环境引入课程环境之中，构建以"企业产品"为导向的生产性工作本位学习课程运行环境。学员作为"准职工"到相关企业，在企业的培训中心或跨企业培训中心实践，在工作现场生产，获得真实的工作体验、积极的工作态度以及实际知识和技能，成长为符合企业需要的技术工人。

政府主导形式。政府按照地方产业的特点和职业学校的聚集程度，独立建设公共实训中心，将职业情境和企业环境引入课程环境之中，实施"典型工作任务＋企业产品"为导向的实践性和生产性工作本位学习课程运行环境。学员在完整的企业工作过程设计、企业化管理、市场化运作、有别于社会性质的企业的公共实训中心实践和生产，获得真实的工作体验，习得积极的工作态度，学到实际知识和技能，成长为符合行业需要的技术工人。

（2）工作本位学习课程的体系安排

工作本位学习是一项综合的教育活动，其课程体系安排的科学与合理性是有效运作的基础与前提。主要涉及了内容、时空、学分三个方面体系性的安排。

内容体系安排。工作本位学习课程是建立在学校本位学习课程基础之上的体系性安排。学校本位学习课程包括思政课程、文化课程、全部专业理论课程和部分专业技能课程。工作本位学习课程包括岗下经验学习课程，如项目课程、案例课程等，工作现场学习课程含顶岗实习课程等。学校本位学习课程是实施工作本位学习课程的基础，工作本位学习课程是学校本位学习课程的延伸（图 3-4）。

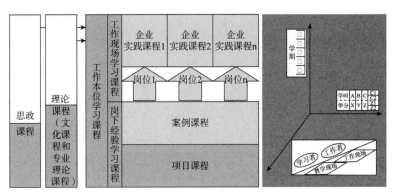

图3-4　工作本位学习课程体系

时空体系安排。工作本位学习课程课时安排通常是课程总学时的50%以上，其中工作现场学习课程课时通常不少于总学时的1/3。每个阶段的工作本位学习课程应有一个合理的时间长度，通常为2—6周之间。从岗下经验学习课程可以在学校的教学工场或跨专业教学工场实施，或企业的培训中心或跨企业培训中心、政府的公共实训中心实施。工作现场学习课程必须在企业生产部门及生产岗位，或政府的生产性公共实训中心实施。这些都要结合专业技术含量、院校条件、企业水平、区域差异等因素在允许的范围内予以安排。

学分体系安排。工作本位学习课程的学分安排要与工作本位学习课程的学时安排相匹配，原则上不少于总学分的1/2。每个学期安排的学分要呈递进关系，如第一学年为1学分/周；第二学年为1.5学分/周；第三学年为2学分/周。

（3）工作本位学习课程的条件要素

任何事物的运行必然有其客观条件的。工作本位学习课程的条件要素是多元的，主要取决于政府、企业、学校三方面的创设程度。

政府方面。宏观上包括有关法律、法规的建立与完善程度，政府及其相关部门对现代学徒制的推广力度和宣传力度；微观上包括地方政府对有关法律、法规的执行与落实程度，对现代学徒制在人、财、物等方面的支持奖励力度，公共实训中心的建设情况等。县级地方政府主要是在微观层面条件要素的创设。

企业方面。包括企业的现代技术水平和人力资源管理水平；合适和安全的工作环境建设水平；相关制度建设和执行程度；专职、兼职师傅的配备与培养情况；与学校校企合作的广度、深度与效度；企业培训中心或跨企业培训中心的建设情况；工作本位学习现场的优化程度等。

学校方面。包括院校的办学水平和人才培养理念；相关制度建设和执行程度、信息公开和标准明确程度；专业的技术含量水平、师资及教学骨干的建设水平；所处的地域、专业与企业行业的相关度；与企业校企合作的程度；教学工场或跨专业教学工场的建设情况等。

3. 工作本位学习课程的设计原则

在以上运行环境下的现代学徒制学员的工作本位学习，必然涉及现代学徒制的内部和外部两个领域，表现为学校本位学习课程和工作本位课程两类课程的衔接与配合，并在根本上受到教育制度和劳动制度的双重规范和约束（如图3-5）。

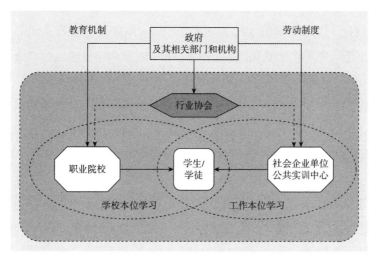

图3-5　学校—企业的合作教育

因此，现代学徒制工作本位学习课程框架设计必须满足以下原则：

（1）双重性原则——将工作本位课程置于职业院校教育制度和劳动制度之下

工作本位学习作为职业院校与企业开展合作教育的重要形式，是职业院校人才培养过程的重要环节，是教育教学活动在时空上向工作世界的拓展，以促进学员职业素养提升和可持续发展为根本价值追求。因此，工作本位学习课程的本质属性是职业教育课程的重要组成部分，必须置于职业院校教育制度下考量和设计。

工作本位学习既是企业生产要素向学员开放的过程，也是学员以劳动的方式被纳入企业生产要素的过程。学员在企业中参与岗位劳动，从事产品生产或服务，为企业创造价值并接受企业的生产性管理和考核。因此，学员与企业之间形成了一种特殊的劳动关系，工作本位学习课程的设计必须受到劳动制度的规范和约束，使相关主体的权益得到保护，责任得到落实。

（2）多元性原则——需要政府、学校、行业企业以及学员等广泛参与

工作本位学习课程的理念、目标等达成共识，需要政府、学校、行业企业以及学员

等广泛参与。工作本位学习所涉及的相关主体由于存在着不同的领域背景、价值导向和利益诉求，对工作本位学习都会产生不同的责任意识、行为态度和目标追求，难以形成共识和合力。要克服这种不利局面，必须由政府出面，通过舆论宣传和政策引导等方式，促使行业企业、院校以及学员等主体广泛参与，形成基本的共识和一致的目标，推动工作本位学习的开展。

工作本位学习课程的设计，需要政府、学校、行业企业以及学员等广泛参与。工作本位学习涉及主体多，涉及面广（教育内部和外部两个领域），专业、行业众多，时间长短不一，地域跨度可能较大，课程设计难度极大。因此，要有效设计工作本位学习课程，政府必须加强领导和协调管理，通过政策引导、制度规范和利益调节等方式，对职业教育内外部资源进行有效整合，促进行业企业、院校等广泛参与，加强合作，同时要广泛听取一线院校教师和企业师傅及学员的意见。

（3）规范性原则——在组织、管理和活动方式的规则上必须加以明确

工作本位学习课程要实现目标与功能的统一，需要有明确的规则系统加以协调和约束。不仅需要政府、院校、行业企业以及学员等广泛参与，而且需要在制度上形成约束和保障，使各主体共同形成的目标追求符合制度的主旨和要求。同时，工作本位学习课程在承担人才培养主体功能之外，客观上还承载满足学员就业、企业用工招工以及减轻家庭经济压力等功能，也需要在制度上形成约束和保障，兼顾各主体的具体要求，形成可持续的动力机制。这就需要在组织、管理和活动方式的规则上加以明确，并进行有效实施。

工作本位学习课程的复杂性和形态的多样性，需要有明确的规则系统加以引导和调控。工作本位学习课程包括了工作本位学习的协议、计划、实施、评价、管理等环节，需要对人、财、物等要素进行协调、组织和管理，对相关主体的利益进行调节。同时，工作本位学习的学员分布于不同地区、不同行业、不同规模的企业以及院校的教学工场，受工作本位学习所在单位的经济、技术和管理等水平差异的影响，往往呈现出各种不同的形态。要确保工作本位学习课程的质量一致性，必须有明确的规则系统加以引导和调控。

（4）联动性原则——建立学校本位学习与工作本位学习课程一体化的联动机制

实现学校本位学习与工作本位学习课程的前后有效衔接，需要形成两者一体化的联动机制。工作本位学习通常是职业院校学员在经过学校本位学习后，以所具备的专业能力为基础到企业参与真实的岗位劳动并进一步提升专业能力的过程。这要求学校本位学习课程在课程设置、技能训练、职业指导等诸方面与企业的岗位要求相适应。要达到这一目标，既需要根据学员在工作本位学习的要求及其变化情况，以倒逼的方

式不断完善学校本位学习课程，加强专业建设，深化课程改革，提升实训条件，从而在学校本位学习与工作本位学习课程间实现有效融通和无缝对接。为此，必须依托两者一体化的联动机制。

实现学校本位学习与工作本位学习课程的相互有机配合，需要形成两者一体化的联动机制。工作本位学习课程作为学员从学校到岗位实现平稳过渡的关键载体，需要由院校和企业共同参与设计，进行协作式开发，避免单方面的简单化操作。要实现这一目标，企业和院校都必须既要尊重生产规律，也要尊重教育规律，在学员工作本位学习课程的技能指导、实习评价、课程辅修、日常管理、生活安排等设计环节上实现有机配合。

4. 工作本位学习课程的开发（以太仓中专数控专业现代学徒制项目为例，简称太仓数控项目）

现代学徒制工作本位学习课程的开发是整个职业教育的难点和重点，也是当今职业教育包括现代学徒制的薄弱环节，尤其是对工作现场学习课程的开发研究几乎空白。在此，就工作现场学习课程的课程标准几个主要指标开发作粗浅的探索。

（1）工作能力是开发工作现场学习课程目标的指南

能在企业的相关岗位或岗位群（部门）"独立工作"是现代学徒制工作现场学习课程最基本的课程目标。"独立工作"能力是一种综合能力，例如，太仓数控项目"独立工作"能力通常包括制度执行能力、安全生产能力、5S与环保能力、设备认知与操作能力、技术与工艺认知能力、工作文件处理能力、工业互联网应用能力、质量过程监测能力、突发问题处理能力、生产过程把握能力、团队协作能力等。"独立工作"能力当然不是与生俱来的，而是工作现场学习课程实施的结果；"独立工作"能力也不是一蹴而就的，而是在"具备岗位技能""指导下可上岗"基础上发展而来的；"独立工作"能力更不是现代学徒制课程的最高目标，而是可持续发展的，短期内某些课程可提升到"独立工作并培训他人"的目标。所以，工作现场学习课程应以企业的相关岗位或岗位群（部门）的工作能力为课程目标的开发指南，并由低到高逐级开发工作现场学习课程目标。

（2）工作岗位是开发工作现场学习课程模块的来源

现代学徒制工作现场学习课程开发依据是校企共同开发的专业人才培养方案和课程方案，而具体的课程模块来源于企业的相关岗位或岗位群（部门）。也就是说，现代学徒制合作企业有多少相关的岗位或岗位群（部门）资源，就可开发多少工作现场学习课程模块，其岗位或岗位群（部门）的工作任务就是工作现场学习课程的内容，包括显性的工艺、技术标准和隐性的技艺、技巧等。开发的岗位或岗位群（部门）原则上要覆盖专业人才培养方案和课程方案有关知识与技能、过程与方法、情感态度与价值观诸方面的培养目标。如覆盖面不足，则不足部分或寻求其他企业的岗位或岗位群（部门）弥补，或在岗下经验学习的企业培训中心或跨企业培训中心弥补，或在岗下经验学习的院校教学工场或跨专业教学工场弥补。太仓数控项目开发了车铣钻磨初加工、车铣钻磨精加工、工艺研发、机床维修、质量检验五个工作现场学习的岗位或岗位群（部门）。从人员、机器、原材料/原零件、加工与测量工艺、环境与安全，简称"人、机、料、法、环"五个方面分别开发每一个课程模块的内容体系（表3-1）。从"具备岗位技能、指导下可上岗、独立工作、独立工作并培训他人"四级要求开发每一个课程模块的等级体系。通常要求一周内达到"具备岗位技能"水平，二周内达到"指导下可上岗"水平，一个月内达到"独立工作"水平，半年内达到"独立工作并培训他人"水平。

表 3-1　初加工部门课程模块

初加工模块		
部门：＿＿＿＿＿ 　　日期：＿＿＿＿＿		
岗位：＿＿＿＿＿ 　　培训师签字：＿＿＿＿＿		
姓名：＿＿＿＿＿ 　　主管签字：＿＿＿＿＿		
第一阶段：（两周）		是否完成/备注
人员	安全生产培训	
	机器着火的应急处理（灭火器的使用）	
	各种周转车的摆放位置	
	抹布的领取、存放及旧抹布的送还	
机器	机床操作手册培训	

（续表）

第一阶段：（两周）		是否完成 / 备注
原材料 / 原零件	机器里短棒料的清空	
	铁屑箱内提示单的放置	
	短棒料箱的清空（每天 16：00—16：30/ 不同材料的区分）	
	铁屑箱内零件和短棒料的处理	
	棒料随行单的正确放置与录入（Charge）	
加工工艺	零件图纸的理解（表面质量 / 跳动 /SPC/Urwert 等）	
	机器边上各种资料的认知及使用（刀具清单 /Laufkarte/ 棒料单 / 零件检测单）	
测量工艺	了解机器边上的测量表	
环境 & 卫生	交接班卫生的打扫（卫生死角）	
	现场卫生的保持	
	新旧刀具的摆放	
	饮料瓶及水杯的摆放	
	拖把 / 清洗剂的使用及存放	
第二阶段（两周）		是否完成 / 备注
人员	SPC 的相关知识及处罚制度（如何输入 /7P/ 时间等）	
	换刀表的填写 / 零件产量填写（如需要）	
	问题料盘的处理	
	机器油品的区分及正确添加（油桶用完及时送还）	
	零件做坏超 10% 的相关处罚	
机器	零件常见错误及注意事项	
	可以独立开关机器及清理铁屑	

（续表）

第二阶段（两周）		是否完成/备注
原材料/原零件	n/a	
加工工艺	零件过程卡片的认知（知晓零件的整个生产流程）	
	学会使用放大镜辅助判断零件好坏	
	初加工刀片更换	
	零件加工工艺图的理解	
测量工艺	测量仪表校零	
	对刀台及对刀表的使用	
	机器边上各种测量器具使用及维护	
	学会如何使用测量表测量零件	
环境&安全	n/a	
第三阶段（两周）		是否完成/备注
人员	交接班需要注意的事项：卫生/零件（机器）/工作状态的交流等	
	交接班记录的填写	
	换刀流程（红盒子/零件隔离）	
	新旧刀具的领取及送还	
	IPC状态的选择（换刀/生产/修机等）	
	零件及相对应单据的打印与放置（红单子零件/调整件/正常零件）	
机器	进料系统故障排除及手动加料	
	机器常见错误（报警）的理解及处理	
原材料/原零件	n/a	
加工工艺	熟悉操作面板并进行相关参数调整	
	所有刀片及钻头更换	

第三阶段（两周）		是否完成/备注
测量工艺	测量室仪器培训	
	ViCi 测量仪器培训	
环境 & 安全	n/a	

第四阶段（两周）		是否完成/备注
人员	试验刀具的正确使用及表格的填写（对应编号顺序）	
机器	可以独立对机床进行操作，产量和效率达到目标值	
原材料/原零件	n/a	
加工工艺	熟悉零件加工工艺，产品质量可靠	
测量工艺	独立测量零件相关尺寸	
环境 & 安全	对 5S 的习惯性保持及对安全生产的正确实施	

要求所有学员在轮岗现场学习期间均要达到"独立工作"水平，定岗现场学习后均要达到"独立工作并培训他人"水平。现代学徒制工作现场学习课程模块的开发情况进而决定了工作现场学习课程的课时数，通常工作本位学习课程的课时数占总学时的 50% 以上，其中工作现场学习课程通常占工作本位学习课程学时的 50% 以上，占总学时的 25% 以上。太仓数控项目工作本位学习课程占总学时的 80%，其中工作现场学习课程占工作本位学习课程学时的 56%，占总学时的 45%。

（3）工作质量是开发工作现场学习课程评价的标准

课程评价是对学习者完成某一课程学习后的学业成就的衡量与判定。课程评价的标准是以专业核心素养及其表现水平为主要维度，结合课程内容，对学习者学业成就表现的总体要求。客观地说，现代学徒制工作现场学习课程评价的终极标准只有一个，就是工作任务的完成情况有没有达到工作（产品）质量标准，这个完成情况既包括工作过程的工作规范和技术标准，又包括工作成果的质量参数或要求水平。如"达到"，工作现场学习课程合格，否则就不合格。即标准"非百即零"。事实上，工作现场学习课程的实施是分阶段的，通常在轮岗学习期间根据岗位或岗位群工作任务难度情况分若干个阶段。每一阶段根据课程内容（工作任务）的专业核心素养，确定课程考核点，学习结束后由企业岗位师傅负责考核，3 个月或 6 个月时进行综合考核（表 3-2）。

表 3-2　工作现场学习考核表

工作现场学习考核表（第一阶段）

工号：　　　　姓名：　　　　职位：　　　　事业部 / 部门：　　　　入职日期：

序号 NO.	岗位技能要求	培训内容描述	培训期间 开始	培训期间 结束	培训人	培训方式	考核方式	考核结果	培训人签名/日期	受训人签名/日期	直属上级审核意见（3个月）	直属上级审核意见（6个月）
	A 部分：在职培训计划的制定（应在新员工入职 1 周内完成并发送给 HR）					B 部分：培训与评估（应在 6 个月内完成）						
1		生产设备操作										
2		流量角度测量仪操作										
3	EV-14 Line	不良零件识别										
4		测量工具使用										
5		设备操作安全意识										
6		质量意识										
7		日常 5S										
8												

◐	需具备该技能 Qualification required	◕	可上岗，需进一步培训 Be able to work, futher training required
◔	可独立工作 Qualified	●	可独立工作并培训他人 Qualified and be able to train others
★	最低资格要求 Lowest Qualification		

注：培训人负责培训、考核或组织对其进行考核，做好培训记录。直属上级负责定期审核员工岗位培训计划实施进度。

编制 / 日期：　　　　审核 / 日期：　　　　批准 / 日期：

工作现场学习考核表（第二阶段）

工号：　　　　姓名：　　　　职位：　　　　事业部/部门：　　　　入职日期：

A 部分：在职培训计划的制定（应在新员工入职 1 周内完成并发送给 HR）						B 部分：培训与评估（应在 6 个月内完成）						
序号NO.	岗位技能要求	培训内容描述	培训期间		培训人	培训方式	考核方式	考核结果	培训人签名/日期	受训人签名/日期	直属上级审核意见（3个月）	直属上级审核意见（6个月）
			开始	结束								
1	EV-14 Line	了解图纸										
2		BDE 报工										
3		设备点检										
4		按照 IP 对产品进行检验										
5		更换测量设备介质										
6		测量流量角度										
7		现场不良品处理										
8												

◓	需具备该技能 Qualification required	◓	可上岗，需进一步培训 Be able to work, futher training required
◔	可独立工作 Qualified	●	可独立工作并培训他人 Qualified and be able to train others
★	最低资格要求 Lowest Qualification		

注：培训人负责培训、考核或组织对其进行考核，做好培训记录。直属上级负责定期审核员工岗位培训计划实施进度。

编制/日期：　　　　　审核/日期：　　　　　批准/日期：

工作现场学习考核表（第三阶段）

工号：　　　姓名：　　　职位：　　　事业部/部门：　　　入职日期：

序号 NO.	岗位技能要求	培训内容描述	培训期间 开始	培训期间 结束	培训人	培训方式	考核方式	考核结果	培训人签名/日期	受训人签名/日期	直属上级审核意见（3个月）	直属上级审核意见（6个月）
	A部分：在职培训计划的制定（应在新员工入职1周内完成并发送给HR）					B部分：培训与评估（应在6个月内完成）						
1		更换模具										
2		更换夹具										
3	EV-14 Line	更换标准件										
4		更换激光型号										
5		调整孔位										
6												
7												
8												

◐	需具备该技能 Qualification required	◑	可上岗，需进一步培训 Be able to work, futher training required
◕	可独立工作 Qualified	●	可独立工作并培训他人 Qualified and be able to train others
★	最低资格要求 Lowest Qualification		

注：培训人负责培训、考核或组织对其进行考核，做好培训记录。直属上级负责定期审核员工岗位培训计划实施进度。

编制/日期：　　　　审核/日期：　　　　批准/日期：

工作现场学习考核表（第四阶段）

工号： 姓名： 职位： 事业部/部门： 入职日期：

序号 NO.	岗位技能要求	培训内容描述	培训期间 开始	培训期间 结束	培训人	培训方式	考核方式	考核结果	培训人签名/日期	受训人签名/日期	直属上级审核意见（3个月）	直属上级审核意见（6个月）
	A部分：在职培训计划的制定（应在新员工入职1周内完成并发送给HR）					B部分：培训与评估（应在6个月内完成）						
1	EV-14 Line ●	设备各个型号的换型										
2		激光调整参数										
3		调整标准件流量对比										
4		设备感应器更换调整										
5												
6												
7												
8												

◉	需具备该技能 Qualification required	◑	可上岗，需进一步培训 Be able to work, futher training required
◔	可独立工作 Qualified	●	可独立工作并培训他人 Qualified and be able to train others
★	最低资格要求 Lowest Qualification		

注：培训人负责培训、考核或组织对其进行考核，做好培训记录。直属上级负责定期审核员工岗位培训计划实施进度。

编制/日期： 审核/日期： 批准/日期：

太仓数控项目初加工部门轮岗时工作现场学习课程分四个阶段实施，第一阶段的评价内容和标准包括熟悉部门、机器、人员（岗位师傅及同事）。对部门的卫生要求有所了解，并按照部门相关要求进行清扫。熟悉零件尺寸和测量方法，熟悉机器日常保养。第二阶段的评价内容和标准包括了解零件加工工艺，分辨新旧刀具，并了解刀具对应用途，熟悉切削油过滤网清洁更换，在岗位师傅协助下更换刀具。第三阶段的评价内容和标准包括熟悉生产单打印，熟悉质量过程监测相关知识，熟悉进料装置操作，独立更换刀具，在岗位师傅协助下生产合格零件。第四阶段的评价内容和标准包括独立操作机器生产合格零件，独立解除机器常见报警，保持工作现场5S，熟知经常出现的产品缺陷类型、原因和解决方法。每一阶段由岗位师傅逐条评价，并反馈给学徒、上报企业主管。

三、现代学徒制太仓模式的新型活页式教材

《国家职业教育改革实施方案》提出要"遴选认定一大批职业教育在线精品课程，建设一大批校企'双元'合作开发的国家规划教材，倡导使用新型活页式、工作手册式教材并配套开发信息化资源"。活页式教材和工作手册式教材源自学徒制，与学徒制之间有天然的联系。所以，现代学徒制理应主动积极系统地使用新型活页式、工作手册式教材。工作岗位上的保养维修手册、技术手册、工艺手册等，就是工作手册式教材，不管是设备生产厂家制订的，还是设备使用厂家制订的，都不需要院校教师或企业师傅重新开发，只需遴选就可直接使用。而新型活页式教材的开发是现代学徒制课程开发紧迫又现实的问题。

1. 新型活页式教材

新型活页式教材通常是指专业课程的一种教材形式。内含教学上所需要使用的内容与材料，可以随意分合、未装订成册的书籍、簿本、纸张，且以一种新的款式或者类型呈现[①]。它有别于普通的教材，也有别于传统的活页式教材，通常有以下三个特征。

（1）新型活页式教材的本质是"活"

新型活页式教材的本质不是"活页"而是"活"。新型活页式教材形式是活页装订，这仅仅是外在表现，而其内存本质是"活"。一是教材内容活。教材内容源于企业，常

---

① 黄河，杨明鄂，旷庆祥. 职业教育"新型活页式教材"的内涵及建设路径［J］. 教育与职业，2021（2）：99-102.

常是企业产品或项目教学改造后的真实性呈现，体现行业新业态、新水平、新技术，所含知识的"生命力"强。二是教材体系活。教材体系通常以项目单元设置，可以根据校企及学员个体差异灵活调整教学内容；可以根据学员、教师对教材实施效果反馈，及时修订教材内容；可以根据产业技术的发展，对教材知识结构随时重组教材内容。三是教材编写方式活。教材编写方式以典型工作任务为载体，突出"做什么、怎么做、怎么做得更好"，辅以必要的"是什么、为什么"，将实践作为教材编写的主线，将实践学习与理论学习相结合。四是教材呈现形式活。教材呈现形式切合现代学徒制学员以"形象思维"为主的智能特点，适合现代学徒制工学交替特征，有利于学员自主学习、个性化学习。五是教材使用活。教材的每个项目甚至任务模块和支撑知识都可以作为基本单元单独使用，其中的引导性问题页、学习评价页等可以按照要求单独使用、提交纸质版和电子版。

（2）新型活页式教材的特点是"新"

新型活页式教材是相对于传统教材包括传统活页式教材而言的，其特点是"新"。一是教材思路新。新型活页式教材以学员为中心，设计思路是基于学员的"学"，而不是基于教师的"教"，从教材设计转变为学材设计；教材以适合学员学习为基本准则，以"做中学、学中做"为设计逻辑，以引导学员行动为基本出发点。二是教材媒体资源新。新型活页式教材利用不同媒体资源优势，其内容以多样化的媒体资源形式呈现，是对多种不同媒体资源的整体架构设计。三是教材体系新。新型活页式教材内容对接企业典型工作任务，教材基本框架根据工作过程呈现主体内容，辅以知识拓展、引导性问题、参考书目录、工作手册式教材资源和数字化教材资源链接、学习评价、附录等构建教材体系。工作手册式教材资源和数字化教材资源等均不在新型活页式教材中直接呈现。四是教材功能新。教材除突出技能培养的功能外，特别将"以德树人、课程思政"有机融合到教材中，增加创新、文明、环保、安全等素质内容，注重工匠精神培养，强化了育人功能。

（3）新型活页式教材的标准是"实"

新型活页式教材是指导学员学会工作的教材，其标准是"实"。一是教材内容实。教材选取企业典型实例，分解每个任务的知识点与技能点，然后按照工作过程中知识点、技能点的逻辑递进关系呈现。每个任务从"做、学、教、评"四个环节综合设计。实践技能、理论知识、相关规章、技术文件、练习作业、评价考试等配套齐全。二是教材功能实。新型活页式教材以项目为载体，内容与生产典型工作任务对接，学习过程是"做中学、学中做"的过程，学员通过团队合作完成真实的项目，实实在在地掌握工作世界知识，学会了工作，能做到教学过程与生产过程对接。三是使用效果实。教材围绕项目强化实践内容，以拓展等形式辅以必要的理论内容；教材突出呈现主要内容，开发微课视频、动画等数字化资源，帮助学生理解教材中的重点及难点。教材主体内容与数字化的图片、视频、测试题等资料很好地对接，并可用二维码的形式实现便捷调取。四是教材适用性实。新型活页式教材是依据院校办学条件、企业实际需求结合专业教学标准、行业职业标准开发的，具有鲜明的地域特色，能满足学员学习需要和企业岗位需求，适用于本地院校学生学习和本地企业员工培养。

2. 新型活页式教材与现代学徒制

现代职业教育的教材建设存在与企业生产实际脱节、内容陈旧老化、更新不及时、教材选用随意等问题。新型活页式教材是对传统教材包括传统活页式教材的扬弃，是现代职业教育包括现代学徒制职业教育对教材的一种改革祈求。

（1）新型活页式教材是现代学徒制课程教材的重要形态

总体来说，职业教育的课程教材多种多样，有职业院校的各种规划教材，有企业的各种管理、工艺、技术等文件；有纸质的传统教材，有视频、动画、三维效果图等数字化教材；有显性的、静态的课本式教材，有隐性的、动态的经验式教材。就现代学徒制而言，目前还没有完整成熟的教材体系，事实上也不可能有全国或全省范围内普遍适用的教材。新型活页式教材通常是工作本位学习课程的教材形态，尤其是岗下经验学习课程最为适合。工作本位学习是现代学徒制学习的重要特征，其中岗下经验学习课程对工作现场学习课程的效率和效果具有重要影响。而新型活页式教材对工作本位学习特别是岗下经验学习至关重要，是现代学徒制课程教材不可或缺的重要形态。所以，开发好最适合岗下经验学习的新型活页式教材意义重大。

（2）新型活页式教材是现代学徒制课程开发的重要课题

我国自2015年开展第一批现代学徒制试点以来，广大试点单位在现代学徒制课程教材，尤其在工作本位学习课程教材开发上进行了大量有益的探索，取得了不少可借鉴、可推广的经验。但客观地说，新型活页式教材对于我国职业教育，包括现代学徒制的教材开发来说，都是一个新的重要课题。一方面，新型活页式教材是现代学徒制工作本位课程重要的知识载体。它既是教材，更是学材，不仅具有不可缺失性，还具有不可替代性，是制约现代学徒制实施的瓶颈因素，是决定现代学徒制人才培养质量高低的关键要素。另一方面，新型活页式教材是现代学徒制课程建设的重要抓手。它有利于校企从现代学徒制各主体，特别是企业、学员的实际出发，创造条件建设课程资源、制订课程标准、选择课程内容，从而实现课程目标；有利于促进院校教师、企业师傅关注行业技术更新与发展，关注教材使用中学员、同行的反馈，从而提升课程领导能力；

有利于激起现代学徒制学员的学习兴趣，促进学员自主学习和差异化学习，从而提高学习效率。

（3）新型活页式教材是现代学徒制课程实施的重要资源

现代学徒制的课程实施是个难题，尤其是在企业里的课程实施难度更大，究其原因是缺乏有效的课程资源。新型活页式教材为现代学徒制课程实施提供了重要资源。一方面，新型活页式教材是现代学徒制工作本位学习的重要资源。工学交替是现代学徒制课程实施的特征，即学校本位为主的理论学习和工作本位为主的实践学习交替进行。工作本位学习要尽量在企业中实施，才能有效、高效培养技术技能型创新人才和应用型人才，这已在职业教育界形成共识。然后，任何形式的学习都离不开课程载体。同样，现代学徒制的工作本位学习也离不开课程载体特别是新型活页式教材。另一方面，新型活页式教材是现代学徒制工作本位学习结构化的重要资源。结构化是现代学徒制课程实施的另一特征。现代学徒制工作本位学习在企业为主实施，结构化难度大。新型活页式教材是现代学徒制工作本位学习结构化的前提基础，为现代学徒制课程实施提供了抓手和指南。依托新型活页式教材，岗下经验学习就有了操作蓝图，工作现场学习就有了感性基础。

3. 新型活页式教材的开发

认识新型活页式教材的内涵是做好新型活页式教材开发的前提。笔者认为，新型活页式教材内涵为基于职业岗位或岗位群工作过程，以立德树人为根本任务，以典型项目为载体，以典型工作任务为主线，以具体工作模块为单元，以相关知识、技能和综合职业能力为内容，以数字化资源配套的灵活组合、活页装订形式呈现的"学材"。新型活页式教材主要是面向工作本位学习课程，尤其是岗下经验学习课程开发的教材，主要服务于理实一体化、实践操作类课程的教学。

（1）新型活页式教材的开发思路

新型活页式教材开发的总体思路是"基于标准，围绕项目，立足行动"。"基于标准"就是新型活页式教材开发要基于现代学徒制工作本位学习课程的课程标准进行设计。它是立足职业院校和企业实际情况，符合国家专业教学标准和职业标准，校企共同开发的课程标准。"围绕项目"就是新型活页式教材开发要围绕专业对应的职业活动的典型项目展开设计。它是包含若干典型工作任务，能转化成教学工作任务的典型项目。"立足行动"就是新型活页式教材开发要立足行动学习的实施。它是基于工作过程"资讯—计划—决策—实施—检查—评估"六环节的学员自主学习。

新型活页式教材的体例结构为项目—任务—模块。项目如机电专业的"台灯、自动卷帘门、仓储台"等。一个典型项目通常包含许多个工作任务，可转化成若干个典型教学任务（学习领域），如"自动卷帘门"项目开发成"机电系统的功能关联性分析、机械子系统的制作、电气部件的安全安装、电气气动与液压组件的电流与信息流分析、机电系统安装与调试"五个典型教学任务（学习领域）。综合分析各个典型教学任务所涉及的知识与技能，概括开发若干个相关的教学模块（学习情境），如根据"自动卷帘门"项目的"机械子系统的制作"典型教学任务开发了"机械识图2、机械基础2、钳工2、车工2、铣工2"五个教学模块，"电气气动与液压组件的电流与信息流分析"典型教学任务开发了"电子装接1、继电器电路装调2、PLC编程1、气压传动1"四个教学模块（学习情境）。

新型活页式教材的内容结构为"主体内容＋链接内容＋附录＋学习评价"。"主体内容"包括以工作任务为引领的教学模块（学习情境）、引导性问题、知识拓展、学员工作页、学习评价等。链接内容包括工作手册式教材资源和数字化教材资源等。附录包括参考书目录等。"主体内容"以"做—学—教—评"原则呈现，突出内容的实践性，强调实践和理论的结合。以学为主，体现学员在学习中的主体地位；以教为辅，强化教师的指导和协调作用。突出评价的可行性和反馈的及时性。

（2）新型活页式教材的开发策略

新型活页式教材是主要适用于现代学徒制工作本位学习课程的教材，是一种真正"跨界"的教材，融合开发是其开发的基本策略。

首先是"企业＋学校"融合开发策略。新型活页式教材要依托校企双方的专家力量融合来开发。在教材项目的选取阶段，企业师傅熟悉职业工作流程，能敏锐把握员工的技术技能问题，院校骨干教师善于解构和重构课程建设中的问题，将企业工作与院校教学实现有效关联，两者配合，确定教材的结构框架。在教材内容的选取阶段，企业师傅梳理多个工作过程中对某种技术技能的共性需求，院校骨干教师将这些需求转变为学习的知识点，两者合作，确定教材的教学内容。在教材编写阶段，院校教师以教材开发理论和方法为指导，进行文本的编撰；企业师傅则在具体操作的规范性、工艺以及设施设备的选用合理性等方面提供专业意见，两者协调，完成教材的编撰工作。

其次是"生产性＋教育性"融合开发策略。新型活页式教材要注重将企业工作的生产性和院校活动的教育性融合来开发，以避免传统院校教材的学科化倾向和企业培训教材技术化倾向。新型活页式教材的体例结构的确定，还是内容结构的确定等，均应始终围绕企业工作过程这一核心要素，体现生产性。新型活页式教材除了要承载职业工作过程相关的知识、技能外，还要融入职业活动、社会生活相关的情感、态度与价值观，体现教育性。新型活页式教材开发时，要始终确立技术技能型创新人才和应用型创新人才的培养目标,遵循企业的生产规律和院校的教育规律,积极地应用数字化平台、数字化技术开发数字化资源,保障和促进新型活页式教材生产性和教育性的融合。

再次是"导向＋系统化"融合开发策略。新型活页式教材开发的方向要以工作过程为导向,开发的结果要追求工作过程系统化。工作过程导向的核心思想是通过整合实现理论教育与实践教育的一体化,让学员掌握工作过程知识。工作过程系统化是指在知识总量不变的情况下,不仅要让知识排序在方式上发生变化,而且也要让知识排序在时空上也发生变化,成为伴随学科的解构而凸显行动体系的重构过程,成为与实践整合的体系。整个新型活页式教材开发要始终贯彻基于工作过程的课程观,从培养技术技能型创新人才和应用型创新人才出发,遵循人才的成长"从入门到熟练,从单一到综合,从新手到专家"的规律,按照平行、递进或包容的原则设计三个或三个以上的学习情境(教学模块),实现系统化设计。

(3)新型活页式教材的开发过程

现代学徒制新型活页式教材的开发必须突出其"新""实"的特点,让教材真正"活"起来,让学员真正学有所成,学有所用。其开发过程可以分为准备、编撰和维护三个阶段。

① 准备阶段。现代学徒制新型活页式教材开发的准备包括团队组建、前期调研和资源梳理三个方面。一是团队组建。新型活页式教材开发必须依靠团队合作,取长补短,共同完成。团队通常由若干个合作企业的资深企业师傅和院校骨干教师组成。成员应具备基于工作过程的课程观,掌握"资讯—计划—决策—实施—检查—评估"行动教学理念与方法。成员之间合理分工,通常项目的选择、典型工作任务确定,技能考核部分活页设计等方面以企业师傅为主;在体系结构的设计、单元结构的设计和内容的选择等方面以院校教师为主;两者融合开发。二是前期调研。调研内容为相关专业的国家教学标准、国家行业标准和现代学徒制项目课程方案、课程标准;合作企业和院校的师资、设备情况和合作企业的岗位设置、具体的工作任务、涉及主要知识与技能情况。调研方式除采用问卷调研、电话采访的形式进行外,还要实地走访企业的相关部门,如质检部门、装配部门、机修部门、机加工部门等。调研分析可采用调研资料分析和工作任务分析会、教学任务分析会结合的方式进行,整理出新型活页式教材应包含的知识点、技能点和综合素养点及应达到什么样的水平。三是资源梳理。主要梳理校企相关师资情况、教学资料和技术资料情况、设备设施情况。对于师资要合理地配备和培养,对于教学资料和技术资料要及时地整理和补充,对于设备设施及其环境要基于工作过程课程观进行系统规划、调配和布置。

②编撰阶段。现代学徒制新型活页式教材开发的编撰包括体系结构设计、单元结构设计和内容结构设计三个方面。一是教材体系结构的设计。新型活页式教材开发是围绕专业对应的岗位（群）职业活动的典型项目展开设计的。即根据技术技能的多少、难易、标准高低等选择专业所对应行业、企业的典型产品转化成教学项目，并按"从小到大、从易到难"的顺序设计教材的体系结构。二是教材单元结构的设计。新型活页式教材开发的单元结构的设计，即典型工作任务（学习领域）的开发，是对教学项目的所有工作任务予以筛选，根据工作任务的相似性、复杂程度将其整合为典型工作任务，形成综合的工作领域——行动领域；根据职业成长规律和认知学习规律，将行动领域转换为由学习领域，若干个学习领域形成教材的单元结构。三是教材内容结构设计。新型活页式教材开发的内容结构的设计，即教学模块（学习情境）的开发，是对具体教学内容的开发。根据工作过程的系统化设计思想，围绕一个典型工作任务（学习领域）按照平行、递进或包容的原则设计三个或三个以上的教学模块（学习情境）。三个或三个以上教学模块（学习情境）形成教材的内容结构。每个教学模块（学习情境）都是独立、完整的工作过程。基于工作过程完成"主体内容"包括以工作任务为引领的教学模块（学习情境）、引导性问题、知识拓展、学员工作页、学习评价等编写。并通过多个教学模块（学习情境）不同的内容、相同的步骤设计实现教材内容的螺旋上升。

③维护阶段。现代学徒制新型活页式教材开发的维护包括教材完善、教材更新和教材修订三个方面。一是教材完善。在完成新型活页式教材主体内容编撰后，进行包括工作手册式教材资源和数字化教材资源等链接内容和附录的编写。把合作企业的相关技术、工艺、标准等文件纳入工作手册式教材资源并与主体内容建立链接。建设网络课程使新型活页式教材资源利用最大化、学习方式灵活、教学形式个性化、教学管理自动化。对于重点难点问题，录制多种微课，让学员自主学习；对于拓展问题，提供网址，让学员个性化阅读等。二是教材更新。通过校企合作的沟通平台，利用企业走访，下企业实践等方式及时从企业获取技术更新信息及时更新教材；通过关注国内外相关行业发展，获取最新产业技术信息及时更新教材；通过研究国家或地方的产业整体规划和政策，获取技术的发展态势和技术更新信息及时更新教材。三是教材修订。新型活页式教材使用一段时间，难免会存在一定的缺陷和不足，需要定期修订。通常三年组织修订一次。主要根据企业岗位（群）职业活动的典型项目的变动情况进行教材修订。同时，根据学员、教师的反馈意见，对于不能达到课程预期目标的教学内容、行业企业标准变动的教学内容、生产组织形式改变的教学内容等进行教材修订。

第四章　现代学徒制太仓模式的课程实施

　　课程实施即教学。职业教育的教学行动,是基于专业对应典型职业活动的工作情境采取行动导向的教学体系,即称为行动体系。它是按照行动导向理论,根据职业活动所需要的行动以及行动产生和维持所需要的环境条件,以及师生的心理机制等来设计、实施和评价的系列活动。现代学徒制的课程实施与职业院校职业教育的课程实施相比,职业属性更突出、跨界特征更明显、工作导向更明确。现代学徒制课程实施的过程与相关职业的劳动过程、工作环境和活动空间(职业情境)具有更高的一致性。也就是说,现代学徒制的课程实施与相关职业的行动过程更紧密相连,涉及教育学、技术学、劳动学、经济学、社会学等学科领域。其教学目标以典型职业活动的工作能力为导向,教学过程以典型职业活动的工作过程为导向,教学行为以典型职业活动的工作情境为导向,教学评价以典型职业活动的工作标准为导向,无疑比职业院校的课程实施更复杂,难度更大,成为制约现代学徒制成败的关键之一。

第一节　现代学徒制太仓模式的行动体系平台

　　旨在行动能力培养的教学行动要卓有成效,其前提要根据具体情况对教学的条件、实施和过程进行整体思考。其主导问题是:如何为行动导向的课程实施创设环境?如何进行合适、有效的行动学习教学组织?如何建设有利于构建学习情境的"硬环境"?如何确保顺利实施工学交替?

一、现代学徒制太仓模式的教学系统优化

　　教学系统是指为了实现某种教学目的,由各教学要素有机结合而成的具有一定教学功能的整体。现代学徒制的教学系统由院校系统的教学要素和企业系统的教学要素组成,具有典型的"跨界"特征。为了确保教学行动的有效和高效,现代学徒制太仓模

式针对职业教育目前普遍存在教学系统封闭、僵化，教学要素错位、无序，教学运行粗放、低效的问题，进行了系统性的优化。

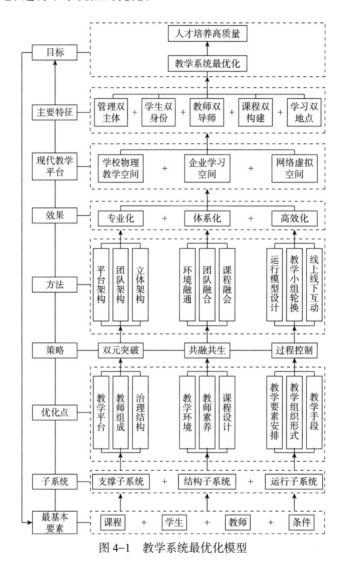

图 4-1　教学系统最优化模型

现代学徒制太仓模式教学系统优化是指系统控制的优化，是校企对教学系统所涉及学校和企业、实体环境和虚拟环境的相关教学全方位、全过程的要素创新、结构重组、功能再造。即以现代学徒制专业或专业群为优化单位，聚焦教学系统课程、学生（学徒）、教师（企业师傅）、条件四个最基本教学要素，建构支撑、结构、运行三大子系统，精准优化点，运用准确的策略和方法，着力于教学要素结构优化，达成"专业化、体系化、高效化"成效，实现"院校物理教学空间＋企业学习空间＋网络虚拟空间"三者融合和集成，体现"管理双主体、学生双身份、教学双导师、课程双构建、学习双地点"的基本特征，达成高质量人才培养的目标。其现代学徒制太仓模式教学系统最优化模型（图4-1），其中支撑子系统优化是教学系统优化有力推进的基础，结构子系统优化是教学系统优化有效建构的关键，运行子系统优化是教学系统优化顺利实施的根本。核心是教学要素的结构重组。

1. 重构教学支撑新体系，使教学系统灵活、开放

目前，职业教育普遍存在教学系统封闭、僵化的问题。主要表现在"三不适合"：一是教学平台与职业情境不适合；二是师资组成与教学要求不适合；三是治理结构与跨界教学不适合。为此，现代学徒制太仓模式主要着力现代教育平台、师资队伍组成、教学治理体系三个优化点，通过重构教学支撑新体系，使教学系统灵活、开放。

（1）构建现代教学平台

一是构建校企实体教学平台。在院校内以一个专业（专业群）为单元建设教育教学管理等融合的教学工场；以多个专业为单元建立跨专业教学工场。在企业内以一个专业（专业群）为单元建设教育教学管理等融合的培训中心或跨企业培训中心；以课程或多个课程为单元建立"学习岛"。二是构建网络虚拟平台。建设包括合作企业有关现代学徒制信息的数据中心并具有管理驾驶舱的综合管理平台；建设基于O2O校企协同共定课程方案、共施课程教学、共定学员评价等的校企协同教学平台；建设融合相关教学模块或课程库及配套资源等便于学生校企异地、课内外学习的学习平台。

（2）改变师资队伍组成

一是建立企业教学团队。合作企业培训中心按不小于1∶16师生比配备专职师傅，企业部门岗位按不小于1∶3师生比配备兼职师傅。二是从企业招聘专职专业教师。招聘具有5年以上专业对应职业经历的技术人员来校专职任教。三是建立兼职教师团队。按不少于专业教师20%的比例，建立专业兼职教师和专业辅导员队伍。

（3）重构教学治理体系

一是建立组合式管理组织。在政府主导下，建立现代学徒制项目联合管理委员会（理事会或董事会），下设培训委员会和考试委员会（图4-2）。负责教育教学宏观管理和质量控制与评估。二是建立经理负责体制。由联合管理委员会任命经理，负责企业内的培训中心管理；由院校与相关企业协商任命经理，负责学校内跨专业教学工场或教学工场管理。三是建立多元化督查机制。培训委员会对教学过程全面把控；考试委员会对教学情况进行结果性检查；院校教学管理部门对教学模块进行项目抽

测，质量控制与督导室对教学运行过程进行监控；AHK/HWK 等第三方机构进行第三方评估。

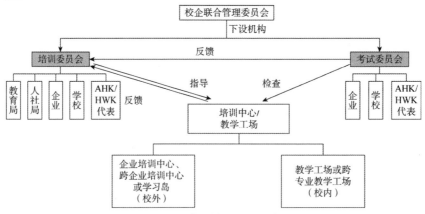

图 4-2　组合式管理组织示意图

2. 重构教学内容新体系，使教学系统有序、和谐

目前，职业教育教学系统普遍存在教学要素错位、无序的问题，主要具体表现在"三不相称"：一是教学环境与职业标准要求不相称；二是教师素养与教学标准要求不相称；三是课程设计与学生发展要求不相称。为此，现代学徒制太仓模式主要着力教学环境融通、教师团队融合、课程体系融会三个优化点，通过重构教学内容新体系，使教学系统有序、和谐。

（1）打造要素融通的教学环境

一是空间架构。不论何种教学平台，根据师生、课程要素进行普通教室与实践场所综合考虑。实践场所理论教学区、基础技能训练区、理实一体教学区、综合技能训练区统筹安排。二是功能架构。基础技能训练区以设备为单元设计，注重设备和学生的对应；理实一体化教学区以课程为单元设计，注重应知和应会的对应；综合技能训练区以专业为单元设计，注重需求和能力的对应。实践教学场所融合教学、培训、考证、创新等功能。三是文化架构。立体布置专业文化、企业文化和职业文化，全面确立学生安全、节约、环保等职业综合素养。四是效率架构。由课程教学任务总量、每年教学周、任教教师数、每年设备利用率来确定设备数，设备年利用率控制在 85% 左右。

（2）建设要素融合的教师团队

一是合理配备。根据教学总量及相关教学要素动态配备校企专兼职教师。根据教师个体特长、工作经历、年龄等因素综合考虑、动态确定教学模块主讲教师。一个教学模块配备不少于两个主讲教师，一个教师安排不少于两个教学模块的主讲任务。二是实践提升。骨干专业教师要参加为期 60 个工作日的行动导向的教学法培训和课程开发，并根据教学安排及教师个体因素安排下企业实践和进高校进修等。三是成就引领。每位专业教师每次授课配备与课程成套的教学资料、教学设备等，并且实施小班教学（学生最多不超过 20 人），让教师每天在成功的体验中动态提高。

（3）开发要素融会的课程体系

一是开发分层的课程目标。校、企、研三方协同调查、研讨，进行工作任务分析、职业能力分析和教学任务分析，把专业群的所有专业相同课程目标划分为初、中、高三级。注重职业能力和职业岗位活动的对应，确定相关专业课程的目标定位。二是开发块状的课程结构。第一，结构板块架构。注重教学任务和工作任务的对应，横向上围绕职业活动分为公共基础、专业课程；纵向上围绕职业能力分为基础学习、专业学习、专长学习和岗位学习四个阶段。第二，课时量块架构。注重教学时间和教学内容的对应，一般文化理论与专业技能教学时间比为 1∶1；国家课程教学内容与时间按规定执行，专业课程教学内容与时间根据教学目标确定，保证学生既夯实基本素养又促进个性发展。三是开发系统的课程资源。第一，模块资源分层架构。一个学习模块根据课程目标由初、中、高三级教学资料构成，并配备对应的教学设备、工具、媒体等。第二，项目资源立体架构。一个教学项目的教学资料包括项目描述、教学设计等 10 多项（项目描述、教学设计、教学资源：学生工作页与引导提问、教师工作页、教学图纸与涉及技能方面和知识方面的"点"、工艺流程表、教学辅具与设备、手册、教学 PPT、教学案例、教学动画、教学视频、教学软件等；教学评价：评价工作页、教学测试题等；学习指南：含劳动保护、环境保护等；拓展资源：参考书、网络课程等）。既包含师生用教与学资料，又包含纸质和信息化教学资料。第三，内容资源标准架构。包括教学设计、项目描述、教学设计流程内容等规定格式、制定模板。

3. 重构教学运行新体系，使教学系统高效、集约

目前，职业教育教学系统普遍存在教学运行粗放、低效的问题。主要表现在普遍存在"三不匹配"问题：一是教学时间总量与有效教学时间不匹配；二是教学资源总量与学生人均使用量不匹配；三是教师付出与学生收益不匹配。为此，现代学徒制太仓模式主要着力教学要素安排、教学组织形式、教学手段三个优化点，通过重构教学运行新体系，使教学系统高效、集约。

（1）运行模型设计

按一个学年 40 教学周，根据课程、设备容量、师生情况等因素，校企统筹安排 3年（与学制年限一致）的教学对象、时间、地点、内容。理论教学时间与实践教学时间

为 1∶1，上下学期相对平衡安排，考证、学业测试、技能大赛等特殊内容优先安排。所有教学小组、教学内容、教学场所合理安排。

（2）教学小组轮换

通常情况下，同一企业同一专业的学徒组成一个教学小组，按教学运行模型安排进行院校与企业间工学交替。如一个企业的学徒人数较多，则要根据情况分成 n 个教学小组，小组不超过 20 人，小组之间或小组成员之间的教学内容交替轮换、螺旋上升。

（3）线上线下互动

依托网络虚拟平台，院校教师和企业师傅共建相关专业（专业群）教学资源共享库，共建相关网络课程，内含微课、题库、试卷库等。师生共建学习空间，依托移动端，利用课外碎片时间进行自主学习和互动交流，实现校企异地、课堂内外一体化。

二、现代学徒制太仓模式的教学组织结构化

综观我国目前职业教育包括现代学徒制的教学组织，普遍存在结构化程度不高的问题。例如，一是注重形式架构，轻视内容整合。教学组织由基本专一的理论或技能教师自闭式调控，在基本隔离的教室、教学车间、实验室进行组织形式重构。二是注重单一改革，轻视整体突破。教学组织注重课堂层面的微观设计，轻视学习过程层面的宏观架构。注重教学方法、手段的改进与运用，轻视过程、时空的控制与优化等，严重影响了职业教育包括现代学徒制的教学成效。现代学徒制太仓模式以结构化作为教学组织改革的重要突破口，创新了现代学徒制的教学组织。

1. 教学组织结构化的内涵思考

我国现代学徒制的教学，其教学目标、教学过程、教学行动与职业工作过程一致性要求普遍相差较远，尤其是学习过程宏观控制、手段综合、策略选择的实践与研究被普遍忽视。教学组织结构化通过步骤设置、资源配备、阶段优化、过程控制，试图实现组织形式综合化、组织单位小班化、组织管理专门化，达到教学组织的诸要素融合生长。

（1）教学组织结构化的概念

教学组织结构化包含教学组织和结构化两个关键词。现代学徒制太仓模式的教学组织，就是学习过程的组织，是应对社会发展，包括经济和技术变化而确定的学习过程

结构形式[①]。它与学校组织机构、教学组织形式不是同一个概念。通常所谓结构化，是指将逐渐积累起来的知识加以归纳和整理，使之条理化、纲领化，做到纲举目张[②]。现代学徒制太仓模式的结构化，是为实现教学目标而对学习过程进行步骤设置、资源配备、阶段优化、过程控制。教学组织结构化就是将教学组织的诸要素按照内在的教学规律和逻辑关系进行合理的建构和科学运行，就是学习过程的学习现象和教学路径在宏观层面，运用综合手段进行的策略性选择。即对学习过程所涉及的学习现象以及持续时间较长、作用范围较宽的教学路径进行广泛和整体的步骤设置、资源配备，按照事先制定好的系统设计实施教学，并全过程进行阶段优化、过程控制。结构化并不代表程式化，更不代表僵化。因此，教学组织结构化不等于教学组织模式化，它是随着教学时间、地点、条件等变化而变化，发展而发展。

（2）教学组织结构化的特征

教学组织结构化和任何一个客体一样，都具有众多特性。分析其特征，主要有以下三点：一是目标导向。教学目标是期待学生学习后，在知识、技能、情感态度等方面能达到的状态和发展水平。教学组织结构化是从教学目标出发，又为教学目标实现服务的，是指向学生、指向学生"学"，致力于培养技术技能型创新人才和应用型创新人才。它是根据不同的教学目标，选择不同的实现途径、方法、手段，架构不同的教学组织。二是过程导向。现代学徒制的教学不仅要关注内容，更要关注过程。因此，教学组织是基于过程的组织，过程是展开内容的参照系统。教学组织结构化不仅是对教学实施阶段的微观架构，更是对教学实施的前中后的宏观架构，是置于内容之上的对内容及其传递方法和时空秩序进行的一种"过程控制"。三是绩效导向。教学组织结构化注重培养人的全面绩效，不仅关注基于过程的工具性方法引导，还特别关注人本层面的策略建构与交流层面的价值取向[③]；注重培养人的成本绩效，关注师资、设备、时空等的利用效率。

（3）教学组织结构化的意义

传统的教学组织致力于教学方法的研究，仅仅将教学方法作为转换教学内容的手段，着眼于对实现内容目标的步骤进行优化，这对于提升旨在提高学生职业行动能力的现代学徒制教学绩效来说，是远远不够的。如微课、信息化教学等固然也能提高教学绩效，但终究不是宏观层面上的思路性选择。现代学徒制教程、产品、项目、市场等

① 姜大源.职业教育学研究新论［M］.北京：教育科学出版社，2007.1：252.
② 莫雷.教育心理学［M］.北京：教育科学出版社，2007.
③ 姜大源.职业教育学研究新论［M］.北京：教育科学出版社，2007.1：268.

不同形式的学习系统，其对应的教学组织也必然是有区别的。用同一种教学组织应对不同的学习系统，或用不合适的教学组织应对某一学习系统，都会使教学绩效大打折扣。不可否认，制约教学绩效的因素是众多的，但教学组织是其主要的制约要素，且合适的教学组织必然会取得好的教学绩效。教学组织结构化将过程作为内容传递的载体，对内容及其传递方法和时空秩序进行过程控制，着眼于对过程目标实现的阶段进行优化，是现代学徒制教学效能优化的主要通道。

2. 教学组织结构化的价值考量

教学组织结构化能更好地应对职业工作过程、优化行动导向教学、成就职业教学价值，让现代学徒制的教学建立在职业属性的基础之上，有效培养大批高素质技术技能型创新人才和应用型创新人才。

（1）教学组织结构化能更好地应对职业工作过程

随着信息技术的发展，企业生产工作过程发生了深刻变化。一是劳动组织形式发生了变化。生产企业特别是加工制造类企业从采取大机器生产、提高劳动生产效率并同时降低成本的劳动方式，演变成主要通过团队工作、工作岗位的自组织和参与企业发展塑造来强化企业竞争力的劳动方式。这种劳动组织形式变化的核心是企业的核心技术不是掌握在少数人手中，员工离开企业，掌握的"技术"有很大部分带不走。二是生产技术发生了变化。传统技术与现代技术并存，现代技术应用比例越来越高。这种生产技术的变化要求员工首先技术面要宽，其次有一定技术特长。三是岗位分工越来越细。生产技术越复杂，规模越大，流程分得越细，岗位分工也越细，一线生产工人往往从事多个部分"工艺流程"，工作越来越"复杂"。而目前的教学组织普遍仅仅关注教学内容的灌输，在教学目标、教学时间、教学方法、教学设备等方面未能贴近生产、服务需求，学生上岗后或感到要用的知识、技能在院校没学到，或在院校学的知识、技能在工作岗位上用不到。现代学徒制的教学过程要对接职业的工作过程，教学组织必须首先对应职业工作过程。而实行教学组织结构化，才能更好地对接职业工作过程。

（2）教学组织结构化能更好地优化行动导向教学

目前，制约我国现代学徒制教学水平提升的因素仍然不少，在教学实施方面主要问题表现在：第一，普遍只有一般的教学方法设置改变而无教学过程"处理与控制"。有的虽有教学过程"处理与控制"方案但无有效的教学"处理与控制"载体。第二，技能课程教学与基础课程教学一样采用班级授课制，生多师少，教师教学负担重而学生接受有效指导少。第三，技能教学设备台套数不足，每一个学生实际实践教学时间严重不足，或教学设备人手一台（套），但设备年使用率严重不足，教学资源严重不足与严重浪费现象并存。第四，技能课程教学按周（日）排课，冲击基础课程教学课时。实习教学集中固定时间安排、学业测试时间期中安排，导致优质教学资源安排困难，造成浪费，等等。这些问题导致目前现代学徒制的行动导向教学难以有效、高效实施。现代学徒制的学习目标、学习地点、学习内容、学习活动形式、学习方式、指导教师的行为方式等都必须有根本性转变，并要实现协调一致，这已经成为广大职教专家和教师的共识。而教学组织结构化正是推进教学组织诸要素实现根本性转变和协调一致的必由之路，能更好地优化行动导向教学。

（3）教学组织结构化能更好地成就职业教学价值

人民满意的职业教育，首先要做到从事职业教育的师生对自己的教与学满意。但目前我国职业教育包括现代学徒制，教师和学生的感受普遍存在"错位"，表现在：第一，教师通常认为职业院校的学生普遍不想学习，而学生普遍认为自己来职业院校是想学习的。第二，教师认为重要的知识，而学生认为没有多大用处、不感兴趣。第三，教师普遍感到自己教得非常辛苦，但普遍没有成就感，而学生普遍感到学得吃力，也没学到东西。第四，教师普遍觉得自己教学上努力改革了，而学生普遍感到老师是新瓶装陈酒。另外，毕业生普遍工资收入低、职业有效发展难，尤其是工作前三年，离职率、失业率相对高，导致学生、家长、企业等都不满意，成为了职业教育包括现代学徒制饱受诟病的主要原因之一。解决上述问题并实现职业教学价值的方案一定是综合的，但教学组织结构化有利于改善教师与学生的关系，有利于明确教师教学目标和学生学习目标，有利于改变教师教学行为和学生学习行为，从而提升教与学的效益，更好地成就职业教学价值。

3. 教学组织结构化的实践路径

现代学徒制教学组织结构化的路径是教学内容、教学师资、教学环境、教学资料、教学运行等教学要素的整体性构建。

（1）构建教学内容跨专业综合模块结构

根据专业的人才培养目标，确定教学内容结构。通常有公共基础课程、专业课程、选修课程三大板块。公共基础课程包括思政课、体育与健康、文化课、军训等；专业课程分为理论课、理实一体化课、实践操作课、顶岗实习；选修课程有人文类和专业类。一般文化理论教学时间与专业技能教学时间为1:1。国家课程教学内容与时间按规定执行，专业课程教学内容与时间根据教学目标确定。在此基础上，把专业群或所有专业的教学内容按模块（课程）名称、涉及专业、教学时间等汇总，每个模块又根据教学组织实施层面的教学目标，划分为初、中、高三级模块。这样，构建教学内容跨专业综合模块结构，实现教学内容结构化。

（2）构建师资配备专门化主副结合结构

传统的教学组织中，通常根据专业的规模配备教师数量，根据课程门类安排教师任教课目。这样，一个教师一般每个学期任教指定2—3个班级，负责某一学科的教学，在不同的教室或场所轮回，下一个学期或学年一般会任教另外的学科。所有同一专业的任教教师教学内容可能是一样的，教学资源开发的任务重，使用率低，教学效果难以保证。首先，根据教学模块的教学总量、一次教学实施容量、一个教师年教学时间等配备教师数量。其次，要根据教师（企业师傅）特长配备教师任教模块，扬长避短、术有专攻、各司其职。每位教师每次授课学生不超过20人，每周授课不少于18课时，让教师团队整体效率在动态发展中提升。再次，要做到一个教学模块不少于两个主讲教师，一个教师成为两个模块的主讲教师，团队开发、个体实施，有主有副、梯队成长。这样，构建师资配备专门化主副结合结构，实现教学师资结构化。

（3）构建教学环境多元集约化结构

现代学徒制教学环境实施的教学不同而是多元的。一般文化理论课在普通教室进行，理实一体化课在专门的实训室进行，实践操作课则在企业培训中心或院校教学工场进行。因此，现代学徒制教学环境要综合考虑普通教室与实践场所，实践教学场所要统筹安排理论教学区、基础技能训练区、理实一体教学区和综合技能训练区。首先，基础技能训练区通常以设备为单元设计，理实一体化教学区通常以课程为单元设计，综合技能训练区通常以专业或多专业为单元设计，任何一种实践教学场所都要考虑理论教学区域，实现功能结构完整性。其次，每个区域的设备台套数要根据教学模块的教学总量、一年教学时间、设备年利用率等来确定。设备年利用率一般为85%为最佳，过高可能造成教学实施困难，过低会造成资源浪费。再次，实践教学场所融合教学、培训、考证、创新等多种功能。这样，构建教学环境多元集约化结构，实现教学环境结构化。

（4）构建教学资源整体性可选择结构

现代学徒制的教学相对来说涉及的信息资源更为丰富，因此，其教学资源也更为众多。现代学徒制一个教学项目的教学资源应该包括教学设计、学习指南、学生工作页与引导提问、教师工作页、评价工作页、教学图纸与涉及技能方面和知识方面的"点"、工艺流程表、教学辅具与设备、手册、教学PPT、教学案例、教学动画、教学视频、教学软件、教学测试题、拓展资料（如参考书、网络课程）等。教学资料从教学主体上看，有教师专用和学生专用的；从呈现形式上看，有纸质的和信息化的。教学设计一般由项目描述、学习目标、教学流程设计、板书、巩固练习等构成。项目描述由范例意义描述（描述这是怎样的项目，主要学习什么）、现实意义描述（描述该项目在整体模块中地位和作用，对学生能力提升有何意义）、未来意义描述（描述该项目在社会发展及岗位职责中的作用，能解决岗位中什么问题，对学生职业能力有何帮助）、内容结构描述（描述项目主要包含哪些内容，难点是什么，学生通过怎样的活动，获得怎样的能力，具备怎样的能力）、内容理解性描述（自我评价该项目）、情景描述（描述学生条件、教师条件、教学条件）构成。教学设计流程内容由时间、教师活动、学生活动、教学行为四个方面构成；教学设计流程环节由教学导入与激励、准备、应用、拓展、检查评价、教学展望、整理整顿等构成，等等。根据教学目标，不同的项目教学资料构成初、中、高三级模块教学资源。初、中、高三级模块教学资源构成了一个学习领域（模块）的教学资源。这样，构建教学资源整体性可选择结构，实现教学资源结构化。

（5）构建教学运行系统化小组教学结构

现代学徒制教学内容传授重点的差异性，教学地点的多元化等，决定了其教学运行路径复杂性。为了确保教学运行的合理准确、有效高效，要对其结构化。首先，架构教学运行模型。规定一个学年教学时间为 40 周，假定上下学期各 20 周，其他法定假则包括其中。相关专业每个班级分成 2—3 个教学小组，每个小组 10—20 名学生；理论教学时间与实践教学时间为 1∶1，上下学期相对平衡安排；教学内容循序渐进、螺旋上升安排。考证考级、学业测试、技能大赛等特殊内容教学时间优先安排，所有教学小组、教学内容、教学场所统筹安排。其次，转换教学运行计划，根据每一学年的校历，依据教学运行模型，制订学年教学计划，制作教学进程表，清晰呈现每周（日）教师在什么地点教什么，学生在什么地点学什么。相关课程均建立网络课程，内含题库、试卷库等，学生利用碎片时间通过移动端进行学习，教与学有深化性。这样，构建教学运行系统化小组教学结构，实现教学运行结构化。

三、现代学徒制太仓模式的教学平台构架

这里的教学平台构架是指实体教学平台的组织、运行的设计，包括职业院校内的教学工场和企业内的培训中心的组织、运行的设计。现代学徒制要有效实施，必须借助载体的有力支撑，并且只有通过载体平台的有效运作，才能使现代学徒制真正落到实处。现代学徒制太仓模式的实践证明：在目前我国国情下，教学工场和培训中心等

实体教学平台是实施现代学徒制的重要载体。实体教学平台是一个具有综合教育功能的平台，主要特征是将实际的工作环境引入教学环境之中，并将两者融合在一起，实施以"工作过程"为导向的实践性和操作性的教学模式，培养技术技能型创新人才和应用型创新人才。

1. 教学平台的设计思路

基于职业情境行动导向的教学体系是个行动体系，是动作行动和心智行动的整合。现代学徒制太仓模式的教学平台设计主要立足促进学员全面发展、提高学员行动能力、提升学员学习效率。

（1）促进学员全面发展

充分发挥政府的引导作用，积极调动企业、院校的办学积极性，使院校、企业都成为教学平台的建设主体，并通过相互合作，多元投入，创造一切条件，让教学平台真正营造出浓厚的企业氛围。教学平台尽可能设在相应的一流企业厂区，配置的设施及流程结构的设置，均符合相应企业的现代生产和教育的要求，确保学员拥有充分的操作时空和高质量的个性化指导。从而使教学平台实现五个"有利于"：第一，有利于学生做好职业准备，适应未来的职业生涯发展；第二，有利于学生在实干中掌握技能，掌握科学的思维方法；第三，有利于学生独立地主动地而不是被动地运用理论指导实践；第四，有利于学生养成良好的道德情操和行为习惯，构建和谐的人际关系；第五，有利于为学生提供个性化的教育，并拓宽普通教育，从而促进学员全面发展。

（2）提高学员行动能力

教学环境是教学的第一层次要素，良好的企业氛围有利于学习动机的激发。"双元制"教育理论认为：专业能力与关键能力构成了一个人的行动能力。以工作方法、主动性、独立性、责任性、交际能力、合作能力、解决问题能力为主要内涵的关键能力，是劳动者扩展自身专业能力并使其主动、最佳地适应社会目标的基础。现代学徒制既要重视专业能力培养，更要重视关键能力的养成。能力和素质的培养必须有相当的实践经历，要有良好条件下的反复训练，某些不易言传的经验和应变方法，只有在现场环境的反复体验中才能逐步领悟到，而绝不是仅仅通过口授或演示能完成的。特别是敬业精神、责任心、质量意识、服务态度、风险承受能力、合作能力等思想道德、人文精神及身心健康范畴的素质，更需要在实际工作的反复磨炼和熏陶中才能逐步养成。根据戴姆勒—克莱斯勒公司的方案，学生在日常培训情境中团队学习，在生产前线岗位与专业技能紧密结合，教师对学生专业能力与关键能力的准确评价，并辅以个性化的促进措施，是培养学生能力特别是关键能力的最佳道路。在教学平台学习的学员直接与劳动界相联系，直接接触技术的发展，了解管理功能和设备运行情况，对企业有总体概念；能快速将理论转变成实践，在实践中积累经验，在"实干中"学习，锻炼独立工作和独立经营能力；熟悉职业生活的社会关系，培养责任心，培养团队工作能力。所以，教学平台的设计必须凸现行动能力培养的教育宗旨；必须为实现这种教育宗旨搭建最佳教学环境载体。

（3）提升学员学习效率

教学平台上学员的学习效率与多种因素相关。教学平台建设设计必须抓住三个环节，即环境创设、功能结构和师资配备。第一，关于环境创设（以机电类专业为例）。由于教学平台是一个教育的载体，训练的空间，因此，必须创设一个产学一体化的实体环境。设备要围绕教学目标与考试需要配置，以班级人数为基本依据（班级人数不能是随意的，在我国最好为 24 人），以钳工为主线（每人一台），以模块化教学要求为最低标准（一般不能超过 4 人一台，磨床、数控量可少一些，必须配编程室）。条件可以的情况下要 $X+1$，以备用或对外加工。钳、车、铣、磨工具每个工位一套，通用工具设立服务台。第二，关于功能结构。场所通常设计成产学要素贯通的大框架结构，即将培训师办公区、专业理论教学区、实践操作区三大功能区连在一起（也可用玻璃隔开，但要求学生与老师是可对视的），通常共用理论教室，从而实现教育职业化、职业教育化，使职业教学、职业培训、职业实践一体化。第三，关于师资配备。必须足额配备院校教师或企业师傅，教师与学生之比为 1∶16。教师要具有娴熟的职业技能和足够的教育学、心理学、社会学、劳动法等知识，最好要具有教师资格和国际认可的培训师资格认证，从而实现教与学在培养目标上的完全对接，提升学员的学习效率。

2. 教学平台的组织形式

教学平台作为一个集教育、教学、培训、管理于一体的多功能实体，其组织形式应是立体式、多层面的复合体。

（1）组织定位

现代学徒制太仓模式的教学平台组织定位，是在政府统筹或直接参与下，构建具有现代企业制度性质的教学组织。它是按照职业实践过程设计教学过程，在工作情境中展开教学过程的原则，把专业教育的课堂搬进"工厂"，给"工厂"规定了其教育的主要职能。它给予学员一个企业的学习环境，学员在模拟企业的工作环境过程中学到了实际知识和技能，成长为符合企业需要的现代职业人。工厂完成其"生产"任务，院校完成其教育任务。院校、企业是教学平台的组织主体。

（2）组织方式

现代学徒制太仓模式的教学平台组织方式，是在政府引导下，院校和企业围绕专业课程的全方位合作。有些发展中国家的职业院校，包括我国的一些发达地区的职业院校，职业技术教育的设施，特别是教学实训基地的设施也很先进，但就是普遍培养不出高质量的技术技能型创新人才和应用型创新人才，究其原因是多方面的，根本的是缺乏一个好的教学组织方式。德国学者研究认为，建立政府协调领导，行会参与，院校、企业合作的体制，既利于国家对职业教育工作的指导监督，又充分调动了企业和院校的积极性。在科技进步日益加快的今天，合作是现代组织的趋势。如果没有合作，就不能及时了解生产一线的科技发展动态及与此相关的职业技术教育的发展动态，也就不能保持一流的职业技术教育水平。因此，多元合作的组织方式是教学平台组织形式的唯一选择。

（3）组织体制

教学平台这种多元合作组织方式要落实到实处，发挥出功效的重要因素：一要合作单位的实际参与度，二要教学要素的合作度。这需要教学平台的组织体制来保障：一是联合管理体制。合作成立的教学平台中，合作单位都应是理事或董事，组成理事会或董事会，推选理事长或董事长，决定教学平台的运行方向；二是经理负责制。教学平台设经理一名，实行经理负责制，必要时配备经理助理和秘书，负责教学平台日常运作；三是"双师型工作团队"制。视学员、设备多少配备院校教师和企业师傅若干名，院校教师和企业师傅组成工作团队，理实结合、相互配合。

3. 教学平台的运行方式

模块化教学是现代学徒制太仓模式教学平台主要的运行方式。院校教师或企业师傅根据职业的工作过程及标准要求，在院校的教学工场或培训中心实施模块化教学活动，让学员在企业氛围中成长，以达成现代职业人的能力与素养要求。

（1）模块化教学的要义

从外延来看，模块化教学是相对于学科化教学而言的一种行动学习形式。模块是指教学模块，是把教学内容、教学设备、教学师资、教学评价四个方面实行专门化、程式化、标准化的教学单元。通常一个现代学徒制专业课程的行动导向教学围绕若干个职业活动转化而来的教学项目进行。一个教学项目分解成若干个教学任务，一个教学任务分解成若干个教学模块。教学模块有别于学科，一个教学模块可能包括多个学科的知识，一个学科的知识可能分散在多个模块之中学习。同一模块由于含有的知识、技能、素养要求不同，可能有多个级别，如某某模块 1、某某模块 2、某某模块 3 或某某基础模块、某某综合模块、某某岗位模块。这种以教学模块为教学单元的教学即称模块化教学，是行动学习的一种形式。

从内涵来看，首先，模块化教学是理论教学与实践教学的一体化教学。其次，模块化教学是教学内容、教学师资、教学设备、教学评价的一体化教学。再次，模块化教学是教学环境、教学方法、教学媒体和教学资料的一体化教学。这种教学要素结构匹配的教学即称模块化教学。

模块化教学包含了模块式教学和一体化教学两个维度的概念。模块式侧重于内容，教学评价模块式是灵魂；一体化侧重于进程，既包括教程，更包括学程。模块化教学与学科化教学相比，有两个特征：一是一个专业包含模块的数量明显多于学科的数量，二是有明显的知识和能力点遗漏。这给教学管理带来了很大的难度，这也是实施模块化教学的代价。所以，单纯的实施教学内容的模块式是毫无意义的。模块式只是模块化教学的形式，一体化才是模块化教学的实质与精华。实施模块化教学就是要充分体现因材施教、因地制宜的教学方针，真正做到教学有配套设备，学生有配套教材，教师有配套方法，以实现课程目的、课程结构、课程内容、课程评价等方面的体系性改革。

（2）模块化教学的意义

现代学徒制太仓模式的教学平台为什么要选择模块化教学呢？我们认为，一是符合职业人的培养目标，二是符合认知规律，三是符合职业教育教学的基本原则。一般职业院校的学生抽象思维能力弱，传统的学科化教学已很难使学生获得成功，必须按照职业实践过程设计模块化的教学过程，在工作情境中展开模块化的教学过程。这才可能使学生扩展专业能力并能主动地最佳地适应企业目标、社会目标。德国学者认为，学习是一种行动，主动的学习是通过行动来进行的。他们研究表明：不同方式接受信息的记忆力是不同的，阅读 10%，听讲 20%，观察 30%，听和看 70%，重复处理 80%，行动 90%。模块化教学有利于合理运用多通道信息原理，能最大限度地使用各种教学手段调动学生的感知器官。

模块化教学更能深入地贯彻如下教学原则：渐进原则，教学能切实由简入繁；直观原则，讲解可直观透彻；典型原则，教师选取的例子能有代表性；简化原则，教学内容能有效地进行简化；系统思考原则，能在现实的系统思考中学习某一件事或理解某一个部件，并能在教学活动中随机融入安全意识、环保意识的训练。而当前，一般的学科化实践教学，其关键环节的目标设定缺乏针对性，内容选择狭窄，应用受到局限。教学过程中各个环节之间缺乏有机联系，没有充分发挥实践环节的整体效果，缺乏引导学生通过"做"来拓宽教学、加深专业知识的理解。

模块化教学有利于提高教学设备的使用率，增加每一个学员与设备接触的机会，有效避免传统学科化教学可能出现的教学设备严重不足与严重浪费现象并存的问题。模块化教学有利于提高院校教师或企业师傅教学效率，增加每一个学员与教师或师傅交流的机会，有效避免传统学科化教学可能出现的教师教学负担重而学生接受有效指导少的问题。模块化教学有利于促进内容中心的学习环境与情境中心的学习环境一体化，真正实现教学情境化，更好地使学员在教学活动中学会与自己、与教师、与他人、与职业情境对话。

（3）模块化教学的运行结点

模块化教学应着力抓好以下三个运行结点：

第一，模块建设。首先，建立模块——根据专业课程方案，确定在教学平台运行的若干个教学模块，每个教学模块尽可能内容具体、目标清晰能检测。其次，开发模块——编写工作页（讲义）、改造设备、确定教学方法、制作课件。再次，评定模块——由院校教师、企业师傅、专家等听试讲，合格的备案存档，对开发者奖励。

第二，模块运行。首先，安排好教学模块运行流程。以教学模块为单位安排教学进程表，开展小组教学，多工种岗位轮换，利用工作页、设备、课件进行教学。以模具制造专业为例，主要分为车、铣、磨、钳、气动、数控六大教学模块。教学平台模块化教学第一学年要求学员掌握车、铣、磨、钳等基本操作技能，安排完成 26 个钳工、18 个铣工、24 个车工和 24 个磨工课题；第二学年要求学员独立完成车、铣、磨、钳的 8 个综合练习件、8 套装配件和冷冲模；第三学年要求学员独立完成 6 套各种专业模具，并参加半年的企业岗位轮培。平台内 4 台车床、3 台铣床、2 台磨床、钻床和 24 个钳工工位等设备按区域布置。24 人的班分成 A、B、C、D 四个教学小组，人数分别为 8、8、6、2，由四位培训师进行钳工、铣工、车工和磨工等技能培训。同时，通过引进工业机器人技术、VR 技术及先进工业项目和服务、技术转移来获得新知识、增长新能力。其次，优化教学方法。教学过程中，以学员为主体，以培养学生综合职业能力为目标，选择教学组织形式与教学方法，以培养学生的专业能力和关键能力。通常分别采用"四步教学法"——准备和示范、讲解、模仿、练习和加深；"导入式教学法"——获得信息、制定工艺规程、决定、实施、检查、评价；"项目教学法"——倡导、构思、计划、实施、结束，对学生进行训练，培养学生在独立行动中的职业能力。教学过程中，要重视导入以激发学生学习动机与兴趣，尽可能在现场直观教学，让学生有充足的时空模仿、练习、巩固、开发。

第三，模块评估。每个教学模块结束后，院校教师和企业师傅从工作质量、工作速度、专业知识、培训态度、文明生产、社会行为、安全生产、培训内容记录八个方面参照考核标准对每位学生逐一进行考核，每项满分为 100 分，及格为 50 分，并从工作质量等八个方面对每个学生的学习过程和相关的考核结果作详细的评价。

四、现代学徒制太仓模式的教学运行模型构建

教学运行模型构建是现代学徒制太仓模式教学组织结构化的重要内容。它是将教学内容及教学目标以教学单元的形式在院校和企业的时间、空间上的具体化，是现代学徒制实行工学交替的前提，是开展模块化教学的基础。其构建过程分前期准备、模型设计和后期应用三个阶段。

1. 前期准备

（1）教学小组确定

教学小组确定是进行教学运行模型构建的前提性工作，关系到教学运行模型的容量大小。若现代学徒制项目的校企教学资源不太丰富，那教学小组不宜过多。通常一个行政班分 2—3 个教学小组，一个教学小组不超过 20 名学员。一般来说，基础课程和专业理论课程以行政班为单位组织教学，专业技能课程以小组为单位组织教学。

（2）教学模块梳理

教学模块梳理是各教学学科、模块工作任务的统计，是教学运行模型构建的基础性工作，其全面性、准确性决定了构建的教学运行模型的可行性。具体是按照专业课程方案，根据教学目标和教学方式，梳理相关项目每一个基础课程各学科、专业课程各教学模块的课时量，再按行政班数、教学小组数统计课时总量，制成汇总表。

（3）教学师资配备

这里的教学师资配备主要指基础课程、专业理论课程和专业实践课程的师资配备。基础课程和专业理论课程原则上按每周不超过 18 课时，专业实践课程原则上按不超过 24 课时的标准配备师资。根据各学科、教学模块的课时总量确定师资数 n，原则上配备 $n+1$。这里不包括工作现场学习岗位师傅的配备。

（4）教学环境完善

现代学徒制的基础课程教学在教室，工作现场学习课程教学在企业工作岗位实施，其余企业本位学习的课程教学主要在院校的教学工场、企业的培训中心实施。教学环境是教学运行模型运行的关键，没有完善的教学环境，教学运行模型就是空中楼阁。教学环境完善的重点：一是根据教学方式、教学目标、教学内容等完善设备设施和配

套工具、器材，设备利用率控制在 85% 左右。二是依据教学模块情况完善相关任务描述、教学设计等配套教学资料。三是遵循工作过程规律和教学规律完善功能分区，营造专业、企业、职业氛围。

2. 模型设计

（1）体系结构

现代学徒制太仓模式教学运行模型是个二维的体系结构。X 维是以教学周为单元的时间轴，通常每学年 40 个教学周，一般为三年，共 120 个教学周。Y 维是以教学小组为单元的对象轴，通常前二年以教学小组为单元，第三年以学员个体为单元。一般预留 1—2 个班的余量，以防后续现代学徒制项目规模扩大。

（2）时空结构

根据现代学徒制项目人才培养方案和课程方案，通常学员课程教学 50% 的时间在企业进行，大部分工作本位学习课程教学在企业实施，尤其是工作现场学习课程教学必须在企业实施，若工作本位学习时间不足，一般在暑期适当加班。根据专业特点、院校和企业的实际情况确定是以期释还是以日释方式进行工学交替。不同年级、不同教学小组交替安排，在时空上轮换。

（3）内容结构

一是基础课程内容按国家课程标准安排，专业课程内容按照工作过程导向结合院校、企业的实际情况统筹安排，尽可能循序渐进、螺旋上升。二是各教学班或教学小组的专业课程内容尽可能在 20 个教学周内（通常同一学期）进度一致。三是考证考级、学业测试、技能大赛、大型考评等内容可优先安排，教学资源紧张或与其他项目共享的相关内容可优先安排。

3. 后期应用

（1）模型的转换

教学运行模型是以每学年 40 个教学周为时间轴设计的，没有考虑每学年上下学期教学周的长短。在实际运行时，要根据每年春节的时间转换成每学年的教学计划日历，上下学期教学内容、考核评价时间必要时要作适当变化。

（2）模型的调整

现代学徒制项目往往是职业院校某一专业群的一个部分，许多院校的教学资源是共用的，项目之间教学资源难免有可能发生冲突。在模型运行过程中，师生会提出些建设性的意见，模型运行一段时间后要作适当的调整，做到合理科学。

（3）模型的重构

在模型设计时，一般预留了 1—2 个班的余量，如现代学徒制规模扩大，一般不必重新设计教学运行模型。如项目规模超过了教学运行模型的设计容量，或人才培养方案、课程方案、教学目标发生重大变化，则需重新设计教学运行模型。

第二节　现代学徒制太仓模式的行动导向教学

现代学徒制的专业教学总是与企业主体相关职业或职业的行动过程紧密联系在一起的，强调学习主体通过行动实现能力的内化与运用。这就要求现代学徒制的专业教学要以独特的视角和视野，构建有别于学校职业教育的教学方式体系。其主导问题是：传授专业知识和职业技能的正确方法是什么？如何突出教学行动以学生为中心？如何在学生自我构建与教师指导之间寻求平衡？怎样促进个性化的知识体系自我构建？

一、行动导向教学概述

自 20 世纪 80 年代以来，世界范围内掀起了以行动导向教学代替学科性灌输性教学的课程教学改革。21 世纪初，我国引进并普遍认同行动导向教学。行动导向教学强调以人为本，注重学习者的自我控制过程，关注整体化。行动导向教学认为人是主动、不断优化和自我负责的，能在实现既定目标的过程中进行批判性的自我反省。行动导向教学不是一种教学方法，而是一种教学设计的理念，它根据机构与组织自身的条件对各种可能的设计保持开放[1]。

1. 学生是行动导向教学的主体
（1）主动学习者

学生的主体性是行动导向教学中学生的特征表现。传统的学科性灌输性教学中，学生处于服从的地位，主体性很少得到释放与体现，往往是被动的学习者。行动导向教学是学生有目标的有意识行为，是学生职业知识、技能的意义构建过程。行动导向教学要求学生参与到教学过程的始终，主动地设计教学过程、实施教学计划和评价教学行动结果，是学生主动的学习活动。在行动导向教学中，学生是决策者而非执行者，从多种

---

[1] 赵志群，海尔伯特·罗什. 职业教育行动导向的教学［M］. 北京：清华大学出版社，2016：10.

可能性中选择行动方式，可以有意识、有目标地影响环境，进而主动地有意识、有目标地影响行动结果；学生是合作者而非配合者，与教师、同伴深层次对话与交流，不仅是信息输入者，更是信息输出者，主动实现认知、技能与情感的均衡发展；学生是探究者而非接受者，自觉、积极地衔接、碰撞、同化、加工各类"信息"，主动学会建构知识。

（2）行动执行者

学生的行动性是行动导向教学中学生的又一特征表现。学生作为行动的个体，处于行动导向教学的中心，是行动导向教学主导的角色，是行动导向教学的行动主体。学生的行动既包括动作行动，又包括心智行动。哈克认为，行动的心理过程包括定向、定位、设计、决策、调控五个阶段。在行动导向教学中，学生学习过程的每一阶段具有自我决定的特征，在很大程度上学生自己决定了学习过程。学生参与到了教学过程的设计、实施和评价之中，不再是旁观者，而是既动手又动脑，执行着每一步学习行动。教师则扮演着组织者、协调者的角色。

（3）自我反省者

学生的反思性是行动导向教学中学生的再一特征表现。在行动导向的教学中，学生的行动是有意识、有目标、有反思的活动。即学生以职业情境中的行动能力为目标，以基于职业学习情景中的行动过程为途径进行学习，对学习过程的所有环节都在反思中行动，进而实施"自我控制"。学生不再是学习过程的简单操作者，而是有意识地通过行动学习训练自己、提升自己，不仅熟悉和掌握指导行动的思维过程，而且熟悉和掌握完成行动的工作过程。

2. 工作过程是行动导向教学的逻辑框架

（1）目标针对性

发展学生的职业行动能力是行动导向教学的目标。工作是一种行动，教学也是一种行动，这是行动导向教学的思想基础[①]。行动导向教学作为重要的行动，教学核心是完成一个可以使用，或者可进一步加工或学习的行动结果。让学生获取完整的过程知识是教学成功的标准之一，学生学习过程的目标包括认知、情感与心理的同时发展，个体与团体学习活动的相互补充，包括专业能力、方法能力与社会能力的职业行动能力的综合发展。

（2）结构完整性

工作过程是行动导向教学的行动过程结构。工作过程的行动结构包括"获取信息、

---

① 姜大源.职业教育学研究新论［M］.北京：教育科学出版社，2007.1：242.

制定步骤、选择方式、付诸行动、审视过程、估价成果"六个环节,动作行动如此,心智行动也如此。在行动导向教学中,不管是有组织学习过程的行动学习,还是工作与日常生活中发生的行动学习,教学的设计以人的完整的行动结构为导向,包含"资讯、计划、决策、实施、检查、评估"六个环节,具有完整性。在具体的行动导向教学中,有些环节可以合并,但不可以省略,并且要对所有环节进行反思,进而控制改进自己的行动,实现心智行动和动作行动的平衡,完善行动导向教学结构。

（3）要素全面性

工作要素是行动导向教学的行动教学要素。不同的工作过程,在方式、内容、技术、组织以及工具与材料等工作要素上必然具有不同之处,还与经济、生态和法律等多种要素相关。行动导向教学遵循工作过程的内在逻辑,不是按照学科结构而是跨领域、跨学科的,教学要素必然体现全面性。在行动导向教学中,要不断地开发学习条件,尽量让学生在真实的职业环境中学习;要创设职业情境,激发学生学习兴趣;要真干实做,让学生动手和动脑活动动态交互;要引入"客户"评价,让行业标准成为教学标准。

3. 任务引领是行动导向教学的主要特征

（1）具有教学意义的学习性任务

并不是所有的工作任务都能引领行动导向教学的。希尔顿认为行动导向教学内容"多为结构复杂的综合性问题,与职业实践或日常生活有关,具有工作过程的系统性特征,有一定的实际应用价值,可促进跨学科地学习[①]"。即必须具有教学意义的学习性任务才能引领行动导向教学。作为学习性任务通常是职业的典型工作任务、具有重要的职业实践意义、任务要求与学生专业水平匹配、能实现课程标准的职业能力要求,重要的是"具有完整的行动过程,有一定的复杂性,存在特定的问题[②]"。学习性任务又称典型工作任务,包括真实工作任务和模拟工作任务。

（2）任务引领是行动导向教学的主线

行动导向教学作为一种教学设计的理念,将认知学习过程与职业行动结合起来,有多种教学方法,如引导课文教学法、角色扮演教学法、案例分析教学法、项目教学法等。不管是何种具体的行动导向教学方法,任务引领是其最基本的形式。行动导向教

① 职场.关于行动导向的教学［EB/0L］.（2019-1-20）［2021-2-5］https://www.hunanhr.cn/zuowendaquan/2019/0120/322280.html.

② 赵志群,海尔伯特·罗什.职业教育行动导向的教学［M］.北京:清华大学出版社,2016:19.

学围绕真实工作任务或模拟工作任务，在真实职业环境或真实职业环境与教育情境融合的环境中，学生独立地计划、独立地实施与独立的评估，尽量做到学习过程与工作过程的一致性。特别要有"客户"意识，把客户的利益放在第一位；要有"经济"意识，把"盈利"作为完成任务的重要标准之一。

（3）行动导向教学是任务引领下的主动学习

赵志群教授把任务引领的行动导向教学归纳为接受任务、任务分析、制订完成任务的计划、任务的实施和评估与反馈几个步骤。任务是行动导向教学的载体，步骤是行动导向教学的环节。行动导向教学的核心是学生在任务引领下的主动学习。以下以机电类专业行动导向教学为例，说明学生的主动学习行为。资讯，即学员了解需要完成的任务，包括完成哪个工件、加工多少工件（任务）、相关信息有哪些（人、技术、媒介、环境等）、需要哪些知识等。计划，即学员需要制订一个加工方案，包括需要哪些工作（实施）步骤、需要哪些设备（媒介）、设计哪些绘制图纸（如需要）、需要使用哪些工具、所需要的设备参数等。决策，即学员相互比较交流做的加工计划，包括小组或成员完成的不同的加工（实施）计划进行比较、小组进行优化加工（实施）计划等。实施，即学员按照加工计划加工，包括相关技术学习并练习、按照已有的计划生产（工作、实施）、尝试与大家一起讨论技术问题、必要时向老师提问等。检查，即学员按照图纸加工零件，控制零件尺寸，包括质量检测以及评估、寻找问题并寻求优化方案、自己找出优化方案并实施等。评估，即老师以及其他学员评估工作成果，包括工作成果（需展示）是否合格、整个过程是否有意义、下一个项目中可以做出哪些改善等。整个教学过程中，学习的主体是学生。

二、行动导向教学的方法

行动导向教学不是一种教学方法，而是一种教学设计的理念，只要具有"任务引领"和"跨领域、跨学科"特点的教学方法都属于行动导向教学方法。另外，在行动导向教学中，一般会综合运用多种教学方法，也不排除传统课堂教学方法，如在"加工概念性知识""完成教学计划中的知识传授"两个目标上优先采用传统教学方法。在行动导向教学中，有必要合理而适度地整合传统教学方法，达到教师指导和学生自主能力平衡，实现有效学习。下面阐述几种现代学徒制太仓模式常用的行动导向教学方法。

1. 工作行动示范法

工作行动示范法是一种比较适合初学者基础训练的行动导向教学方法。

（1）工作行动示范法的内涵

工作行动示范法是通过对学习榜样进行观察学习的方法，即教师通过激发学员参与教学活动的积极性，学员仔细观察别人的示范性任务完成过程和主动参与模仿练习及反馈的学习方法。它是对传统"教师讲解、学生聆听；教师示范、学生观察；学生模仿、教师指导；学生练习、教师评价"四阶段教学法的反思和感知、解析，是在"获得熟练技巧三阶段"理论应用基础上发展而来的一种行动导向教学法。与传统四阶段教学"示范 – 模仿"不同的是，教师示范的不是一种操作方法，而是一种行动模式。学生的任务也不是尽可能地模仿与复制，而是对自己的策略有选择地拓展或细化从而建构自己的意义[①]。

（2）工作行动示范法的步骤

工作行动示范法包括准备、激励、示范、模仿与练习、反馈五个步骤。

第一步：准备。

准备主体是教师，主要内容是进行工作分析。教师以学员的眼光审视自己熟悉的工作任务并清晰学员的学习难点，努力调动、展示自己的隐性知识。教师对工作任务的描述和解释要通俗易懂，准备要充分，在上课之前完成，不可以边上课边准备。

准备内容主要包括：一是选择好工作任务；二是将完成工作任务的过程分解为几个可以学习的步骤（做什么）；三是分析每一步骤的内容和原因（怎么做和为什么），例如，更换汽车水泵（表4-1）；四是准备好相关的工作事项，如图纸或工作行动示范分解表、工作页等，以及做好设备、工具、量具、材料、安装与调试。

表 4-1 课题：更换汽车水泵

序号	学习步骤，做什么？	要领，怎么做？	理由，为什么？
1	排放水箱冷却液	拆除水泵软管	排空水泵和水路内部冷却液
2	拆卸水泵三角皮带	松开皮带轮固定螺栓，取出皮带轮	皮带压力加重了水泵拆卸
3	拔掉水泵软管	松开软管卡簧，拔掉软管	为了更好地拆卸水泵
4	拆卸水泵	松开水泵固定螺栓，慢慢地取出水泵。如果取不出来，可用杠杆撬一下	为了拆卸水泵
5	清洗密封表面	将安装水泵的连接面抛光	为了保证密封

[①] 赵志群，海尔伯特·罗什. 职业教育行动导向的教学［M］. 北京：清华大学出版社，2016：123.

序号	学习步骤，做什么？	要领，怎么做？	理由，为什么？
6	安装新密封圈	将密封圈涂上密封油，固定到水泵连接处	以便水泵在运行时密封
7	安装新水泵和三角皮带	将水泵安装到发动机缸体上，紧固连接螺栓，固定皮带轮	保证水泵可靠固定
8	安装水泵软管	将水泵软管插入连接管口，紧固卡簧	使冷却液循环
9	加冷却液	将水和防冻液混合后从水箱入口灌入	发动机运行时降温
10	系统密封检查	发动机热运行，用压力表测量水压	保证密封，避免发动机过热

第二步：激励

激励主体是教师，教师要向学生说明主要的工作任务（做什么），激发学员的学习欲望，吸引学员注意力。导入主题，描述学习目标（时间不宜太长）；复述、激活学员原有知识体系；向学员展示成功的产品和成果；进行安全与环保教育（时间不宜太长）；用适当的方式消除学员的紧张和拘束感。

激励的方法通常包括：设置问题、讲一个相关的故事（时间不宜太长）、实际操作（观察不同现象）等。尽可能制造矛盾冲突，或充满趣味，或令人震惊，从而引发学员思考、激发学员学习兴趣。

第三步：示范

示范即教师做，学生看。主要要领：一是教师边做边讲操作要领（怎么做、为什么）。二是演示时间不宜太长，演示步骤不宜太多。三是合理组织，让每个学生都能看到或感受到；必要时，使用视频等技术解决某些局限性问题。四是对于步骤较多的内容可分步进行，即每做一步，学生立即模仿。五是示范过程中及时向学员提问，如"假如是你，你会选择哪种工具？你现在想尝试吗？"也鼓励学员随时提问。六是鼓励先进学员重复一遍示范。

第四步：模仿与练习

模仿要领主要包括：一是学员描述具体的操作步骤（做什么）、方法（怎么做）和可能出现的问题。二是学员模仿并解释（为什么）。三是教师不能离开现场，小错不要急于干涉，大错要立即制止；及时给予表扬和指出不足。四是如必要，可要求学员进行更多尝试，也可要求学员进行针对性模仿（简单步骤可以不模仿）。

练习要领主要包括：一是学生要反复练习，持续较长时间。二是每练习一次，学员都要进行自我检查与评分。三是可适当迁移运用到其他任务中。

第五步：反馈

反馈要领主要包括：一是对照评价表，师生共同反思和评价学员的行动和操作方法。二是对学员扣分的地方要有精确反馈，具体指出错误所在，进行有意义的帮助。三是对学员取得的学习成果要积极强化，实事求是地肯定。

（3）工作行动示范法的要点

练习是培养学员独立工作能力的促进过程，是学员达到个体技能高水平的关键。在训练初期两个学生为一组合作工作，教师容易控制，也有利于学生更为集中精力和注意力，相互学习与提醒，避免安全事故。

在实际教学过程中，一般是学员先弄懂理论再进行实践操作，有时也可以先进行实践操作后学习理论。学员先学习如何做，通过实践积累经验。积累经验后需要进行针对性优化改进，这个时候就需要了解到"为什么"。工作中要注意安全。第一是学员人身安全，第二是质量安全。在不违反两个安全的前提下，可以进行岗位优化，让学员（或部分学员）先做后学，先操作然后再明白"为什么"，最终实现"如何做更好"。

对于一些技能学习后进的学员，教师要及时发现，并及时地改变教学方法，用后进学员能理解的方式来教学。通常教师加大对后进学员的关注度，适当加大训练量，也可以让先进学员去配对练习。对于因态度原因导致的后进学员，要及时了解原因、解决问题，及时帮助。

2. 导入式教学法

导入式教学法是一种比较适合有一定基础的学员进行综合训练的行动导向教学方法。

（1）导入式教学法的内涵

导入式教学法是引导学生从教师提供教学资料和自己可能获取专业信息等学习资源中搜集和处理信息并完成任务，从而获得解决工作中复杂问题的能力以及计划和决策等关键能力的一种行动导向教学方法。它是引导课文教学法"明确任务 / 获取信息、制订计划、做出决策、实施、检查控制、评价反馈"在实践教学中的一种应用方法。学生通过完整的行动模式，自行计划、实施和控制工作和学习过程，在学习过程中有较大自主权并对自己的学习和工作负责。学生自我控制学习的过程和进程，掌握解决问题所需的知识技能，获取自我构建的过程性知识，构建自己的知识体系。

（2）导入式教学法的步骤

导入式教学法的步骤可分为获得信息阶段、制订计划阶段、决定阶段、实施阶段、检查阶段、评价阶段。下面以车工教学模块中模柄的车削加工为例，阐述导入式教学法在实训教学中的应用。

第一步：获得信息阶段

① 引题。由教师导入新课题——模柄的车削加工。

② 发放教学过程所需的教学资料。教师向学员提供导入式教学法的流程、加工模柄的图纸、围绕课题提出的问题、工艺流程工作页、检测评分工作页、工量具知识和与课题相关的参考资料等，让学员获得必要的教学信息，保证教学顺利展开。

③ 明确教学内容和教学目标。教师要求学员在规定时间内，根据相关的信息，独立完成工艺编制和模柄的加工等工作。

④ 复习基础理论知识。教师以提问、讨论等方式复习模柄的相关理论知识，让学员明确模柄在模具中所处的位置、所起的作用和装配中的要求等知识，为下阶段奠定基础。

⑤ 收集车削加工模柄必需的材料，包括有关技术资料、数据、安全规则、工具和仪器的使用说明书等。

从 ① 到 ③ 为动机激发阶段，①② 主要是教师行为，③ 是教师与学员的共同行为，教师是主角，教学方法多采用启发式演示和介绍。④ 主要是教师行为，⑤ 是学员与教师的共同行为，学员是主角，需要自己动手收集资料。要完成教学内容，实现教学目标，关键在于学员根据图纸对加工零件进行结构分析、工艺分析和技术要求分析。为更好地帮助学员做好分析工作，提高学员分析的效果和质量，一般应为学员准备一组相关的引导题，帮助学员突出分析的重点。例如，如何根据材料确定模柄的毛坯和尺寸？图中的退刀槽起什么作用，其尺寸是如何确定的？图中的圆角起什么作用，加工时如何保证其尺寸等等。学员在分析中遇到困难，先设法自己独立处理，必要时使用参考资料进行解决。通过本阶段的教学可有效地培养学员分析问题、独立检索信息和处理信息等能力。

第二步：制订计划阶段

学员在教师的有效引导下，对模柄这一零件有了充分的了解并作了全面系统的分析后，便进入制订计划（工艺规程）阶段。一是确定模柄的毛坯类型和相关尺寸；二是编排加工模柄的各个工序和加工模柄过程中有关的劳动保护措施与环保方面的注意事项；三是计算确定工件的每个工步的切削用量和加工工件所需的时间；四是准备加工模柄所需的机床、刀具、量具和确定装夹方式;五是制订故障查寻计划;六是阐述检测说明,即描述加工模柄各项工作任务且一一填入工艺流程工作页。小班教学中要求每一个学员单独完成,在大班教学中,此阶段可按先小组进行或个人编制、后小组统一的办法进行。

整个过程是学员与教师的共同行为,学员是主角。要求学员碰到问题时先想办法自己处理,必要时可查阅资料或询问教师,以培养学员应用知识、查阅资料和制订计划的能力。教师要提倡"一题多解",充分发挥学员的知识应用能力,丰富学员的思路,拓展学员的创新思路。

第三步:决定阶段

编制完加工模柄的工艺规程后,学员能否上机加工,还必须由教师逐一严格把关,此过程称为决定阶段,实质是比较解决问题的过程,决定工作任务并用表格清楚表明。这一阶段采用的是学员和教师之间进行专业谈话的方式。小班教学的专业情景谈话是逐个进行的,大班教学则逐组进行。在专业情景谈话中,学员应该给教师讲述引导提问的答案,介绍自己制订的工艺规程,并说明相应的理由。教师则要肯定学员的成绩,指出哪些方面还有不足,并说出不足的原因或理由,鼓励学员继续努力。

在决定阶段,教师作出的决定有两种:一是对前面两个阶段中的工艺流程计划及引导提问的答案达不到标准的学员必须要求重新开始,当然教师也会在谈话中给予一定的点拨和启发,帮助学员制订可行的加工工艺。二是对制订的工艺流程和引导提问的答案不需要做更改的学员签发工件加工任务单。教师应支持学员"一题多解",对符合要求、可行的工艺流程多加鼓励。专业情景谈话是学员与教师的共同行为,专业情景谈话的质量,基本上决定了加工模柄的质量及实践操作培训的成效。

第四步:实施阶段

学员通过专业情景谈话,确信自己已具备相应的能力。先凭工件加工任务单领取模柄毛坯,然后按照准备清单自己准备加工所需的刀具和辅具,选择机床,最后根据工作页制订的工艺和故障查寻计划,按安全规程自己动手加工或小组一起加工,完成模柄加工工作。

实施阶段是学员与教师的共同行为,学员是主角,本质是"通过自己动手做来学习"。要求学员最大限度地独立完成,当出现困难时,及时请教教师。当学员存在问题或者在安全生产方面违反规章时,教师及时指导,提出专业建议。学员在加工完成后必须对实施过程进行必要的总结,记录下实际加工时间以及在操作后对所编的加工工艺是否有可改进之处等,以培养学员独立思考、判断和处理问题的能力。

第五步：检查阶段

学员完成模柄加工后，根据教师发放的检测评分工作页上的检测项目，按照规定好的得分和比例，仔细地对自己加工的模柄进行检测，并把检测结果记录到检测评分页上，记上相应的得分，对自己加工的模柄质量有一个自我评判。通过认真仔细的自检，可以了解到自己在加工中存在的问题，然后学员自己经过分析写出一个合理的改进方案，必要时可重复难度较大的工作。教师对这样的方案，在下一阶段作出正确合理的评述。

如果各人（或小组）的工作相同，也可由一人（或小组）检查另一人（或小组）的工作。由各小组共同完成的工作，则各自介绍自己的工作，教师把检查阶段学员的自检分数作为测量学员技能的一种体现，培养学员认真仔细的工作态度。这是一个自己测量、自己分析错误、自己改正错误的过程，是学员与教师的共同行为，学员是主角。

第六步：评价阶段

① 教师对每个学员作出评价。由教师对学员加工的每个模柄进行检测和评分，同时也对学员的自检结果评分，并把成绩填入检测评分页上。这既是对学员加工技能的评定，也是对学员检测技能的评分。

② 学员集体作出评价。教师把加工方案相同的学员编成一个评价组，每组学员选派一名代表，代表本组介绍本方案的特色和优势等，本组学员随时可作相关的补充。在各组学员介绍完后，再回组讨论各组方案，然后进行课堂自由辩论，或用事实说话，必要时还可用教师的检测结果加以说明，最后评选出最为合理的加工方案，可能是某一组学员已有的方案，也可能是在争辩后各组方案的组合。通过辩论和验证，学员可更好地理解知识。讨论和评定实习结果是对实习的反思，可避免将来犯同样的错误。

③ 单独评价。教师有选择地安排问题较多的学员再进行一次专业情景谈话，主要了解学员加工时出现的问题，或根据检测结果指出学员产生错误的原因，帮助学员及时有效地解决问题。

评价阶段是学员、教师的共同行为，教师是主角，实质上是讨论和评定实践结果，避免将来犯同样错误的过程。

（3）导入式教学法的要点

教师是导入式教学法的组织者和协助者，重要任务是给学员明确任务和评价反馈。教师事先准备大量学习材料并进行教学处理，如设计合适的问题和评价的表格等，帮助学员清晰、准确地理解工作任务、评估工作质量，教师是不明显的外部控制者和学员的学习顾问。

对于较复杂课题或项目任务，可以在学习过程中根据需要临时组建学习或工作小组，如资讯小组、实施小组、评估小组等。这样可提高学员参与、交际、协作、创造等能力，调剂日常学习生活，引导学员取得更优秀的成绩。

导入式教学法的步骤遵循工作过程导向相对固定的原则，教师要创造开放性学习环境，给学生更大的决策空间，鼓励学员尝试与创新。对相同的学习内容，鼓励学员有不同的理解，有不同的方法处理学习过程，取得不同的学习效果。

3. 工作任务教学法

企业是现代学徒制的一个学习系统，工作岗位是适宜的学习地点，岗位学习具有不可替代的作用。工作任务教学法是一种比较适合在工作岗位学习的行动导向教学方法。史蒂芬·比利特认为："工作场所学习是一种在参与真实任务的过程中，并在熟练成员直接或间接的指导活动中获得知识和技能的途径。"①

（1）工作任务教学法的内涵

工作任务教学法是通过完成真实的工作任务来教学的行动教学方法。即依托工作岗位与工作任务，完成知识学习、技能训练和工作经验积累。它建立在明确的学习型岗位标准、工作过程系统化的课程体系和结构化的教学组织上。教学要素包括客户和市场背景的工作任务，生产设备设施、兼职师傅和学徒；教学资源包括设备设施资料、生产技术资料、作业指导书和相关支持系统等。工作任务教学法是一种工作整合型学习，学习地点和工作地点是统一的，学习行动和工作岗位或工作过程紧密联系，通常学员在企业岗位师傅指导下单独完成学习任务。

（2）工作任务教学法的步骤

工作任务教学法包括工作准备、传授工作、尝试工作、独立工作四个步骤。

第一步：工作准备

一是营造一个轻松愉快的学习环境和氛围，包括学徒工作的工位等，重点是构建亲和的师徒关系，使学徒乐于学习并对相关工作感兴趣。二是岗位师傅通过作业指导书、图纸、模型等让学徒明确将做什么工作，生产什么产品（成果），即布置工作任务与质量标准。三是学徒熟悉工作任务、操作要领、质量标准等工作内容，岗位师傅确认学徒对工作具有较高的认识程度。

---

① BILLET S R. Authenticity and a Culture of Practice [J]. Australian and New Zealand Journal of Vocational Education Research, 1993（1）: 1-29.

第二步：传授工作

一是岗位师傅使用作业指导书或作业分解表，按完成工作任务的步骤一步一步讲给学徒听，做给学徒看，边讲边做。二是岗位师傅清晰、完整、耐心地强调工作要点和注意点及相关原因。三是注意观察学徒的表情和反应，必要时重复操作，确认学徒理解掌握。

第三步：尝试工作

一是学徒边说一步步工作步骤、工作要点，边完成一步步工作步骤、工作要点（边说边做），并说明有关工作要点的理由。二是岗位师傅注意学徒工作的正确性、动作的规范性，并纠正错误。三是可反复尝试，直至达到岗位工作标准为止。

第四步：独立工作

一是岗位师傅安排学徒独立工作的任务和责任要求，如时间、数量、质量、安全、环保等要求。二是确定除岗位师傅以外可能帮助学徒工作的熟练工人，要求学徒及时检查工作任务完成质量情况，及时发现问题、及时请教问题。三是岗位师傅按"前多后少"的原则检查学徒工作情况。

（3）工作任务教学法的要点

工作任务教学法是在企业工作岗位上实施教学的方法，但并不是所有的工作岗位都适合工作任务教学。只有与专业课程教学的范围、内容、方式方法适合及其在职业能力发展中对应的工作岗位——学习型岗位，并要通过合适的教育学方案设计才能使在岗学习成为可能。一般企业的学习型岗位资源有限，多采用轮岗学习方式让学徒在一段时间内学会所有岗位技能和明确工作要求。

学徒是工作任务教学法实施的核心教学要素。一般岗位师傅都是兼职师傅，主要任务是生产；通常教学资料就是岗位的技术、图纸资料和作业指导书，不可能有所谓的教材。学习环境也不同于教室或实训室，所以，学徒的学习主动性和人际交往能力在很大程度上是决定工作任务教学成效的关键因素。学徒要主动、积极进行"人—人界面"和"人—机界面"的交流与对话，通过实践积累岗位经验。

"观察"是学徒学习的重要方法。这里的观察不仅仅指传授工作阶段的"师傅做、学徒看"，而是学徒对整个工作环境和工作过程的观察。尤其是工作中一些关键性的隐性技巧、诀窍和经验传递，一般岗位师傅不会跟学徒分享，学徒只有平时注意观察，在观察基础上体会并加强练习，逐步改进，实现熟能生巧。学徒还要观察和体验企业文化以及企业师傅的行为，培养职业理念和职业素养。

工作现场学习是现代学徒制核心的学习范式。与实际生产相联系，是现代学徒制工作现场学习的必要条件和基本内容。学徒通过产品生产，掌握实践操作技能，具备生产能力和适应企业工作形态,使学习与经济问题和劳动市场联系起来,了解经济成本和产品价值,学会生产质量控制与评价,形成顾客至上的市场意识。

第三节 现代学徒制太仓模式的行动能力评价

在行动导向教学中,评价是必不可少的环节。其评价的重点是行动学习后学员的职业行动能力。个体职业行动能力的高低取决于旨在获得合理知能结构的专业能力、养成科学思维习惯的方法能力和确立积极人生态度的社会能力三要素整合的状态。在行动导向教学中,以专业能力、方法能力、社会能力整合后形成的行动能力为评价标准[①]。其主导问题是:行动能力评价方式方法有哪些? 行动能力评价分别主要有哪些内容? 行动能力评价具体的标准是怎样的?

一、岗下经验学习评价

岗下经验学习通常在院校教学工场或企业培训中心围绕教学模块或教学项目进行的。教学模块的学习偏向于单一教学任务的学习,教学项目的学习偏向于综合教学任务的学习。围绕教学模块学习的评价和围绕教学项目的评价,在评价内容、评价形式、评价标准等方面是有区别的。下面以模具加工与制造专业为例进行阐述。

1. 教学模块的评价

(1)评价的内容

单一教学任务的教学模块评价的内容通常包括加工工序、问题解答、目测及功能检查、尺寸检查四个部分。目测及功能检查包括教师对工件的评分和对学员自评的评分两个部分。尺寸检查也包括教师对工件的评分和对学员自评的评分两个部分。目测及功能检查的评价内容由教师根据具体工件的情况和学员的学习情况确定。如在车削哑铃砝码的学习中,目测及功能检查的评价内容为"工件按照图纸加工、车削面的表面质量、1×45° 倒角、去毛刺标记号、安全文明生产"五个内容(表 4-2)。通常单一教学任务的教学模块一般没有"功能"呈现,则可予以忽略。尺寸检查的评价内容由教师根据具体工件的标准要求情况确定。如在车削哑铃片的学习中,尺寸检查的评价内容为"总长、台阶 1、台阶 2、外径 1、外径 2、外径 3"。

[①] 姜大源.职业教育学研究新论 [M].北京:教育科学出版社,2007.1: 204.

表 4-2　目测及功能检查表

班级			姓名		学号	
目测及功能检查						
序号	件号	评分项目	学生自检评分	教师评分	对学生自评分的评分	
1		工件按照图纸加工				
2		车削面的表面质量				
3		1×45° 倒角				
4		去毛刺、标记号				
5		安全文明生产				
				得分		

对学生自评分的评分标准为：　　目测及功能检查的
同教师的评分相差一级得9分　　评分等级为10-9-7-5-3-0分
相差二级得5分
相关三级得0分

（2）评价的形式

单一教学任务的教学模块评价的形式从评价的主体和对象来分有学员自我评价、教师评价和教师对学员自评分的评价三种形式。从评价的手段方法来分有师生体验和仪器检测两种形式，师生体验是主观评价，仪器检测是客观评价。师生体验一般通过目测进行，仪器检测则用专用仪器测量。在有的课程教学评价中，还可增加学员之间的互相评价形式。

（3）评价的标准

单一教学任务的教学模块评价的每一个评分项满分为10分。目测及功能检查评分标准是师生主观决定的，评分等级为10-9-7-5-3-0。尺寸检查评分标准为图纸尺寸，如师生检查实际尺寸在图纸尺寸范围内为10分，不在图纸尺寸范围内则为0分。教师对学员目测及功能检查自我评价的评分标准为：与教师的评价分相同得10分，相差一级得9分，相差二级得5分，相差三级得0分。教师对学员尺寸检查自我评价的评分标准为：同教师的评价分相同得10分，不同得0分。学员的综合得分是"加工工序、问题解答、教师对工件目测及功能检查的评分、教师对学员目测及功能检查"的自评评分、教师对工件尺寸检查的评分以及教师对学员尺寸检查的自评评分分别除以系数再乘以权重后的得分之和。每一内容的每一个评分项系数为 0.1，如这一内容的评分项有 5 项，则系数为 0.5。所有评分内容的总权重为 1，通常教师对工件目测及功能检查的评分、对工件尺寸检查的评分权重稍大一些。

2. 教学项目的评价

（1）评价的内容

综合教学任务的教学项目评价的内容通常包括实施、检查和专业情景对话三个部分。实施部分包括"学员在实施当中确定尺寸、功能检验、目测检查、精尺寸、粗尺寸"五项（参见表 4-3）。"学员在实施当中确定尺寸"是指学员对某些加工工件某些尺寸的计算过程和结果，如需要也可让学员写出某些工件的加工过程。功能检验和目测检查的评价内容由教师根据具体项目的情况和学员的学习情况确定。如简易冲孔机构项目的学习中，功能检验的评价内容为"组合件完全按照图纸装配，螺栓和六角螺母拧紧；通过按下手柄使冲头向下冲压，给工件冲孔；压缩弹簧确保手柄返回其原始位置"三项。目测检查的评价内容为"工件冲孔符合专业要求、所有零件按照图纸加工、锉削面的表面质量"等十项。精尺寸的评价内容为有关"槽间隙、孔、直径"等十项。粗尺寸的评价内容为有关"槽边距、槽宽、槽深"等六项。检查的评价内容由教师根据具体工件的标准要求情况和学员的学习情况确定。如简易冲孔机构项目的学习中，检查的评价内容为有关"槽间隙、槽宽度、槽深、孔、直径、尺寸"六项。专业情景对话是指在工作人员任务实施过程中，教师与学员进行的有关专业内容对话，并进行记录。

表 4-3　模具机械工评分表

| 模具机械工评分表 | 学员姓名： | | | | 表 5 / 5 | | | | | |
| | 学号： | | | | 日期： | | | | | |

序号	实施	小计成绩格			除数	百分制得分			权重系数	小计得分		
1	学员在考试实施当中确定尺寸	D1			0.1	·			0.05		·	
2	功能检验	D2			0.3	·			0.15		·	

（续表）

序号	实施	小计成绩格		除数	百分制得分				权重系数	小计得分		
3	目检（目测检查）	D3		1.0			·		0.15		·	
4	精尺寸	D4		1.0			·		0.40		·	
5	粗尺寸	D5		0.6			·		0.25		·	
		得分： （满分 100 分）									·	

（2）评价的形式

综合教学任务的教学项目评价的形式从评价的主体和对象来分有学员自我评价、教师评价和教师对学员自评分的评价三种形式。从评价的手段方法来分有除师生体验、仪器检测外，还有笔试（专业理论和计算）、访谈（专业情景对话）两种形式。师生体验、专业情景对话是主观评价，专业理论和计算、仪器检测是客观评价。师生体验一般通过目测进行，仪器检测则用专用仪器测量，这与单一教学任务的教学模块评价是一样的。

（3）评价的标准

综合教学任务的教学项目评价的每一个评分项满分也为 10 分。"实施"部分"学员在实施当中确定尺寸"计一项满分 10 分，理论阐述、计算结果正确得 10 分，否则得 0 分；最终得分为此项得分除以系数 0.1。"功能检验、目测检查、精尺寸、粗尺寸"的评价标准与单一教学任务的教学模块评分标准相同。上述实施部分的五个内容的总权重为 1，通常"学员在实施当中确定尺寸"权重在 0.05—0.1 之间，精尺寸和粗尺寸的权重之和在 0.5 以上，两者相比，精尺寸的权重更大，功能检验和目测检查的权重相同。学员的综合得分是"学员在实施当中确定尺寸、功能检验、目测检查、精尺寸、粗尺寸"五项教师评分分别除以系数再乘以权重后的得分之和。"检查"部分的评价即为教师对学员尺寸检查自我评价的评分，标准为：与教师的评价结论相同得 10 分，不同得 0 分，最终得分为各项得分之和除以系数。如检查内容为三项，则系数为 0.3；检查内容为五项，则系数为 0.5，以此类推。"专业情景对话"部分计一项满分 10 分，评分等级为 0—10 分，最终得分为此项得分除以系数 0.1。学员的综合得分是"实施、检查、专业情景对话"三部分乘以权重后的得分之和。其中"实施"部分权重为 0.85，"检查"部分权重为 0.1，专业情景对话部分权重为 0.05。

二、工作现场学习评价

现代学徒制工作现场学习评价通常有岗位评价和部门评价两种形式。岗位评价偏重学徒岗位工作能力的评价，部门评价偏重学徒综合工作素养的评价。

1. 岗位评价

客观地说，现代学徒制工作现场学习课程岗位评价的终极标准只有一个，就是工作任务的完成情况有没有达到工作（产品）质量标准，这个完成情况既包括工作过程的工作规范和技术标准，又包括工作成果的质量参数或要求水平。如"达到"，工作现场学习课程合格，否则就不合格。即标准"非百即零"。事实上，工作现场学习课程的实施是分阶段的，通常在轮岗学习期间根据岗位或岗位群工作任务难度情况分若干个阶段。每一阶段根据课程内容（工作任务）的专业核心素养，确定课程考核点，学习结束后由企业岗位师傅负责考核，通常3个月或6个月时进行综合考核。例如：某企业冲床岗位评价，上岗一天成为装模助理；上岗一周，会冲外型、方向辨别、冲孔、自检；上岗一月，会深浅调整；上岗二月，会装模；上岗三月，会冲针更换；上岗四月，会堵孔修正、偏心修正；上岗八月，会修理模具。评价者通常是企业师傅或班组长，评价内容都是工作过程中的相关任务，标准是某个时间点某项相关任务"会"或"不会"。

从"具备岗位技能、指导下可上岗、独立工作、独立工作并培训他人"四级要求开发每一个课程模块的等级体系。通常要求一周内达到"具备岗位技能"水平，二周内达到"指导下可上岗"水平，一个月内达到"独立工作"水平，半年内达到"独立工作并培训他人"水平。

2. 部门评价

现代学徒制工作现场学习课程部门评价的评价者通常是企业师傅或部门负责人，评价内容主要从行为层面偏重学徒综合工作素养的评价（见表4-4）。例如，劳动纪律、5S、工作规范、工作能力、团队协作、工作兴趣、文明礼仪。也包括学习层面的内容，例如，学习能力、发展潜力。还包括绩效层面的内容，例如，工作质量。评价方式主要为观察法、工作过程反馈法，是一种主观性评价。标准是每项内容满分10分，通常分10、9、7、5、3、0六档。各项得分之和即为学徒工作现场学习课程部门评价成绩。90分以上为优秀，70—89分良好，50—69分合格，50分以下为不合格。

表4-4　学员评估表

<table>
<tr><td colspan="4" style="text-align:center">学员评估表</td></tr>
<tr><td colspan="4">姓名：_____</td></tr>
<tr><td colspan="4">部门：_____</td></tr>
<tr><td colspan="4">部门负责人：_____</td></tr>
<tr><td colspan="4">时间：_____</td></tr>
<tr><td colspan="4">此评估表目的，是为了详细了解近期学员在部门的表现，为了更好地对学员进行跟踪和帮助。希望部门负责人可以客观地对学员进行评分。</td></tr>
<tr><td>评分项</td><td>具体内容</td><td>学员得分</td><td>最高分</td></tr>
<tr><td>公司规章制度</td><td>学员在部门期间是否能够严格遵守规章制度</td><td></td><td>10</td></tr>
<tr><td>5S 得分</td><td>学员在部门期间是否能够按照 5S 规定保持工作区域干净整洁</td><td></td><td>10</td></tr>
<tr><td>学员工作情况</td><td>学员在工作时间是否能够按照工作流程进行工作</td><td></td><td>10</td></tr>
<tr><td>学员组织能力</td><td>学员得到工作后是否能够合理地组织计划工作步骤</td><td></td><td>10</td></tr>
<tr><td>团队能力</td><td>学员在各部门期间是否具有团队合作意识，发现问题是否能够与部门人员沟通解决</td><td></td><td>10</td></tr>
<tr><td>学员学习情况</td><td>学员在各部门学习情况，学习速度情况，学习程度，是否能够在规定时间内掌握新的技能</td><td></td><td>10</td></tr>
<tr><td>学员学习兴趣</td><td>学员在部门期间对部门感兴趣程度</td><td></td><td>10</td></tr>
<tr><td>学员工作质量</td><td>学员在工作期间的工作质量情况，是否能够按照质量体系标准正确工作</td><td></td><td>10</td></tr>
<tr><td>学员素养</td><td>学员的人文素养情况，是否礼貌，谈吐是否恰当，是否能够很好地处理人际关系，与部门工作人员和谐相处</td><td></td><td>10</td></tr>
<tr><td>学员培训预期</td><td>学员是否具有潜力成为部门的优秀员工</td><td></td><td>10</td></tr>
<tr><td colspan="2" style="text-align:right">（最高分为100分）</td><td>100</td><td></td></tr>
<tr><td colspan="4">_____　_____　_____
　部门负责人签字　　　　学员签字　　　　培训部主管签字</td></tr>
</table>

三、毕业考试（第三方评价）

现代学徒制太仓模式的学员除要参加省统一组织的学业水平考试外，还要接受第三方组织的毕业考试。

1. 评价的组织

现代学徒制太仓模式的毕业考试是一种微观层面对学员培养质量的考核评价方式。组织毕业考试的主体不是教育行政部门的考试机构，也不是人力资源和社会保障的鉴定中心，更不是相关职业院校和企业，而是独立于职业院校和合作企业的第三方社会组织或机构，如行业协会组织、社会评价组织。通常要进行两次毕业考试，第一次毕业考试一般安排在培养周期的中间，第二次毕业考试一般安排在培养周期结束时。具体考试工作由第三方社会组织或机构聘任组建的专业考官小组组织实施的，考官小组通常不少于 3 人。现代学徒制太仓模式的大多数项目由德国工商行会上海代表处（AHK）或德国手工业行会奥登堡（HWK）组织毕业考试。

2. 评价的过程

现代学徒制太仓模式的毕业考试通常分考前准备、考试、考后反馈三个阶段。考前准备阶段主要包括考试组织方提前 90 天与被考方（院校、企业及学员）确定考试时间、聘请主考官命题、提前 60 天向被考方发送考试备料清单。考试阶段主要包括考试组织方向考官发送试卷、考官组织考试、考试组织方向考官发送答案、考官成绩评定与汇总。考后反馈阶段主要包括考试组织方复核与确认成绩、向被考方反馈成绩和考试情况。毕业考试 1 通常不少于 8 个小时，其中理论考试时间为 1.5 小时，实践考试（含情景对话）时间为 6.5 小时；毕业考试 2 通常不少于 9.5 个小时，其中理论考试时间为 3.5 小时，实践考试（含情景对话）时间为 6 小时。

3. 评价的内容

现代学徒制太仓模式毕业考试的内容是专业对应职业的工作任务相关的行动能力和知识体系，重点围绕职业活动有关的信息收集和工作计划、实施、检查等进行，通常毕业考试 1 的考试内容是一个典型工作任务；毕业考试 2 的考试内容是一个真实的工作订单。具体包括相关的理论知识、典型工作任务或真实工作订单的计划、实施、检查的相关内容。例如：切削机械工自动车削系统毕业考试 2 要求考生完成理论知识考试（规定时间 3.5 小时），完成一个实践任务（规定时间 6 小时）（参见表 4-5）。理论试卷包括订单的功能分析和加工技术两部分，每一部分均为 28 个选择题和 8 个问答题，其中 28 个选择题包括 4 个计算题、4 个技术交流题（制图题），其中 8 个为必答题，其余20 题中可自己选择去掉 3 个题目不回答。实践任务包括考生要进行准备、实施、后续处理（调整）及用任务专用的工作页进行记录。一是"信息与计划"阶段是制定工艺，完成"制定工艺步骤计划"工作页。二是考生在 6 个小时参考时间内按资料要求完成车削件，也就是必须把半成品按图纸加工为成品。三是在加工当中对每一个加工的尺寸进行检查，完成工作订单的整体功能或个别功能以及对零件的尺寸检查并做完"统计分析"工作页（表 4-6）和"检查"工作页（表 4-7）。在实施期间还将进行专业情景对话。毕业考试 1 专业情景对话一般没有一定的主题，毕业考试 2 专业情景对话内容围绕考生做的工作订单展开。通常一是关于考试流程的问题（信息与计划阶段，实施阶段，检查阶段）。二是关于刀、量、检、辅具使用方面的问题。三是有关实践操作时的注意事项。四是有关安全操作规程等。

表 4-5 切削机械工自动车削系统毕业考试内容安排表

切削机械工分开实施的毕业考试第一部分与第二部分			
毕业考试第一部分 权重 40%		毕业考试第二部分 权重 60%	
工作任务 （含专业会话） 权重：50% 规定时间：6.5h	理论 试卷 权重：50% 规定时间：1.5h	工作 订单 权重：50% 总规定时间：14h	理论 试卷 权重：50% 总规定时间：3.5h
—含专业会话在内的工作任务的实施 | 阶段	权重 | | 计划 | 10% | | 实施 | 75% | | 检查 | 10% | | 专业会话（最多 10 分钟）| 5% |	—A 部分 权重：50% 23 道选择题 其中 3 道可以划掉不答 其中 6 道为必答题 其中有 3 道数学题 其中 3 道为技术交流题（制图题） —B 部分 权重：50% 8 道问答题（全部必答）	—准备与后续处理 规定时间：8h —实践任务的实施 规定时间：6h | 阶段 | 权重 | | 计划 | 10% | | 实施 | 75% | | 检查 | 20% | | 在考试实施中进行的专业对话（最多 20 分钟）| 分到各阶段 |	理论试卷的结构见下页

表4-6　"统计分析"工作页

切削机械工 自动车床系统（4001）	姓名：	表3／7
	学号：	日期：

统计分析
参考时间：0.5h

1.请测出（查出）标注的基本尺寸的实际值。

1.	2.	3.	4.	5.
6.	7.	8.	9.	10.
11.	12.	13.	14.	15.
16.	17.	18.	19.	20.

基本尺寸：＿＿＿＿＿＿＿＿
请将20个测量值转填到柱状图的柱空腔内：——— 请通过围绕柱四周的曲线来解释清楚散射的大小、形状和位置。

2.请计算20个测出的实际值的平均值$\overline{X}$。
平均值＝$\overline{X}$：＿＿＿＿＿＿＿＿＿＿＿＿
请将此平均值$\overline{X}$转填到柱状图中。

3.现在请计算 ΔKrit（Δ标准）。
Δ标准＝$\overline{X}$－UGW 或者 Δ标准＝OGW－$\overline{X}$
（UGW＝下限值，OGW＝上限值）

Δ标准＝＿＿＿＿＿＿＿＿＿＿＿

4.请查算跨度值R。
$R = X\max - X\min =$ ＿＿＿＿＿＿＿＿＿
$R =$ ＿＿＿＿＿＿＿＿＿＿＿＿

5.请计算标准误差（偏差）s 和机床能力指数 C_m 与 C_{mk}。
$s =$ ＿＿＿＿＿＿＿＿＿＿＿＿＿

$C_m = \dfrac{T}{6 \cdot s} =$ ＿＿＿＿＿＿＿＿ ＝ ＿＿＿＿＿＿＿＿

$C_{mk} = \dfrac{\Delta_{krit}}{3 \cdot s} =$ ＿＿＿＿＿＿＿ ＝ ＿＿＿＿＿＿＿

（续表）

6.判断机床能力。要求的最低质量：$C_m \geq 1.33$，$C_{mk} \geq 1.0$。

_____

_____

7.判断分布的位置、形状和范围大小。可以采取批量加工吗？

_____

_____

8.必要时必须采取哪些措施？

表4-7 "检查"工作页

检测记录　　　　　　　　　　　　　　　　　　评分等级：10分或0分

序号	件号	特征（值）		学员			教师（师傅）			教师（师傅）评分记录
			偏差	实际尺寸	特征值达到了		实际尺寸	特征值达到了		
					是	否		是	否	
1										
2										
3										
4										
5										
6										
7										
8										
9										
10										

4. 评价的形式

现代学徒制太仓模式毕业考试的形式包括理论书面考试、实践操作考试和专业情景对话。实践操作考试中含工艺步骤设计、工件加工、尺寸检查和统计分析，评价方式有考生自我评价、教师评价和教师对学员自评分的评价。专业情景对话在考生实践操作考试当中进行，并要求进行记录。考试当中什么时候进行专业情景对话不作规定。对话可以集中一次性完成，也可以分几次进行，但总时间在毕业考试 1 时不能超过 10 分钟，在毕业考试 2 时不能超过 20 分钟。专业情景对话时，教师应该安静地等待，有足够的耐性等待学生思考，为回答问题预留至少 3 秒钟时间。教师不应该每半分钟就向学生提个问题，要给学生足够的时间回答问题。教师要从所有答案中找出正确的内容，并关注社会能力和个体能力，如语言、独立性、批判性。

5. 评价的标准

现代学徒制太仓模式毕业考试 1 理论书面考试占分 50%，其中选择题和问答题各占分 50%。实践操作考试占分 50%，其中计划、实施、检查、专业情景对话各占分 10%、75%、10%、5%。毕业考试 2 理论书面考试占分 50%，其中工作计划和功能分析两部分各占分 50%。实践操作考试占分 50%，其中计划、实施、检查各占分 10%、80%、10%，观察、专业情景对话没有明确的占分比例（通常在总分中占比不低于 20%），根据实际情况分配到各环节中。实践操作考试部分的评分标准和综合教学任务的教学项目评价评分标准相似。考生的综合得分是"理论书面考试和实践操作考试"两部分乘以权重后的得分之和，两者权重均为 0.5。考生的最后得分是"毕业考试 1 和毕业考试 2"两部分乘以权重后得分之和，两者权重分别为 0.4 和 0.6。

四、面对面评价

1. 评价的组织与内容

所谓"面对面"评价就是指院校的任课教师、企业师傅、家长、学员四方围绕学员某个阶段的学习情况，共同对学员进行综合的质性评价。"面对面"评价由院校和企业共同组织，评价时间通常安排在某一教学模块学习结束后，通常利用休息日或停课时间，对学员进行分批的评价。每个学员评价时间一般不少于半小时，每天评价学员十位左右。在进行"面对面"评价时，院校的任课教师、企业师傅、家长及学员自己对近期各方面的学习情况进行评价。任课教师、企业师傅的评价重点为学员的优点和进步之处，对于学员的缺点和不足之处，要用寄语或建议提出。

2. 评价的形式与过程

"面对面"评价通常以"圆桌会议"的形式进行。有关任课教师与企业师傅，与一名学员及家长围坐在一起，通常先由学员作自我评价，再由任课教师与企业师傅分别评价学员的各方面表现情况，然后由家长介绍学员在家庭及社会的情况，最后以学员谈感受结束。"面对面"评价可分为前期准备和现场评价两个阶段组成。前期准备主要包括评价对象确定、学员书面自我评价、教师书面评价、现场布置四个内容。评价对象原则上根据评价时间按学号确定，一个学员一学年原则上不少于两次，特殊学员可特别处理增加评价次数，具体对象要提前通知学生、家长及任课教师。每个学员根据自己的近期表现，结合学习日志书写自我评价，必要时可准备相关的学习作品。每个任课教师结合平时观察和学员学习成绩书写学员评价。班主任或项目负责人做好"面对面"评价现场的各项准备，如将学员的优秀作品摆放在指定区域。特别要营造民主平等的沟通氛围及安排好家长的到场次序和休息地点。现场评价主要有学员自评、教师评价、家长评价和学员谈谈感受四个环节。首先，学员向家长、教师和企业师傅汇报自己的综合表现和学习成果，自我评价时间不超过 5 分钟。然后每个任课教师按准备的书面评价对学员在学习中的各个方面进行评价，原则上只讲"好话"，不讲"坏话"，每位教师评价时间 3—5 分钟。接着家长介绍学员在家庭及社会的表现、近期的点滴变化。最后，学员根据教师、家长评价，结合自我评价的情况，谈谈感想和今后设想，时间 2—3 分钟。

3. 评价的标准

"面对面"评价是对现代学徒制学员各方面表现的综合评价。评价以国家公民标准、社会公德和院校学生标准、企业职业标准为评价的基本标准。评价时要一个学员及家长和院校教师及企业师傅为单元，避免其他学员或家长参加。院校教师及企业师傅要尽可能地挖掘学员身上的闪光点，多肯定学员的优点和进步，多表扬，不批评，提希望，避免语言空洞、概念化、公式化。院校教师及企业师傅表达的评价意见，不与具体课程成绩挂钩。一个学员评价时间控制在 30—45 分钟为宜。

第五章　现代学徒制太仓模式的课程管理

　　课程及课程体系决定了培养的人才类型与人才质量。现代学徒制作为职业教育的一种培养模式，有其独特的课程及课程体系，因此也必然有别于学校职业教育的课程管理体系。现代学徒制的课程管理是现代学徒制实施与发展的基础与保障，其课程管理水平的优劣在很大程度上是决定现代学徒制成败的关键因素。建设中国特色的现代学徒制需要中国特色的课程管理作保障，只有创建了较为完善的现代学徒制课程管理体制、机制和制度，才可能进行理想的中国特色学徒制实践。有学者认为高职现代学徒制的课程管理可以用"缺、乱、差"来形容[①]，中职现代学徒制的课程管理总体也是如此。本人认为现行的现代学徒制课程管理普遍问题就是缺少专业的课程管理部门，没有形成现代学徒制独立的课程管理体系和管理模式，管理人员课程理念陈旧，不能准确收集、分析和判断课程管理中存在的问题，课程管理功能严重弱化。因此，清晰认识现代学徒制课程管理的内涵，把握现代学徒制课程管理的内在要求和规律，对于建设中国特色现代学徒制的课程管理体系，形成高效的现代学徒制课程运作机制具有重要意义。

第一节　关于现代学徒制课程管理的若干思考

　　现代学徒制课程管理是推进现代学徒制实践与深化的一项重要课题。什么是课程管理？对此，不同的人从不同的角度有不同的理解和定义。英国学者约翰逊和惠特克等认为，课程管理的重点不外乎课程计划的管理、课程实施的管理以及课程评价的管理三个方面。英国学者埃弗阿德和莫里斯则认为，课程管理的重点包括人的管理、组织的管理和课程发展的管理。美国学者斯塔克认为，课程管理是为确保成功地进行课程的编制、协调、实施、支持、评价和改进而履行的责任和行使的权力。我国顾明远、申昊华认为，课程管理是指在特定的社会条件下，对课程编订、课程实施和课程评价

---

　　① 杜娟，杨翠友．基于"PDCA"循环的现代学徒制课程质量保证体系的构建［J］.职教论坛，2019（5）：66-71.

185

等方面进行组织、领导、监督、检查的过程，包括人、物、课程三个因素。什么是职业院校的课程管理？我国袁丽英对"职校课程管理"的理解分为两种：一是狭义的理解为"对学校课程的管理"。学校课程是指由学校自己开发、设计、实施的课程，即通常所说的"校本课程"，它是与国家课程、地方课程相对应的；二是广义的理解为"学校对课程的管理"，即学校是课程管理的主体，只要是在学校中实施的课程，都是学校课程管理的对象①。什么是现代学徒制课程管理？这个问题未见系统的研究。笔者在此抛砖引玉作粗浅的分析。其主导问题：现代学徒制课程管理的内涵是什么？现代学徒制课程管理有哪些特殊性？现代学徒制课程管理应该如何有效操作？

一、现代学徒制课程管理的内涵

现代学徒制课程管理与其他类型教育的课程管理本质是一致的，都是对课程相关的要素、环节、结果的管理，以促进课程的发展、提高人才培养的质量与水平。所以，笔者认为，现代学徒制课程管理是现代学徒制的相关主体为确保实现现代学徒制人才培养目标，对现代学徒制课程运行中的人、物、课程进行组织、领导、监督、检查的活动过程。院校和企业都是现代学徒制课程管理的主体，促进学员成长是现代学徒制课程管理的根本目的，支持、监控和改进是现代学徒制课程管理的重要手段。

1. 院校和企业是现代学徒制课程管理的主体

课程管理的基本要素包括课程管理的主体、客体、手段、内容和目标等。在职业教育课程三级课程管理模式中，管理主体是众多的，其中院校课程管理的主体通常就是以校长为首的行政领导和教师。现代学徒制是以校企深度合作为基础的职业教育形态，其课程管理的主体必然为职业院校和相关企业。

（1）现代学徒制的"双主体"决定了院校和企业是课程管理的主体

院校、企业双主体是现代学徒制的显著特征，故必然决定双方要共同制订课程方案、共同开发课程标准、共同建设课程资源、共同实施课程教学、共同进行课程评价等。目前，在国家、地方两级现代学徒制课程管理基本缺失的情况下，校企双方不仅是课程建设的主体，还要是课程运行的主体，更要是课程管理的主体。

（2）现代学徒制的"双场所"决定了院校和企业是课程管理的主体

院校与企业是两个不同管理文化的独立组织，现代学徒制是校企之间人才培养的

---

① 袁丽英. 职校课程管理的特点与趋向［J］. 职教论坛，2019（36）：66-70.

合作模式与制度。现代学徒制的工学交替必然导致课程实施地点双场所。通常文化基础课程、专业基础课程在院校实施，其课程管理必然由院校负责；专业技能课程在企业实施，其课程管理也必然由企业负责，两者缺一不可，必然双双成为课程管理的主体。

（3）现代学徒制的双导师决定了院校和企业是课程管理的主体

院校教师、企业师傅组成了现代学徒制学员的双导师。他们不仅是现代学徒制课程教学的实施者，而且是现代学徒制课程建设的重要开发者，还是现代学徒制课程评价的主要执行者。他们既是现代学徒制课程管理者，又是课程管理的对象。院校教师、企业师傅的课程理念和课程思维水平，决定了现代学徒制课程管理的水平。院校教师、企业师傅分属于院校和企业，理所当然地决定了院校和企业是课程管理的主体。

2. 促进学员成长是现代学徒制课程管理的目的

现代学徒制课程是现代学徒制服务学员的产品。现代学徒制课程管理仅是现代学徒制管理的手段之一，促进学员成长才是其目的。

（1）对课程目标的管理有利于促进学员全面成长

目标是方向。现代学徒制课程管理首要的是对课程目标的管理。现代学徒制课程目标是社会目标、企业目标和学员目标的统一。课程管理就要确保课程目标定位准确，让现代学徒制的课程目标既符合国家对职业人才的培养目标，又体现企业对职业人才的培养需求，也满足学员自身发展需要，并通过对相关人、物及其课程开发、课程实施、课程评价的管理确保课程目标的实现，促进课程的发展，进而促进学员的全面健康成长。

（2）对课程主体的管理有利于促进学员稳定成长

主体是关键。现代学徒制课程管理重要的是对课程主体的管理。现代学徒制的课程主体有别于院校职业教育形态的课程主体，除以院校教师为主要代表的学校管理者、教育者群体外，还有以企业师傅为主要代表的企业管理者、教育者群体。课程管理就是要对现代学徒制相关的所有课程主体进行管理，确立其课程理念，培养其课程思维，使所有管理者、教育者熟悉职业活动、熟悉学生心理，做到既知道如何有效地实施课程，还知道实施哪些课程、为什么要实施这些课程、怎样实施效果更好、如何评价课程等，并积极主动地投身课程管理之中，促进课程的发展，进而促进学员的稳定健康成长。

（3）对课程运行的管理有利于促进学员动态成长

运行是基础。现代学徒制课程管理主要是对课程运行的管理。现代学徒制课程运行包括课程决策、课程编制、课程实施、课程评价等环节。现代学徒制课程管理是对课程运行所有环节的管理，不仅包括直接影响课程质量的课程开发、课程实施和课程评价等关键环节，还包括课程设置、课程资源等间接影响环节。现代学徒制课程管理是对校、企两个主体，院校、企业两个场所，教师、师傅两类导师所有课程行为的管理，也是对学员课程学习全方位、全过程的管理。现代学徒制课程体系科学合理并得到准确实施，是实现课程目标与课程结果的统一，促进课程的发展，进而促进学员动态健康地成长的重要因素。

3. 支持、监控和改进是现代学徒制课程管理的主要手段

现代学徒制课程管理的目的是促进课程的发展，进而促进学员的健康成长。支持、监控和改进是保障课程决策、课程编制、课程实施和课程评价有效运行，以及各个环节权力的有效分配，从而实现课程管理目的的主要手段。

（1）支持是现代学徒制课程管理的基础手段

现代学徒制是一种"跨界"的职业教育模式与制度，是新生事物，其课程管理几乎无经验可循。现代学徒制课程管理的基础手段是"支持"。课程支持是对课程运行的各个环节相关的人、财、物等支撑和鼓励。课程支持强化课程管理的主体意识，确立课程管理在现代学徒制实践中的核心地位，发挥好职业院校、合作企业在课程管理中的主体性作用；强化确立现代学徒制管理者、教育者课程理念与课程思维，全面树立课程管理的意识。要配备人员组建课程管理委员会等专门组织机构，提升全员包括所有院校教师、企业师傅的课程管理能力，制订出台课程管理的制度与规范，提供时间和资金的安排，履行课程运行全程的管理职责，鼓励全体院校教师和企业师傅主动转变角色，积极参与到课程管理之中等。

（2）监控是现代学徒制课程管理的关键手段

往往有人把课程管理窄化为教学管理，把教学管理窄化为教学评价，把教学评价简单化为考试。现代学徒制课程管理是站在课程的立场上对现代学徒制的课程运行进行督导，关键手段是"监控"。课程监控是对课程开发活动、课程实施活动以及课程评价活动各个环节的诊断性和持续性的评估，围绕课程开发程序是否规范，开发的课程内容是否符合各方需求，院校教师或企业师傅的课程实施方式是否符合行动导向理念，学员的实践条件（实训设备的质量、数量等）、工作本位学习方式等是否达到或符合企业的职业要求等，从而制定严格的课程监控指标，适时进行监控，确保课程朝着现代学徒制预期的方向发展。

（3）改进是现代学徒制课程管理的核心手段

现代学徒制课程管理不是为了管理而管理、不是为了制约院校或企业的权力、更不是为了控制院校教师和企业师傅，核心的本质是建设行动导向的课程，保障行动导

向的课程正确开发、实施与评价，根本的目的是促进课程的发展，进而促进学员的健康成长。支持等管理手段是为更好地实施现代学徒制课程管理奠定基础，监控等管理手段是为了更好地发现现代学徒制课程运行中的问题与不足。现代学徒制课程管理的核心手段是"改进"，这种改进发生在课程运行的每一个环节，是建立在监控、评价、反馈基础上的一种过程中的及时改进；是针对现代学徒制课程管理相关主体的全面改进，特别是课程管理的管理者、教育者课程观念与课程思维的及时改进；是针对现代学徒制课程管理相关要素的全方位改进，包括课程目标的改进。

二、现代学徒制课程管理的特点与意义

1. 现代学徒制课程管理的特点

袁丽英研究员认为职业院校课程管理有"内容的繁杂性、情境的多变性、过程的非线性以及管理主体的多元性"四大特点。现代学徒制作为一种职业院校与企业合作进行的职业教育形态，其课程管理不仅具有职业院校课程管理的四大特点，还具有鲜明的"高、大、全"特点。

（1）赋权程度高

1999年《中共中央国务院关于深化教育改革全面推进素质教育的决定》提出职业教育领域"建立新的课程体系，试行国家课程、地方课程和学校课程"，20多年来，学校形态的职业教育三级课程管理的制度体系逐步健全，权责界定逐步明确，方式逐步多样，监督逐步加强。2014年起，教育部、人社部等开始在全国进行现代学徒制和企业新型学徒制试点工作。2018年起，人社部、教育部等开始在全国全面推行现代学徒制和企业新型学徒制。无论是现代学徒制还是企业新型学徒制，国家与地方(省市)对其课程管理都鲜有设计，课程管理的压力和权力主要集中在职业院校和相关企业，呈高度赋权状态。职业院校和相关企业全面负责包括前期课程开发和课程计划的审核，中期课程教学实施的检查和控制，后期课程质量评价、反馈和改进。但权力和职责是相辅相成的。现代学徒制课程管理对职业院校和相关企业的高度赋权，意味着职业院校和相关企业对现代学徒制课程管理肩负着不可推卸的责任，校企对现代学徒制课程管理的水平高低决定了现代学徒制人才培养水平的高低。

（2）协调难度大

在现代学徒制相关的诸要素中，除学员外，其他的人、财、物等要素通常都分属于职业院校或企业两种不同的法人单位。由于两者之间单位性质不同、主管系统不同、制度文化不同，仅仅依靠院校与企业的一个合作合同实施现代学徒制这样一个复杂的

人才培养过程，面临巨大的挑战与困难。因此，课程管理实质是对课程相关的人、财、物、时间、空间等要素的协调，相比学校形态职业教育的课程管理，现代学徒制课程管理需要协调的事情更多，涉及的个体更多，各种成本投入更大，协调难度更大。

（3）保障要求全

从现代学徒制课程管理的内容、过程、方法、手段来看，实施课程管理的保障要求比较全面。要成立专门的课程管理机构，制订专门的课程管理制度，设计专门的课程管理节点，特别是在课程评价环节，要创造条件更多地引进第三方评价。要投入人力、物力和财力，对每一个管理节点进行事前、事中、事后的设计、监控与评价，确保做正确的事和正确地做事。要建立职业院校和相关企业的课程管理交流沟通机制，确保两者在课程管理上的一致性与连续性。另外，从目前现代学徒制课程管理的实践来看，基本还处于起步探索阶段，特别是院校教师和企业师傅的课程观念和课程思维都不够到位，既无经验可借鉴，又无样板可模仿，更需要全面的保障。任何一个保障的缺失，都可能导致现代学徒制实践的失败。

2. 现代学徒制课程管理的意义

（1）有利于高质量推进职业人才培养

现代学徒制课程管理促使课程本质由"事实性"走向"构建性"，在充分市场调研和岗位分析的基础上，考虑应该安排哪些课程、这些课程包括哪些内容、如何安排这些课程、怎样实施效果最好以及如何评价这些课程等。现代学徒制课程管理本质上是为了确立合适的课程目标、开发适合的课程、用适合的方式实施课程，确保现代学徒制课程目标正确、道路正确、运行正确，有利于在中国培养出以习近平新时代中国特色社会主义思想为引领，具有精湛职业能力和工匠精神，符合职业标准、企业需要的，能为实现中国梦而奉献的技术技能型创新人才和应用型创新人才。

（2）有利于全方位促进校企协同育人

现代学徒制是产教融合、校企合作的重要形式。如果仅在教学层面实施现代学徒制，很可能出现职业院校和合作企业各自为战的局面，职业院校教授基础知识，合作企业传授职业技能，校企协同育人往往成为空话。现代学徒制围绕课程及课程运行，以课程管理为抓手，以培养技术技能型创新人才和应用型创新人才为目标，校企共同组建课程管理机构、配备管理人员、制订管理制度。校企共同开展课程决策、课程编制、课程实施和课程评价，用课程管理来统领现代学徒制的整个人才培养过程，改变课程决策、课程编制、课程实施与课程评价"流程"相互分离的局面。院校和企业之间有分工、有合作，有利于确立院校、企业在现代学徒制中的主体地位，也有利于促进校企协同育人。

（3）有利于深入推行创新实践

现代学徒制课程的本体属性决定其应具备配套的课程管理。在现代学徒制实施过程中，校企成立现代学徒制课程管理组织机构并发挥管理功能，协同制订现代学徒制专业人才培养方案并按照专业人才培养方案进行课程设置，共同研制专业教学标准、课程标准、实训条件建设标准等相关标准，共同开发新型活页式、工作手册式教材及配套信息化资源，实行院校教师和企业师傅共同承担教育教学任务的双导师制度，建立教学运行与质量监控体系，健全德技并修与工学结合的育人机制、教学管理与运行机制和多方参与的质量评价机制，实施弹性学习时间管理和学分制管理等。以上这些都保障了现代学徒制课程和教学的科学设计、有序实施，有利于深化现代学徒制创新实践、全面推行。

三、现代学徒制课程管理的体制与原则

1. 现代学徒制课程管理的体制

有什么样的教育制度就有什么样的管理体制。现代学徒制作为一种职业教育形态，必然有其特殊的课程管理体制。鉴于我国现代学徒制的实践现状与发展阶段，其课程管理应采用集权与分权相融合的项目式自主管理体制。

（1）以"三级"为基础，构建现代学徒制课程自主管理体系

现代学徒制是我国职业教育的一个组成部分，其课程管理体制仍然要以"国家课程、地方课程和学校课程"三级课程管理体制为基础，主要对"学校课程"大胆探索、积极创新，构建集权与分权相融合的现代学徒制课程自主管理体系。严格落实国家课程及课程标准，体现国家课程管理的集权性。参照吸收地方专业指导性课程方案和课程标准，体现地方课程管理的分权性。根据职业院校和合作企业的实际情况，从课程管理的人、财、物、时间和信息等要素综合考虑，围绕课程运行的节点，融合国家课程管理的集权性和地方课程管理的分权性，以职业院校和合作企业为课程管理重要主体、以课程发展为目的、以培养技术技能型创新人才和应用型创新人才为目标，构建现代学徒制课程自我决策、自我开发、自我实施和自我评价的集权与分权相融合的自主管理体系。

（2）以项目为单位，组建现代学徒制课程自主管理机构

现代学徒制是职业院校和企业双主体的职业教育形态，其"学校课程"管理层面的管理机构必然有别于学校形态的职业教育，呈现双主体特征。以现代学徒制项目为单位，从保障课程运行科学高效出发，组建现代学徒制课程自主管理机构。院校和企业以项目为单位，成立现代学徒制课程管理委员会，对课程运行过程进行领导和监控；成

立现代学徒制课程评价委员会，对课程运行过程进行指导和评价；成立院校教师和企业师傅组成的现代学徒制课程联合教研室，对课程运行过程的日常工作进行管理。在各机构组成人员的数量上，通常院校方、企业方大致相等，必要时也可邀请职教课程专家或行业专家参加。课程管理委员会和课程评价委员会的主任通常分别由院校人员和企业人员担任，并非全部来自院校或企业，课程联合教研室主任一般由企业的专职师傅担任（如有企业培训中心或跨企业培训中心，通常由培训中心主任兼任）。一方面，明确了现代学徒制课程管理的主体，让现代学徒制项目成为课程管理的抓手；另一方面明确赋予课程编制、课程实施到课程评价的主体权责与分工，构建院校、企业等课程管理主体合理的权力共享模式，实现课程领导者、课程教育者均衡的"分权"。

（3）以发展为目标，制订现代学徒制课程自主管理制度

组成现代学徒制双主体的人员为院校和企业的有关领导、教师（师傅）、学生（学徒）等。现代学徒制课程管理归根结底是通过对人的管理实现课程的发展。要以课程发展为目标，从"经营"或是"领导"的理念出发，围绕现代学徒制课程运行相关的人、文本材料、物质空间环境等，制订现代学徒制课程自主管理制度。制订课程自主开发制度，设计课程开发指南，鼓励院校教师和企业师傅自主申报，团队开发；明确国家课程、地方课程、行业课程等课程落实规范与准则；建立为院校教师和企业师傅提供课程开发方面的咨询、协调服务的机制等。制订课程合作教学制度，明确院校与企业教学运行分工制度、教学质量监控与检查制度、实训基地管理制度等。制订学员学习管理制度，规范工学交替的课程实施制度、校企互认的学分制度和学员双身份的学籍管理制度等。制订师资管理制度，明确院校教师和企业师傅的标准与职责、沟通交流制度、继续教育制度、教科研与创新管理制度等。现代学徒制有关课程规划、实施、评价和更新等方面管理制度旨在调动相关主体的创造力，为院校和企业实施课程管理提供了主要依据和行为准则，使院校教师和企业师傅能够主动地、积极地参与课程管理，保证现代学徒制课程有效运作，确保课程、师生全面发展。

2. 现代学徒制课程管理的原则

现代学徒制课程管理是校企双方为了培养技术技能型创新人才和应用型创新人才而进行的课程决策、计划、组织、指导、实施、控制的过程，应遵循以下几项原则：

（1）院校管理与企业管理相融合原则

应该说，院校管理属于教育管理范畴，企业管理属于经济管理范畴，两者具有根本性的区别。现代学徒制课程管理要遵循院校管理与企业管理相融合的原则，把握现代学徒制课程及课程运行的规律与特征，针对性地融合运用院校管理与企业管理的理念、

方法、手段等开展课程管理工作。一是要项目管理。校企双方要清晰认识到现代学徒制是有别于院校管理和企业管理的校企共同体，要共建管理组织、实行项目管理。二是要相互信任。校企双方要明晰各自的管理职责，勇于担责，并以诚相待，充分信任对方，相互配合管理。三是要优势互认。校企双方要清晰认识院校管理与企业管理的优势，汲取各自管理文化的精华，充分发挥各自管理资源优势，共订管理制度，实行统一管理。

（2）过程管理与结果管理相统一原则

现代学徒制课程管理包括课程决策、课程编制、课程实施和课程评价等环节，管理的目的是发展课程，培养技术技能型创新人才和应用型创新人才。其中每一环节都有其具体过程和目标，是整个现代学徒制课程管理的有机组成部分。现代学徒制课程管理要遵循过程管理与结果管理相统一的原则，围绕课程管理及运行环节，校企双方以协同育人为结果导向，通过过程策划（P）、过程实施（D）、过程监测（C）、过程改进（A），即PDCA戴明循环来实施课程管理工作。一要全过程管理。校企双方要从课程目标管理出发，对现代学徒制课程管理的全过程实施管理，尤其加强对课程编制、课程评价的管理及企业工作岗位的课程实施管理。二要全要素管理。校企双方要对影响现代学徒制课程管理过程和结果的所有要素实施管理，特别要加强人的管理，确立院校教师和企业师傅的课程理念和课程思维，并以积极的态度实施课程管理。三要创新管理。校企双方要正视现代学徒制课程管理过程中的问题与困难，以创新的意识、不达结果不退缩的勇气，从问题和困难中寻找解决的办法和机会，创新实施课程管理。

（3）全面管理与要点管理相结合原则

现代学徒制课程管理涉及现代学徒制事前、事中、事后及人、事、发展的方方面面，其中必然存在制约现代学徒制课程发展的关键因素或环节。现代学徒制课程管理要遵循全面管理与要点管理相统一的原则，在全过程、全方位、全要素管理的基础上，梳理出现代学徒制课程管理的关键性要点实施管理。一是强化师徒化管理。企业师傅是现代学徒制重要的课程管理主体，校企生三方要着力构建现代学徒关系，加强企业师傅培养，确立学徒身份意识，强化管理。二是强化工学交替管理。工学交替是现代学徒制课程实施的重要形式，校企双方要加强交流沟通，从时间、内容、人员等方面加强衔接，强化管理。三是强化工作现场课程学习管理。工作现场课程学习是现代学徒制最重要的学习方式，校企双方要开发好学习型岗位，选聘好兼职企业师傅，从生产、教学、安全等方面强化管理。四是强化第三方课程评价管理。第三方课程评价是现代学徒制重要的评价形式，校企双方由课程评价委员会确定第三方评价组织，并积极配合第三方开展课程评价工作，接受第三方的评价结果与建议。

第二节 现代学徒制太仓模式课程管理的主要内容

张爱芹、徐国庆认为整个课程系统可以分为课程生成系统、课程实施系统和课程评价系统（图5-1）①。课程管理应该关注整个课程系统，包括对课程生成系统的管理、课程实施系统的管理和课程评价系统的管理，是对课程动态的管理。现代学徒制课程管理具体是为保障课程决策、课程编制、课程实施和课程评价有效运行而对其相关因素与条件进行的管理。其主导问题是：现代学徒制课程管理的具体内容有哪些？要解决哪些主要问题？要实现什么样的目标？

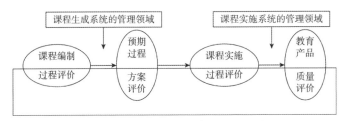

图 5-1 课程管理中的三个基本领域

一、课程的开发活动管理

1. 课程开发活动管理内容

现代学徒制课程的开发活动管理是对课程生成系统运行的管理，主要包括规划管理、开发管理、审定管理等内容。

（1）规划管理

现代学徒制课程开发活动的规划管理应由现代学徒制项目课程管理委员会负责，内容主要包括：制订现代学徒制课程发展总体规划、制订现代学徒制课程开发方案、制订现代学徒制教材开发方案、制订现代学徒制师资规划与培训方案、制订现代学徒制实践教学平台建设方案、制订现代学徒制评价考核方案、制订现代学徒制课程管理指南等等。

（2）实施管理

现代学徒制课程开发活动的实施管理应由现代学徒制项目课程管理委员会负责，内

---

① 张爱芹，徐国庆. 从"教学管理"走向"课程管理"——高职院校课程管理基本问题探究［J］. 职教论坛，2009（5）下：6-9.

容主要包括：对现代学徒制实施性课程方案（或专业教学标准）开发的管理，对现代学徒制专业课程课程标准（含工作本位学习课程标准）、实训条件建设标准、企业师傅标准开发的管理，对现代学徒制新型活页式或工作手册式等教材及配套信息化资源开发的管理。

（3）审定管理

现代学徒制课程开发活动的审定管理应由现代学徒制项目课程评价委员会负责，内容主要包括：对现代学徒制课程发展总体规划的审定、对现代学徒制课程开发方案的审定、对现代学徒制课程管理指南的审定、对现代学徒制实施性课程方案（或专业教学标准）的审定、对现代学徒制相关标准的审定、对现代学徒制新型活页式或工作手册式等教材及配套信息化资源的审定。

2. 课程开发活动管理核心

现代学徒制课程开发活动是在课程管理委员会和课程评价委员会的领导下，在课程专家的引领下，主要由院校教师和企业师傅来具体实施的，其管理核心是现代学徒制课程开发的理念、技术与质量。

（1）理念问题：转变现代学徒制课程管理相关人员的课程观念

理念是方向，有什么样的理念，就有什么样的行动。现代学徒制要确立从行政管理走向专业管理的课程管理理念，明确职业院校和合作企业是课程管理的主体，以及对于现代学徒制课程开发的职责；明确院校教师和企业师傅是课程管理的主要力量，让院校教师和企业师傅不仅知道教什么，还要知道为什么教，怎样教，教得怎么样；明确院校教师和企业师傅是现代学徒制专业课程的主要开发者，要从学员、企业实际出发，开发并不断改进课程等。

（2）技术问题：保障现代学徒制课程开发活动科学高效

技术是手段，也是行动成功的保障。现代学徒制课程怎么开发？常见的做法是"加减法"，即在现有中职课程或高职课程基础上，加上一些企业课程，去掉相同或相似的院校课程内容，组成的课程即为现代学徒制课程。这种现代学徒制课程开发方法显然是错误的。现代学徒制课程开发活动管理就是要明确现代学徒制课程开发的程序和方法；明确现代学徒制课程标准编制的原则与内容、课程标准编制的方法、课程标准编制的程序和课程标准的审定和签发程序；明确现代学徒制课程新型活页式或工作手册式等教材及配套信息化资源开发、审定和使用程序等，确保现代学徒制课程在"为谁培养人""培养什么人""能否培养人"上都有明确的答案。

（3）质量问题：确保开发适合的现代学徒制课程

质量是标准，质量是行动的指南。现代学徒制课程开发活动管理就是要解决现代学徒制课程目标多元价值取向及课程方案标准化与个性化（人本化）统一性问题；解决现代学徒制课程结构串行立体特征及课程体系工作过程系统化问题；解决课程标准的指导性、操作性及课程内容知识性、实践性适切问题；解决经济全球化、信息化和科技快速变迁的时代背景中现代学徒制课程发展多向化问题；解决实践课程时间要求、设施要求、师资要求、内容要求一致性问题等。

3. 课程开发活动管理目标

现代学徒制课程开发活动管理旨在用正确的模式、方法开发现代学徒制课程，构建行动导向的现代学徒制课程体系，并为行动导向的现代学徒制课程实施奠定基础。其管理目标主要为以下三个方面：

（1）课程开发环节齐全，呈现主体性

现代学徒制课程开发活动管理是对课程开发行为的管理，目标之一是做到课程开发的各个环节齐全，并由相关主体全面开发，呈现职业院校和合作企业的主体性。一是通过课程管理，确保课程开发活动的规划、实施和审定组织环节齐全，做到课程开发组织有计划、有落实、有评价。二是通过课程管理，确保课程开发活动的课程方案、课程标准和课程资源内容环节齐全，做到课程开发内容有体系、有层次、有导向。三是通过课程管理，确保课程开发活动的调研、分析、设计、论证和改进过程环节齐全，做到课程开发过程有依据、有步骤、有控制。

现代学徒制课程开发活动管理的根本目标是激发院校与企业、教师与师傅参与课程建设的积极性，呈现出主体性。现代学徒制课程开发首先是对课程主体的开发。从这个意义上讲，现代学徒制课程开发活动管理首先是对课程主体的管理。通过课程开发活动管理，使院校和企业成为课程开发活动的发动者、组织者；使院校教师和企业师傅成为课程设计环节的参与者、主导者。职业院校和合作企业成为真正的课程管理主体，提倡管理过程中的权力共享、民主集中、交流互动，带领相关教师和师傅主动、积极与创造性地做好现代学徒制的课程决策、课程编制、课程实施和课程评价等工作。

（2）课程体系行动导向，体现开放性

现代学徒制课程开发活动管理是对课程开发内容的管理，目标之一是做到课程开发的内容体系富有职业活动的行动特征，并呈现良好的开放性。一是课程目标指向行动结果。就是在符合国家政治、文化、经济等需求的前提下，根据院校和企业的客观条件，以专业所对应的典型职业活动的工作能力，确立课程目标。课程目标描述尽可能具体、清晰，尽量使用可观察和测量的动词，如"完成""编写""制订"，还需描述行动发生的条件，完成的时间、速度、质量等，让教师或师傅实施课程和学员学习有据可循。二是课程结构指向行动体系。就是以专业所对应的典型职业活动工作过程为导向设置课程，依据学员认知的心理顺序和职业能力发展规律，建立起从单项职业能力到复杂职业能力，再到综合职业能力逐层过渡的"串行"课程体系结构。三是课程内容指向工作过程知识。就是以典型工作任务作为工作过程知识的载体，把工作过程知识（含工作对象、工作内容、工作方法、工作成果、工作价值观等）作为课程内容的核心，课程内容指向职业工作任务、工作内在联系的工作过程知识。

现代学徒制课程开发活动管理的主要目标是实现现代学徒制课程的开放性。现代学徒制课程既能达到以技术技能为特色的能力培养目标，又能实现学徒个人全面发展的综合素质培养，在社会发展需求、学员发展需求和企业发展需求之间找到动态的平衡点。准确抓住学员发展所面临的主要矛盾和问题，开发适合形象思维智能特征的学员成才的课程，促进学习者职业能力发展和人格与素质发展，并关注学员个体的差异发展。把握现代学徒制专业对应职业的本质属性，才能适应现代学徒制课程发展的外在环境多变性，形成现代学徒制课程开发的调整、更新与完善机制，培养学员胜任未来工作岗位的工作能力。

（3）课程载体配套一致，突出职业性

课程方案、课程标准和教材是现代学徒制课程的载体。课程方案是现代学徒制教育和教学工作的总纲，通常包括招生对象、学制与学历、就业面向、培养目标与规格、职业证书、教育内容及标准、专业办学条件与教学建议、继续学习深造建议等。课程标准是现代学徒制专业学习的基本要求，通常包括课程性质与任务、核心素养与课程目标、课程结构、课程内容、学业质量水平要求、课程实施与评价要求等。教材是现代学徒制专业课程内容的基本材料，是教与学的重要参考，通常是指专业课程的新型活页式教材或工作手册式教材。现代学徒制课程开发活动管理是对课程开发成果的管理，其目标之一是做到课程开发的各个课程载体配套一致，并以实践为主线，突出职业性。一是培养目标、课程目标和教学目标配套一致。现代学徒制培养目标、课程目标和教学目标三者含义不同、指导对象不同、概括程度不同、实施主体不同等，但对学员学习结果的预期是配套一致的。二是现代学徒制教育内容、课程内容和教学内容配套一致，应该以专业对应的职业中实际应用的经验和策略为主。三是现代学徒制教育标准、学业质量水平要求和教学标准配套一致，应该以专业对应的职业标准为参照，从技术、安全、经济、法律、生态和社会层面对职业世界进行整体把握。

现代学徒制课程开发活动管理的重要目标是突出现代学徒制课程的职业性。现代学徒制课程目标指向造就技术技能型创新人才和应用型创新人才，突出爱岗敬业、与人沟通合作、复合型或一专多能、创新意识与能力、继续学习和适应职业变化能力的培养。现代学徒制课程内容指向职业活动，突出职业道德、职业规范、职业能力的地位。现代学徒制课程标准指向职业标准，突出职业胜任能力、职业资质与职业资格、职业化素养的要求。

二、课程的运行活动管理

1. 课程运行活动管理内容

现代学徒制课程的运行活动管理是对课程实施系统的管理，主要包括教学计划管理、教学平台管理、教学运行管理和教学质量管理等内容。

（1）教学计划管理

现代学徒制的教学计划管理包括对项目职能部门教学工作计划管理、教师或师傅授课计划管理两个部分。项目职能部门教学工作计划管理主要是对现代学徒制课程管理委员会的学年教学工作计划和课程联合教研室学年工作计划的管理。教师或师傅授课计划管理是对教师或师傅的学期授课计划的管理，包括对其说明和授课计划表两部分的管理。说明部分包括主要教学内容、教学目标、学员学习现状分析等；授课计划表应包括周次、授课顺序、章节内容摘要、学时安排、实践教学安排、作业安排、考核时间和方法等。

（2）教学平台管理

现代学徒制的教学平台管理包括教学实体平台管理和教学网络平台管理两个部分。教学实体平台管理是对现代学徒制专业相关的职业院校内的教室、实训室、教学工场和跨专业教学工场等的管理，是对合作企业的企业培训中心、跨企业培训中心、学习岛等的管理。教学网络平台管理既包括对现代学徒制专业相关的数字化技能教室、模拟仿真实训室、互动体验室等数字化教学平台的管理，又包括对校企协同的综合性数字化教学、管理和服务平台的管理。

（3）教学运行管理

现代学徒制的教学运行管理包括教学常规管理、教学内容管理和教学过程管理三个部分。教学常规管理主要是对校历表、作息时间表、教学进程表、课程表、教室日志"四表一志"的管理。教学内容管理是对实施性课程方案、基础课程国家标准和专业课程实施性课程标准、国规教材或省规教材和新型活页式教材或工作手册式教材执行或使用情况的管理。教学过程管理是对教师或师傅备课、授课、作业、辅导、考核等环节的管理，包括对工作本位课程学习、课程设计、大型作业、毕业设计（论文）等管理，也包括对教学过程中重点环节、重点指标、重点事项的教学质量监测控制。

（4）教学质量管理

现代学徒制的教学质量管理包括教学质量监控管理和教学质量考核管理两个部分。教学质量监控管理既是对现代学徒制教学质量监测、信息采集的管理，又是对现代学徒制课程、教师（师傅）、学员层面进行的教学工作诊断的管理，还是对现代学徒制质量年度报告的管理。教学质量考评管理是对现代学徒制课程教学过程性考核与结果性考核的管理，以及对学员考核成绩的管理。

2. 课程运行活动管理核心

现代学徒制课程运行活动管理的核心是对课程实施过程的管理。通过管理，主要解决现代学徒制教学管理权限制衡、教学组织结构化和教学质量全面保障等问题。

（1）教学管理权限制衡

现代学徒制课程实施涉及校企双方和院校教师、企业师傅两个主体，现代学徒制课程运行活动管理就是要合理分配教学管理的权限。一是专业教学标准执行和调整的权限、教材选用和调整的权限。二是教学平台管理的权限、教学运行成本管理的权限、工作本位课程学习管理的权限。三是学习成绩和学分管理及弹性学制管理的权限、学习档案管理的权限、学习津贴管理的权限等。

（2）教学组织结构化

现代学徒制课程实施涉及校企两个场所和院校教师、企业师傅两个主体，现代学徒制课程运行活动管理就是要实现教学组织结构化。一是校企的校历表、作息时间表、教学进程表、课程表，"四表"要协调统一，教学资料文本要标准化，各类教学资料要配套化，真正按照能力清单组织课程。二是学徒与企业师傅之间的现代师徒关系要明晰互认，校企之间、师徒之间信息沟通机制要健全通畅。三是院校与企业之间工学交替安排要固定有序，工作本位学习课程以行动导向教学为主要教学方式，工作现场学习的企业课程实施规程要规范标准。四是线下教学与线上教学要有机融合，线上的学习、交流、考试等功能齐全，岗下经验学习教学过程要数字化管理等。

（3）教学质量保障有序

现代学徒制课程实施涉及双主体、双场所、双导师、双身份等特殊因素，现代学徒制课程运行活动管理就是要实现教学质量保障有序。一是从传统的就业培训转为系统的、规范的职业教育，从重生产性转向重教育性，在技术技能传授的同时注重知识的学习与素质的培养。二是院校与企业之间工学交替机制健全，工作本位学习形式多样、内容丰富，教学设备使用率合理，学徒岗前培训要求具体到位，隐性课程资源得到利用。三是从内容、标准、方法等方面构建内部质量监控体系，学校本位学习和工作本位学习质量监控融会贯通。四是从主体、内容、形式等方面构建教学质量考核评价体系，评价方式、评价结果校企之间相互认可。

3. 课程运行活动管理目标

有学者研究认为，现代学徒制教学管理的目标是构建校企双主体育人的多元人才培养模式，建立分段育人、多方参与评价的教学管理制度[1]。但笔者认为，现代学徒制课程运行活动管理的目标具体为课程运行活动规范、协同和高效。

（1）课程运行活动规范

现代学徒制课程运行活动规范是指校企等相关主体按专业教学标准和相关管理制度实施课程教学活动，主要体现在以下几个方面。一是规范实行教学文件管理。实施性课程方案按要求报上级教育主管部门审批、备案；对实施性专业课程标准教学内容和要求有增删和调整，须经现代学徒制课程管理委员会批准后执行；基础课程使用国规或省规教材，职业技术手册、新型活页式教材或工作手册式教材和参考书等专业课程教材由现代学徒制项目联合教研室申报，经现代学徒制课程管理委员会批准后执行。授课计划、项目或单元教学教案、教学日志、考勤表、考试试卷及评分标准、学员基本信息表、学员成绩登记表等教学文件由现代学徒制课程管理委员会统一制订模板和归档条例，并提出具体要求。二是规范实行工学交替教学。院校和企业之间按教学计划采用期释或日释方式实行工学交替，企业学习时间占50%以上，学员在明确的师傅（通常为多名）指导下真正参与企业生产过程，并在真实的工作情境中获得工作过程知识，通过"学习—实践—再学习"的循环递进过程，逐步提升学员的岗位工作能力。三是规范实行企业多岗位轮岗学习。确定工作场所学习课程的多个实施岗位，将学员合理安排并按一定的顺序进行轮训，教学过程与生产过程对接，使学员熟练掌握每个岗位所涉及的知识与技能。每个岗位按照岗位培训的教学环节进行限定时间的学习，学习结束后进行考核。四是规范实行教学过程管理。应用数字化教学管理系统，全程实时实况跟踪指导和管理学员工作本位课程学习过程；建立学员"学习日志"管理制度，记录整个教学过程和个人学习过程；定期采集、处理和利用各种教学信息，对教学过程进行监控管理与综合分析，并及时修正与改进。

（2）课程运行活动协同

现代学徒制课程运行活动协同是指校企等相关主体在实施课程教学活动时相互配合、步调一致，主要体现在以下几个方面。一是教学目标协同。校企双方以协同育人为

---

[1] 李祥新，李岩. 现代学徒制教学管理的研究与实践[J]. 中国职业技术教育，2018（20）：33-37.

根本目标，共同遵循技术技能人才的培养规律，形成以学员的专业技能和工匠精神培养为核心，以工学交替和双导师联合传授为支撑的教学模式，保障学员培养质量，以获得社会认可。二是教学资源协同。院校和企业、教师和师傅联系紧密、相互配合，形成双场所教学资源协调联系、教学内容和教学资源合理配套、校企双导师授课的教学系统，确保校企教学资源统筹安排、优化配置，教学效率得到提升、教学质量得到提高。三是教学内容协同。院校和企业围绕"学习项目"选择和序化教学内容，突破课程实施的"唯教材"现象，有利于教学内容的拓宽和延伸，确保专业理论知识与岗位工作技能的有机衔接。四是教学信息协同。院校与企业协同管理教学活动和系统数据，实时享用教学信息，保障教师、师傅、学员之间及时沟通联系，确保人才培养主体协调一致。

（3）课程运行活动高效

现代学徒制课程运行活动高效是指校企等相关主体在实施课程教学活动时组织创新、过程顺畅、效果明显，主要体现在以下几个方面。一是教学组织高效。现代学徒制的教学组织是在课程实施的宏观层面，采用综合手段，进行策略性和基于过程的组织，对不同教学地点和不同教学内容的教学组织提供不同的方法论选择，让学员、教师（师傅）清楚自己在什么时间、什么地点、用什么设备学或教什么内容。二是实施过程高效。建立起学员、教师（师傅）及管理者在任何场所、任何时间、任何过程实现学习、交流、教学、管理一体化的平台，开展课程发布、在线点播、在线学习、在线交流、自动组题、在线考试等活动；教学师资、教学设施、教学方法、教学资料配套齐全，师生交流程度高，教师（师傅）教得轻松，学员学得愉快。三是工作本位学习高效。现代学徒制的工作本位学习以行动导向教学方式为主，学员在独立地计划、独立地实施与独立地评估中自主学习。工作现场学习时配备有经验、负责任的师傅，致力于培养学员行动能力和独立工作能力。

三、课程的评价活动管理

1. 课程评价活动管理内容

现代学徒制课程评价就是通过收集和应用信息，对现代学徒制课程在实现培养目标过程中的可能性、有效性进行价值判断、反馈，并促进现代学徒制课程发展的活动。现代学徒制课程的评价活动管理是对课程评价系统的管理，主要包括对课程评价体系的管理、对形成性评价的管理和对总结性评价的管理等内容。

（1）对课程评价体系的管理

在现代学徒制课程运行完整的行动过程中，课程评价是必不可少的环节。课程评价是课程管理的重要对象和内容，对课程评价活动的管理是保证现代学徒制课程有效运行的重要手段。现代学徒制课程评价管理首先是对课程评价体系的管理，就是如何设计和组织课程评价，即在理念上弄清现代学徒制课程评价的目的是什么，评价的对象是什么，评价主体是谁，评价内容、指标、标准是什么，评价方式有哪些，评价实施办法、运行流程和结果反馈怎么操作等。

（2）对形成性评价的管理

按课程评价的性质分，可分为形成性评价和总结性评价[①]。现代学徒制课程评价管理内容之一是对课程形成性评价的管理。形成性评价的管理包括课程设计过程评价的管理和课程实施过程评价的管理。课程设计过程评价的管理主要指课程目标评价的管理、课程定位评价的管理、课程结构评价的管理、课程内容评价的管理和课程开发方法、技术、程序评价的管理等。课程实施过程评价的管理主要指课程安排评价的管理、教案编写评价的管理、课程实施模式评价的管理、课程教学评价特别是工作现场学习课程教学评价的管理、课程资源评价的管理等。

（3）对总结性评价的管理

现代学徒制课程总结性评价的管理包括课程设计成果评价的管理和课程实施结果评价的管理。课程设计成果评价的管理是指对课程开发的成果评价管理，主要包括课程方案评价的管理、课程标准评价的管理、课程教材评价的管理等。课程实施结果评价的管理是指对课程教学的成果评价管理，主要包括国家（含上级主管部门）考试评价的管理、项目（校企）考试评价的管理和第三方考试评价的管理等。

2. 课程评价活动管理核心

现代学徒制课程的评价活动管理是课程管理不可或缺的重要组成部分，其管理的作用是充分发挥课程评价对促进课程发展的正向功能，管理的核心是解决现代学徒制课程评价导向正确、客观公正、全面综合等问题。

（1）评价导向正确——还原课程评价本来面目

现代学徒制课程评价活动的目的是评价课程并促进课程发展，不是为了评价而评价。现代学徒制课程评价活动管理就是为了确保课程评价的导向正确，更好地促进现代学徒制课程发展。一是评价对象导向问题。现代学徒制课程评价的对象是指向现代学徒制课程，还是指向相关的院校教师、企业师傅或者学员。二是评价性质导向问题。现代学徒制课程评价的性质是重视对现代学徒制课程成果和结果的总结性评价，或是

① 张荣胜.关于职业教育课程评价的探讨［J］.中国职业技术教育，2011（29）：74-76.

重视现代学徒制课程的设计、目标、内容、实施等过程性层面的形成性评价，还是两者兼顾。三是评价功能导向问题。现代学徒制课程评价功能是评出教师（师傅）高低，学生（学徒）好坏，还是对各个环节产生的问题进行预警、反馈、督促和改革，促进现代学徒制课程发展。

（2）评价客观公正——呼应课程评价多方诉求

课程评价有正面积极功能，也有负面消极功能，关键决定于课程评价是否客观公正。现代学徒制课程评价要反映的是国家、社会、行业、院校、企业和学员等多个利益相关者的满意程度，其管理核心之一是活动的客观公正。也就是说，现代学徒制课程评价体系是体现现代学徒制课程特色，还是院校课程评价体系与企业培训评价体系的简单叠加；课程评价主体是多元，还是仅仅是职业院校的课程专家或行政领导；课程评价指标是参照职业标准或行业标准，还是照搬学科体系的评价标准；课程评价方式是方法多样，还是仅仅书面考试、理论考查；课程评价的时机是适当还是"事后"补牢；课程评价的程序是否规范、统计分析方法是否合理等等。

（3）评价全面综合——放大课程评价正面功能

有人把课程评价窄化为教学评价，把教学评价窄化为考试比赛。这种课程评价观念和行为导致课程评价演化为考学生、考教师（师傅），出现了严重的课程评价片面单一倾向和负面影响。现代学徒制课程评价管理就是让现代学徒制的课程管理走向全面综合。一是现代学徒制课程评价要对事关课程发展的所有环节，包括课程目标、课程开发、课程实施等进行评价，改变"一考定优劣"的做法。二是现代学徒制课程评价要立足于课程系统的整体优化，对现代学徒制项目的所有课程进行评价，并置于整个现代学徒制课程系统中考量，改变知识、技能和素养评价不能兼顾或突出一点的情况。三是现代学徒制课程评价的载体要体现真实性、指标要体现代表性、标准要体现职业性，改变评价内容单一、实践能力和综合素养评价不足的问题。

3. 课程评价活动管理目标

课程评价活动管理是课程评价工作的方向盘，有什么样的课程评价活动管理就会有什么样的课程评价。只有对现代学徒制课程评价活动进行持续管理，才能防止课程评价工作出现偏差，并不断改进评价工作，进而促进现代学徒制课程的发展。现代学徒制课程评价活动管理目标主要是课程评价导向准、体系全、操作易、效果好。

（1）课程评价导向准

课程评价活动管理要做到确保现代学徒制的课程评价导向准确。一是评价对象导向课程。对课程设计、课程编制、课程实施的过程和结果进行评价，目的是促进课程的发展，进而服务学员成才。二是评价性质导向过程。就是既重视对现代学徒制课程成果和结果的总结性评价，更重视现代学徒制课程的设计、目标、内容、实施等过程性层面的形成性评价。三是评价功能导向改进。就是现代学徒制课程评价不是为了评出教师（师傅）高低、学生（学徒）好坏，而是对各个环节产生的问题进行预警、反馈、督促和改革，通过评价来明确回答现代学徒制课程"到达目的地了吗"。四是评价主体导向多元。评价者既有来自院校的，又有来自企业的，也有来自行会、职教机构等第三方组织的，特别是院校教师、企业师傅和现代学徒制的学员、毕业生要成为课程评价的主体。五是评价内容导向行动。课程评价注重职业行动能力的评价，体现工作过程导向课程观，重点评价工作本位的课程开发以及课程实施的过程与结果，最终把实践课程评价落到实处。

（2）课程评价体系全

课程评价活动管理要做到健全现代学徒制的课程评价体系。一是课程评价的内容全面。既有对课程设计过程的评价和课程实施过程的评价，又有对课程设计成果的评价和课程实施结果的评价。二是课程评价的指标具体。全面体现课程设计、课程实施过程和结果的关键要素和重要内容。三是课程评价的标准清晰。课程设计和课程实施的要求与程度表述细致，且有区分度；工作现场学习课程评价标准对接职业标准。四是课程评价的方式多样。课程评价既有院校评价，又有企业评价，还有第三方评价；既有传统的评价方式，又有信息化的评价方式；既包含国家（含上级主管部门）统一的评价方式，又包含现代学徒制特色的评价方式。

（3）课程评价效果好

课程评价活动管理要做到保障现代学徒制的课程评价效果良好。一是发挥课程评价诊断作用。课程评价及时发现现代学徒制课程运行的每个阶段、每个环节存在的问题和不足，并找到导致问题和不足的症结，起诊断作用。如课程设计是否符合课程目标，课程内容是否与课程标准一致，学员学习是否达到课程要求等。二是发挥课程评价调控作用。课程评价针对现代学徒制课程运行中存在的问题和不足及原因，拿出修正解决方案并付诸行动，不断促进课程发展。如不断地提高课程评价载体的真实性、指标的代表性、标准的透明性等。三是发挥课程评价鉴定作用。通过对现代学徒制课程运行结果进行评价，判定课程目标达成度，鉴定阶段结果或最终结果的水平与优劣。如通过第三方评价，能客观地判定现代学徒制课程的优劣和学员的课程掌握程度。

（4）课程评价操作易

课程评价活动管理要做到促使现代学徒制的课程评价操作简易。一是课程评价制度透明化。现代学徒制课程评价制度根据校企等相关主体的实际情况，听取教师（师傅）、学员的意见，表达各相关主体诉求，制度内容统一明了，职责分工清晰明确。二是课程评价管理办法具体化。分环节、抓关键制订各项课程评价管理办法，内容要符合院校管理规律和企业管理规律，具体且有针对性。如现代学徒制课程开发管理办法包括课程开发过程的管理办法和课程开发成果的管理办法。三是课程评价手段信息化。充分挖掘信息技术管理优势，开发校企协同综合管理平台，进行系统性、综合性课程管理；开发数字化教学管理系统，进行即时性、数据化课程管理；利用网络和通信工具，进行互动性、异地化课程管理等。

第三节　现代学徒制太仓模式课程管理特色

课程管理包括人、物、课程三个因素，三个因素相互影响的关系制约着课程管理的质量和水平。因而课程管理中最为关键的问题是如何组织好、协调好人、物与课程的关系，使课程的决策、编订、实施、评价向着预定的目标发展[①]。院校、企业的本质属性区别、师生等个体的认知水平差异、企业的生产技术要求等都是影响现代学徒制课程管理的动态因素，也决定了现代学徒制太仓模式课程管理必须走本土化之路。其主导问题是：课程管理如何契合院校和企业的文化与特点？如何破解现代学徒制课程"跨界"管理的难题？如何发挥现代学徒制相关主体的主体性？如何促进现代学徒制课程的创新特色发展？

一、课程的人本化管理

课程的人本化管理就是一切从与课程相关的人出发，以人和人的积极性为中心，遵循需求和激励理论，采用一切可行措施建立现代学徒制课程管理机制，实现现代学徒制太仓模式课程管理目标。

1. 人的管理是现代学徒制太仓模式课程人本化管理的首要内容

课程管理的对象是课程，但课程管理是通过人对人的管理实现的。现代学徒制太仓模式课程管理规避了两种倾向，一是把人作为课程管理的对象；二是把人的管理游离于课程之外。它是把人的管理作为课程管理的首要内容。通过对现代学徒制太仓模

① 张爱芹.高职院校课程管理的主体性缺失及理论归因[J].职教论坛，2008（12）下：9-11.

式课程相关人的管理，实施、促进课程管理。具体主要包括领导管理、师资管理和学徒管理等。

（1）领导管理

领导管理是指现代学徒制太仓模式相关的管理者的管理。一是理念管理。校企的相关管理者要"目中有人"，清晰认识人是课程管理的核心与关键，尊重师生的个体差异，确立为师生成长服务的理念。二是角色管理。校企的相关管理者要成为课程首席学习者和课程者，成为现代学徒制课程的蓝图设计者和构建者。三是权力管理。要对现代学徒制课程管理合理分级，进行权力下放和再分配，赋予现代学徒制课程管理委员会、课程评价委员会、联合教研室、学员等相关人员相应的课程管理权力，明确各级、各主体课程管理的职责。四是职责管理。明确课程管理者的职责主要是为课程管理提供专业的支持与资源，引导其他主体更新课程理念、确立课程思维，积极参与目标决策、主动认同与承担任务。

（2）师资管理

教师（师傅）既是管理者，又是被管理者，是现代学徒制课程发展的动力源泉，同时也可能成为现代学徒制发展的阻抗因素。师资管理就是要实现教师（师傅）的价值，开发教师（师傅）的潜能，发展教师（师傅）的个性。一是师资结构管理。按现代学徒制课程方案和生师比要求，足额配备基础课程教师、专业课程教师和专兼职企业师傅。二是师资素质管理。主要是确立教师（师傅）的课程思维，从教学管理模式转变为课程管理模式；培养教师（师傅）的"双师素质"，重点提升企业师傅理论教学能力和院校教师实践教学能力。三是师资行为管理。将课程管理转化或内化为教师（师傅）的目标责任，使教师（师傅）真正成为课程目标确定、课程结构重构、课程内容组织、教学模式选择、课程教学实施、课程评价的主体，让课程管理变为教师的主体目标行为。

（3）学徒管理

学徒管理是现代学徒制课程管理的特殊处之一，也是现代学徒制课程人本化管理的重要内容。一是身份管理。学徒在企业是准员工，执行企业的规章制度；学徒在院校是学生，执行学校的规章制度。无论是在院校还是在企业，学生（学徒）的主要任务是学习，并通过反馈、评教等形式参与课程管理。二是成绩管理。学生（学徒）在院校和企业里的学习结果都认定成绩和学分，校企均认可。院校班主任和企业项目主管分别负责成绩管理，成绩管理以学校管理为主，纳入院校成绩管理系统。院校适时为企业提供学徒成绩材料。三是档案管理。企业建立学徒档案，留存学徒在企业的企业学习日志等成长记录。院校建立学生档案，留存学生在学校的学籍卡等成长记录。

2. 人际关系是现代学徒制太仓模式课程人本化管理的主要内容

现代学徒制课程相关的院校和企业管理人员、教师（师傅）和学员等主体，存在着复杂的人际关系。人本化管理除了要关注人的管理外，更要关注人际关系的管理。现代学徒制太仓模式把人际关系作为课程人本管理的主要内容，注重与课程相关的师徒关系管理、教师与师傅关系管理和校企关系管理。

（1）师徒关系管理

现代学徒制的首要要素是师徒关系，而且这一关系要达到相当的稳定状态，学徒可以在师傅指导下系统地进行技能学习①。现代学徒制太仓模式把师徒关系的构建作为课程人本化管理的核心内容。一是师徒人事身份管理。企业设置师傅和学徒岗位，师傅是企业的雇员，学徒是企业的准员工，师徒在企业人事身份上没有太大区别，不存在"教会徒弟饿死师傅"的狭隘担忧，师徒之间是平等的企业雇员关系。二是师徒角色管理。企业赋予师傅培训师身份角色，类似院校教师，其专职或兼职工作就是培训学徒，在经济报酬、职业资格晋升、就业稳定、社会声誉等方面都予以制度性保障；学徒是企业中以学习为主要工作任务的一线员工，与企业生产基本剥离，师徒之间是稳定的现代师生关系。三是师徒情感激励管理。一名师傅可安排若干名学徒，一个学徒可有几个师傅，师徒之间倡导"尊师爱生"的良好风尚，举行拜师仪式，满足师傅的成就感和受尊重意愿。评选优秀师徒，建立知识共享激励补偿机制等。

（2）教师、师傅关系管理

身处同一场域的每一个体，都会产生认知的冲突。这种冲突有的来自个体本身知识、能力、经验的局限，也有的来自个体之间角色、观念、利益的差异②。身处同一场域的个体如此，身处校企不同场域的教师和师傅更是如此。现代学徒制太仓模式把教师、师傅关系管理作为课程人本化管理的重要内容之一。一是角色关系管理。教师是院校的现代学徒制课程管理者，管理的是企业的学徒（准员工）；师傅是企业的现代学徒制课程管理者，管理的是院校学生。教师和师傅身份不同，通过学徒/学生建立角色关系。二是协作关系管理。教师和师傅都是课程目标确定、课程结构重构、课程内容组织、教学模式选择、课程教学实施、课程评价的主体，特别是在现代学徒制课程开发过程中，要共同遵循职业行动和教育教学规律与标准，尤其要凸显协同配合。三是教学关系管理。院校教师通常负责基础课程和专业理论课程教

① 徐国庆.高职教育发展现代学徒制的策略：基于现代性的分析[J].江苏高教,2017（1）：79-84.
② 马成荣.高职院校高质量发展之"五型"设计[J].中国职业技术教育,2020（15）：30-35.

学，企业师傅通常负责专业实践课程教学。院校专业教师与企业师傅之间要建立教学伙伴关系，做好两者之间教学内容、教学安排、教学评价的衔接沟通，相互学习、相互促进。

（3）校企关系管理

校企合作归根结底是人与人之间的合作，现代学徒制也是如此。现代学徒制太仓模式校企关系的管理，实质是院校与企业中高层管理人员之间关系的管理。一是互动性管理。院校与企业中高层管理人员之间要建立交流沟通平台，经常互相联系，遇事及时沟通；建立例会制度，定期商讨课程管理的有关事项。二是延续性管理。院校和企业的人事变动是比较频繁的。一旦变动，变动方要及时告知合作方，并及时更改有关管理文件或合同。三是发展性管理。就是把对现代学徒制相关管理人员的管理纳入课程管理范畴，通过校企关系管理，提升课程管理质量，促进现代学徒制健康发展，形成校企关系与课程管理之间的良性循环。

3. 师资开发是现代学徒制太仓模式课程人本化管理的重点内容

徐国庆教授认为，师徒关系的现代化、面向产业的现代化、指导方式的现代化和培养标准的现代化是现代学徒制的本质，这些现代化大多与师资是密切相关的。因此，现代学徒制太仓模式把师资开发作为课程人本化管理的重点内容，主要围绕企业师傅开发、双师素质开发和团队精神开发等方面管理进行。

（1）企业师傅开发管理

企业师傅是现代学徒制不可或缺的师资力量，是现代学徒制成败和可持续发展的重要因素。企业师傅包括专职企业师傅和兼职企业师傅。现代学徒制太仓模式兼职企业师傅一般由企业生产主管或班组长兼任，进行开发管理的重点是专职企业师傅。一是制订企业师傅的入职标准。现代学徒制太仓模式的专职企业师傅通常来自合作企业生产一线并有五年以上工作经验，一般具备专业权威性、一定的专业技能操作能力、一定的教学能力等专业素质；具备正能量、责任心、较强的学习能力等社会素质。二是组织企业师傅的上岗培训。通常要经过德国行会（AHK 或 HWK）专门组织的师资培训或借鉴德国 Meister（师傅）培训做法的企业现场经理职业培训后才能上岗。三是开展企业师傅的职后提升。每年定期进行教育、教学、技术等方面的继续教育，不断地维持和发展其技术能手与教学行家这两个角色的专门知识。平时参与生产部门的工艺改进和技术攻关等工作，参与课程设计、课标制订、教材编写等课程开发工作，并实行师傅间教学模块轮换机制，逐步提升其课程意识与课程思维。对于生产、教学等各方面出色的企业师傅提供专门的管理知识与能力的提升训练，并将表现优秀者提拔为专职培训主任。

（2）双师素质开发管理

双师素质是指院校教师或企业师傅理论教学和实践教学能力方面的基本条件和品质，也是制约现代学徒制人才培养质量的关键要素。从目前职业院校的师资情况来看，绝大多数院校专业教师没有企业一线工作的经历，甚至相当一部分专业教师没有技术师范教育的经历；绝大多数企业师傅更没有技术师范教育经历，因此真正的"双师型"教师十分匮乏。现代学徒制太仓模式在个体和团队的双师素质开发管理上重点抓两个方面。一是"双师型"教师（师傅）的开发管理。将企业工作经历作为专业教师招聘的必备条件，建立企业优秀人才向院校教师过渡机制和转换机制。制订"双师型"教师（师傅）年度培养计划，有指标、有项目、有资金，每年对教师（师傅）分期分批进行理论教学和实践教学能力提升培训。重点进行专业教学法培训，院校教师侧重于实践教学能力培训，企业师傅侧重于理论教学能力提升。培训类型有职前培训、入职培训、在职培训及跟岗进修、高校进修、企业实践等。例如，我们建立了"中德双师型教师培养培训中心"，用于提升教师（师傅）的双师素质。二是"双师型工作团队"的开发管理。按不小于1∶16师生比配备专职师傅和专业教师，按不小于1∶3师生比配备兼职师傅，组建由院校专业教师和企业师傅组成的"双师型工作团队"。在企业，组建以企业师傅为主的、院校教师深度参与的创新工作室，带领学员共同参与技术攻关、工艺改进、产品研发等。在院校，组建以院校教师为主的、企业师傅深度参与的教师工作室，共同进行课程开发、教材编写、课程评价等。教师之间、师傅之间和教师与师傅之间组成师徒，新教师（师傅）通过学习老教师（师傅）教学实践来掌握所需教学技能，教学相长、共同提高。

（3）团队精神开发管理

现代学徒制的院校教师和企业师傅来自不同性质和管理文化的组织，围绕现代学徒制项目开展工作，团队精神的开发管理至关重要。现代学徒制太仓模式着重在教师（师傅）层面进行团队精神开发管理。一是组织管理。由企业师傅、院校专业教师和基础课程教师组建现代学徒制项目联合教研室，组织教育教学教研等活动，突出现代学徒制项目地位，强化团队人员集体意识。二是项目管理。组建模块化教学需要的教学创新小组，围绕课程，共同开发、共同实施、共同评价；组建技术研发与服务小组，共同参与技术攻关或重大比赛活动，在工作中交流互动，培育团队人员协作精神。三是考核管理。以学员接受上级质量检查和学业水平测试，或接受社会组织的第三方评价的综合考核结果作为考核团队全体人员的主要依据，促使团队人员形成共同服务学员成才的共同价值追求。

二、课程的柔性化管理

柔性化管理和人本化管理一样，本质上均是以人为中心的人性化管理。柔性化管理是一种具有灵活性、可通融性、以人为本的管理理念及行为，强调通过非强制的措施激发人的主动性和潜在能力，是一种把组织意志变为成员自觉行动的非强制性管理模式。现代学徒制太仓模式课程的柔性化管理主要指组织结构柔性化、管理决策柔性化和管理形式柔性化等几个方面。

1. 组织结构柔性化

现代学徒制太仓模式课程管理组织结构柔性化是指相关主体构建结构简洁、灵活可变、信任合作的组织机构，具体主要体现在管理层级扁平化、组织边界网络化、成员之间合作化等几个方面。

（1）管理层级扁平化

现代学徒制是一种真正"跨界"的技术技能型和应用型创新人才培养的模式，需要一种有别于传统院校和企业管理机构的创新方式。现代学徒制太仓模式注重课程管理层级扁平化。一是以工作流程为中心构建组织结构。建立决策职能的课程管理委员会、执行职能的课程联合管理办公室（联合教研室）和实施课程评价职能的评价委员会。二是减少管理层次、增大管理幅度。不管是"一对一"还是"一对多"治理结构，都"绕过"院校处室、企业科室等中间管理层次，直接对接学徒等课程要素，直接指向课程发展目标，全方位、全要素管理整个课程运行环节与过程。三是利用网络手段，实行目标管理。以项目为基本的管理单位，一个职能点在不同的关系里角色不同，与院校、企业及校企之间充分发挥信息通讯优势，快速沟通、深度交流、自主决策、自主管理，降低人力资源空置率，提升管理成效。

（2）组织边界网络化

现代学徒制通常在院校、企业都是一种特殊的存在，通常交叉"镶嵌"在院校和企业系统之中。现代学徒制太仓模式课程管理呈现组织边界网络化，组织边界不由预先设定的结构所限定，灵活而不僵死、富有柔性和创造性。一是院校边界网络化。课程管理组织机构与院校的处室和系部都存在关系，有些工作"外包"给院校的有关部门处理，也会把院校的有些活动纳入现代学徒制课程管理体系，和院校边界形成网络结构。二是企业边界网络化。课程管理组织机构与企业科室和车间都有关系，有些工作"外包"给企业的有关部门处理，也会把企业的有些活动纳入现代学徒制课程管理体系，和企业边界形成网络结构。三是外部边界网络化。课程管理组织机构把内部的"围墙"

推倒，让外部的教育部门与机构、行会等社会组织成为系统的组成部分，输出信息与资源，得到支持与反馈，和外部边界形成网络结构。

（3）成员之间合作化

现代学徒制项目组织本质是一个完整、统一的知识团队，课程管理的教师和师傅分别来自院校和企业，成员之间基本上不存在上下级行政关系，通常由来自企业的经理或主任扮演召集人的角色。现代学徒制太仓模式课程管理强化成员之间合作化。一是达成伙伴角色关系。倡导成员之间相互尊重、相互支持，共同参与和创新现代学徒制项目；营造成员在组织中人人被重视、被关怀氛围，共同努力为技术技能型人才和应用型人才培养和谐、协作工作。二是缔结信任情感关系。校企、院校教师与企业师傅之间畅通联系沟通渠道、搭建交流活动平台，促进院校教师和企业师傅之间、专职企业师傅和兼职企业师傅之间、院校任课教师之间、企业模块化教学团队成员之间奠定相互信任的坚实基础，建立友好合作的感情纽带。三是构筑共享共赢关系。强化团队合作、知识共享，建立集体成果、荣誉共享机制。对于个人成果如大型课件、活页式教材，由课程管理委员会购买的资源集体共享，围绕现代学徒制人才培养目标，打造全员共赢局面。

2. 管理决策柔性化

现代学徒制太仓模式课程管理决策柔性化是指相关主体不是依靠行政权力，而是依赖每个成员的主动性、内在潜力和创造精神所进行的课程管理决策行动，具体主要体现在最满意决策、集体性决策、非程序化决策等几个方面。

（1）最满意决策

事实上，现代学徒制相比院校形态职业教育，课程要素存在更大的不确定性，课程资源存在更大的不稳定性，课程管理决策时很难做到最优化决策。现代学徒制太仓模式课程管理在决策目标选择上，通常采用最满意决策。校企双方以满意准则代替最优化准则，根据已有的课程资源、已掌握的信息作出满意的选择，形成决策。例如，我们根据学员普遍是初中毕业生源、文化基础较差的特点，综合企业需求和学员个人发展需要，确定了为学员毕业时能在行业内对口就业、毕业三年成为行业内成熟的技术技能型人才服务的课程目标。

（2）集体性决策

校企在理念、制度、文化等方面存在一定的冲突，在现代学徒制课程管理决策时必须正视这个事实。校企之间、教师师傅之间思维上、行动上必须相向而行。现代学徒制太仓模式课程管理在决策方式选择上，通常采用集体性决策。校企各方独立自由发表意见和建议，双方充分听取和尊重对方的意见和建议，并能换位思考、集体讨论、综合分析，形成决策。通常运用施瓦布所说的"折中"艺术，解决课程决策问题，来调和各课程管理主体的不同要求，平衡各方的利害关系。例如，英语在世界上通用性高，通常学员在普通中学学的也是英语，由于部分德资企业工作语言是德语，我们就在课程方案中同时设置英语和德语科目，满足企业需要，也有利于学员的职业发展。

（3）非程序化决策

现代学徒制的课程管理具有赋权程度高的特点，而且大部分课程管理权力集中在课程管理委员会，大部分课程管理决策特别是重要课程管理决策由其进行程序化决策。但在具体的课程管理过程中，所有的课程管理都由课程管理委员会决策是不现实的。现代学徒制太仓模式课程管理在决策程序选择上，必要时采用非程序化决策。在一些要求必须快速出台的非战略决策，或解决课程管理局部问题、日常工作和作业任务中的问题上，给予教师（师傅）或"双师型工作团队"独立处理并决策的权力。例如，在岗下经验学习课程教学中，有一部分学员特别心灵手巧，做少量的练习件就能达到优秀标准并保持水平稳定。教师（师傅）或"双师型工作团队"就可以安排学员选修其他课程，甚至提前上岗学习，实行学制内的弹性学习。

3. 管理形式柔性化

现代学徒制太仓模式课程管理形式柔性化是指课程管理的制度建设和文化建设相结合，以管理制度和团队文化来规范相关主体的课程行为，具体主要体现在规范化管理、差异化管理、文化管理等几个方面。

（1）规范化管理

现代学徒制课程管理用行政方式、命令手段显然是不合适的。但这并不是说现代学徒制不需要规范化的刚性管理。其实，在技术管理方面，柔性化管理模式并不完全否定刚性化管理，而是它的构建要能体现弹性、适应性、扩展性和兼容性，柔性引领、刚柔相济[①]。现代学徒制太仓模式汲取院校课程管理和企业职业培训管理的精华，在课程运行的关键环节、院校教育与企业培训的共同环节、学生（学徒）环节等柔性引领、刚柔相济地构建了必要的课程管理制度，以规范现代学徒制各相关主体的基本课程行为。例如，制订了《现代学徒制课程开发评价办法》《现代学徒制课程第三方评价办法》《现代学徒制学生（学徒）学分管理条例》。

---

① 梅亚萍.积极心理学视野下五年制高职学生柔性化管理模式的构建［J］.中国职业技术教育，2015（26）：90-93.

（2）差异化管理

制度的实施是有基础条件的。企业运行与院校运行有很大的区别，不能用同一把尺子来衡量。事实上，有些现代学徒制课程管理制度在企业实施可行，但在院校实施却不可行；有些现代学徒制课程管理制度在院校实施可行，但在企业实施却不可行，这情况是普遍存在的。现代学徒制太仓模式课程管理针对企业、院校的具体情况，制订不同的课程管理制度，实行差异化管理。不同的企业根据自身特点制订课程管理制度，允许相互之间有差异。动态审视课程运行，在不同的时机和不同的环境，适时调整管理制度。例如，对于院校教师实行院校统一的课程管理制度，对于企业师傅实行各个企业的培训管理制度。对于学员，在院校实行院校统一的学生课程管理制度，在企业实行各个企业的学徒管理制度。

（3）文化管理

俗话说"三分管七分理"，管就是"刚性"的制度管理，理就是"柔性"的文化管理。现代学徒制的"跨界"特征，决定了其课程管理全部用"刚性"的制度管理是行不通的。现代学徒制太仓模式注重课程管理的文化管理，用制度化管理与文化管理结合彰显其柔性化管理。在教师（师傅）、学员的工作生活中，在课程运行的日常活动中，在制度管不着、管不好和不适合管理的地方，着重用职业文化、企业文化、技术文化、校园文化等渗透到每一个环节或细节中去，熏陶、滋润每一个现代学徒制的主体，让每一个主体主动认同与接受现代学徒制的目标与价值，形成自觉意识，养成自觉行动，提升课程管理水平。例如，我们倡导"学生是未来，将他育成才；学生是未来，一定能成才"的核心教育理念，树立"助学生成才、让社会满意"的宗旨，推崇"尚美、创新、实干"的品质，运用"公平、公正、公开"主导的管理方法。

三、课程的精准化管理

精准化管理是对战略和目标分解精细和聚焦落实的过程，注重细节管理，是以量化管理为基础，以不断改进为循环，以项目团队为单元的管理运营系统，是从经验型管理向规范化管理的最有效体系之一[①]。现代学徒制课程运行是一个复杂的体系，在其思想观念、运行战略、工作方式、实施策略、绩效管理等课程管理方面实行精细化管理，有助于将现代学徒制落实到位，提高现代学徒制的效率和质量。现代学徒制太仓模式课程的精准化管理主要指瞄准课程管理的焦点、抓住课程管理的重点、突破课程管理

---

① 王世强．新时期高校行政管理工作精准化管理探究［J］．企业管理，2018（12）：62-63.

的难点等几个方面。

1. 瞄准焦点——对准现代学徒制课程管理的关键所在

现代学徒制校企双主体的特征，决定其课程管理内容上有别于院校形态的职业教育，对准制约现代学徒制课程发展的关键点实施课程管理，明确了课程管理的方向，十分重要。现代学徒制太仓模式的课程管理对准理清管理思路、落实工学交替、实行三方评价等关键所在，进行课程精准化管理。

（1）理清管理思路

不同的职业教育人才培养模式有不同的课程管理模式，也就有不同的课程管理思路。思路决定出路，现代学徒制课程管理思路是其课程管理的"牛鼻子"，事关大局。现代学徒制太仓模式课程管理立足双主体、全方位，注重管理思路梳理与设计，为现代学徒制太仓模式课程管理构筑前提。一是项目抓手、融合管理。以现代学徒制项目为单元进行相对独立的课程管理，项目有一校一企、一校多企两种情况，校企之间融合各课程要素，相互配合，共同实施课程管理。二是多元主体、双轨并进。以院校教师、企业师傅和学员为课程管理的主要主体，校企分别对课程运行中的人、财、物、时间和空间等课程资源进行管理，相向而行、双轨并进。三是全程管理、服务学员。对课程运行的开发、实施、评价全过程进行管理，特别要加强课程开发的管理和企业课程学习的管理，用课程管理来为现代学徒制人才培养保驾护航，为学员成长服务。

（2）落实工学交替

工学交替是指学员在院校课堂和企业车间两个学习环境中交替，以完成相关知识技能学习和职业素养养成的形式。工学交替是现代学徒制的基本特征之一。是否进行工学交替，是衡量是否是现代学徒制职业教育形态的重要标志之一。现代学徒制太仓模式课程管理从课程设计、课程开发到课程实施均以工学交替为主线，狠抓落实。一是确保企业学习的比例。工作本位学习时间原则上不少于50%，其中工作现场学习时间原则上不少于30%。二是确保企业学习内容的系统性。企业学习内容有岗下经验学习课程内容，也有工作现场学习课程内容；工作现场学习课程内容覆盖专业对应职业的岗位群工作内容。三是工学交替固定有序。院校、企业商量确定采用日释制或期释制工学交替形式，共同设计工学交替模型并按模型运行，有序实施工学交替。四是工学交替机制健全。院校、企业按照"谁主导、谁负责"的原则，在院校课堂或企业车间学习期间，院校或企业从场地、师资、设备、课程等全方位提供保障，全面管理学员。

（3）实行三方评价

课程评价的目的是促进课程的发展。正确的评价有利于促进课程发展，错误的评价反而会阻碍课程发展。影响课程评价的因素是多方面的，评价主体的主观性、片面性等往往成为影响课程评价的主要因素。现代学徒制太仓模式课程管理从评价主体出发，实行三方评价。一是实行院校方评价。对课程运行的相关环节，院校组织力量进行检查、监督、考核、评估，例如课程标准制订的评估验收、新型活页式教材开发的评估验收；组织文化基础考核、专业基础考核和基础技能考核。二是实行企业方评价。对课程运行的相关环节，企业组织力量进行检查、监督、考核、评估，例如工作本位学习课程项目的评估考核、工作手册式教材的评估考核，组织专门技能考核、综合工作素养（岗位技能）考核。三是实行第三方评价。校企双方共同接受教育机构或社会组织对课程运行的相关环节，进行检查、监督、考核、评估，例如教育质量督导、教学质量检查，接受第三方考试，例如省学业水平考试、行会的毕业考试。

2. 抓住重点——凸显现代学徒制课程管理的核心要点

现代学徒制是技术技能型创新人才和应用型创新人才的培养模式，企业学习、实践教学、做中学等是其本质内涵，把握制约现代学徒制课程发展的核心点实施课程管理，决定了课程管理的成败，极其重要。现代学徒制太仓模式的课程管理抓住课程思维建立、课程开发组织、实践教学平台运行等核心要点，进行课程精准化管理。

（1）课程思维建立

课程思维的本质是管理思维。现代学徒制课程管理有赋权程度高的特点，通常没有现成的课程方案可参考，也没有现成的课程标准可借鉴，更没有现成的课程资源（如教材）可利用，因此建立现代学徒制相关主体特别是教师（师傅）的课程思维尤其重要。现代学徒制太仓模式课程管理致力于相关主体包括管理者的课程思维建立。一是建立大课程观。通过专题学习和专家辅导，让现代学徒制相关主体超越狭隘的"课堂教学"立场，站在广阔的"课程"立场思考和分析现代学徒制问题，在对现代学徒制体系及其课程体系有完整把握的前提下，把教学问题纳入课程问题的轨道，建立课程包含教学的大课程观。二是建立课程建设观。通过指导教师（师傅）全程参与课程管理，定位课程目标、制订课程标准、编写课程实施方案、评价课程开发和课程实施等，让现代学徒制的教师（师傅）建立课程建设观，从课程的被动使用者转变为课程的反思构建者。三是建立课程教学观。通过强化产教融合、院校教师与企业师傅交流互动，引导教师（师傅）不仅关心"怎么教"，也要关心"教什么"，甚至关心"为什么教"。对课程的所有要素进行溯源性思考。不仅仅追问为什么要选择这些知识，还要追问为什么要设置这些课程，这些课程赖以存在的基础是什么，能否改变等等[①]。让教师（师傅）建立课程建设观，促使其课程实施理念符合职业教育的特征和专业发展趋势，课程教学内容满足产业的发展需求，教学方法能促进学员职业能力的形成等。

（2）课程开发过程组织

课程开发过程的组织是现代学徒制课程管理的重中之重，它不仅关系到课程开发的成败，还关系到课程开发的质量，进而影响到现代学徒制项目的生命力和持续性。现代学徒制太仓模式课程管理十分重视课程开发过程的组织。一是规范课程开发"招标"过程。根据现代学徒制人才培养方案和现有课程建设情况，确定课程开发的项目内容，向全体相关的院校教师和企业师傅发布，并由课程管理委员会择优确定具体的开发者或开发团队。二是规范课程开发操作过程。无论是课程方案开发，还是课程标准开发，或是教材等课程资源开发，均制订具体的开发程序和方法，并在具体开发过程中制订详细的工作流程图、实现路径图、时间进度表以及权力清单。例如，课程标准中课程内容的开发程序为：企业调研确定工作岗位—工作任务分析确定工作任务—工作任务分析确定职业能力要求—教学任务分析确定课程内容（教学模块／项目）。三是规范课程开发审议过程。课程开发后的成果，如课程标准、教材，由课程评价委员会组织审议，通常程序为专家（教学骨干与业务领导）审阅成果、开发者或团队介绍成果特色、提问答辩、成果鉴定。四是规范课程开发成果发布使用。通过鉴定后的课程开发成果，由课程评价委员会认定发布，由联合教研室组织使用。

（3）实践教学平台管理

作为现代学徒制课程资源的实践教学平台建设固然重要，但实践教学平台的管理更加重要。只有被利用了的课程资源才成为课程，才能在人才培养中体现价值、发挥作用。实践教学平台只建不用是极大的浪费；实践教学平台只用不管是低效率、不可持续的。实践教学平台管理是实践教学平台有效利用的保障。现代学徒制太仓模式课程管理把实践教学平台管理置于整个课程管理的核心。一是项目经理专职管理。现代学徒制课程管理委员会聘请具备双师素质的专门人才任实践教学平台管理的专职经理，统筹协调实践教学平台及相关的课程管理工作。通常现代学徒制的实践教学平台建在企业，例如企业培训中心，项目经理则由企业管理人员担任。二是成本分担管理。校企建立教学平台成本分担机制，固定投入原则上"谁投入、谁拥有"，运行投入原则上"谁运行、谁投入"，也可实行混合所有股份制。实践教学平台建立项目专项资金制度，单独记账、独立核算、专款专用。三是模块化教学运行管理。院校教师或企业专兼

---

① 徐国庆.课程涵义与课程思维［J］.中国职业技术教育，2006（3）：18-20.

职师傅分别承担若干个教学模式的教学任务,根据工学交替模型具体组织学员以小组轮换形式学习。

3. 突破难点——攻克现代学徒制课程管理的瓶颈环节

现代学徒制学习地点双场所、教育培训双导师、课程教学双标准等,给其课程运行增加了复杂性,也给课程管理增加了不少难度,攻克制约现代学徒制课程发展的瓶颈点,决定了课程管理的水平,非常重要。现代学徒制太仓模式的课程管理从突破教材有效开发利用、工作现场学习课程运行、课程资源合理配置等瓶颈环节入手,进行课程精准化管理。

（1）教材有效开发利用

现代学徒制课程体系有其特殊性,课程内容与其合作企业的职业活动有很强的针对性,除了基础课程有配套的国规、省规教材外,专业技能课程很少有现成配套的教材可选用。有些现代学徒制项目因没有解决教材问题而被迫走回院校职业教育的老路。现代学徒制太仓模式课程管理创新教材开发利用机制,综合开发利用各种资源,满足现代学徒制课程教学需要。一是选定专业专用教材。通常选择一本现代学徒制专业对应职业的最新版工具书作为专业的专用教材,例如《简明机械手册》。二是选择参考教材。选择若干本现代学徒制专业的优秀教材作为学员学习的参考书;利用合作企业相关的技术资料、操作规程、标准手册等,作为学员学习的工作手册式教材。三是开发活页式教材。教师(师傅)根据课程标准和教材编写要求,结合工具书和参考书,编写新型活页式教材。

（2）工作现场学习

企业工作现场是最好的职业技能学习场所,工作现场学习是最好、最有效的技能学习形式,工作现场学习也是现代学徒制课程实施的重要标志,是不可或缺的。在我国现代学徒制发展的现阶段,工作现场学习管理不可避免地成为课程管理的难题。现代学徒制太仓模式课程管理强化工作现场学习管理,从企业实际出发,企业为主、院校支持,实施工作现场学习。一是明确工作现场学习课时。规定工作本位学习课程课时不得少于50%,其中工作现场学习课程课时不得少于30%(包括顶岗实习课时),并按工学交替模型严格执行。二是明确工作现场学习内容。规定工作现场学习内容主要是企业岗位培训课程的拓展内容和企业的实时、实际生产工作内容。三是明确工作现场学习形式。规定工作现场学习主要形式是在企业师傅指导下在工作岗位上通过生产工作学习(跟岗学习),并在专业对应的企业岗位群轮流学习(轮岗学习)。四是明确工作现场学习评价。规定主要以企业岗位生产工作考核标准来考核学员,采用师傅考核与部门评价相结合、阶段考核与综合考核相结合。

（3）资源合理配置

现代学徒制相关课程资源分属于院校和企业，协调难度比较大，而且通常专用性不高、充足性不够，处理不好，往往成为制约现代学徒制课程发展的瓶颈。现代学徒制太仓模式课程管理高度重视资源配置的管理，统一目标、创新机制，实现现代学徒制课程资源的最优化配置。一是创新合作机制。针对地方企业绝大多数为小微企业的情况，构建了一校多企"一对多"治理结构，对人力、物力、财力、制度配套等多方面进行合理配置，满足工作现场学习岗位、企业师傅等课程资源的需求。二是创新协调机制。组建由院校教师和企业师傅组成的现代学徒制课程联合教研室（培训中心），设置专职的经理或主任，协调院校和企业的课程资源配置。三是创新分担机制。除在教学平台建设的投入成本分担机制外，在管理上实行"谁主管、谁负责"的分担机制，院校和企业分别对自己管理时间、空间内课程资源统筹配置、全权负责，做到既无闲置浪费，又能协调配合。

四、课程的信息化管理

信息化管理是指依托信息技术，运用现代化管理原理，优化管理过程、提高管理效率，实现管理现代化的方式与手段。在企业管理中，信息化管理水平、应用程度不平衡，通常现代型企业水平高、应用广，传统型企业水平低、应用少。在职业院校管理中，信息化管理正在普遍快速推广应用中。但信息技术应用于现代学徒制的课程管理，还未见系统成熟的案例。现代学徒制太仓模式强调了信息技术的重要性，通过信息化系统平台的构建，强化院校和企业的协同课程管理，有效克服传统合作模式下校企因时空、文化氛围和管理模式不同而形成的管理沟堑。

1. 定制化开发

现代学徒制课程信息化管理是指在课程管理中，通过信息技术与管理理念的融合，实现管理流程的优化与重组，改革课程运行方式，促进现代学徒制课程发展。现代学徒制的课程管理有别于院校管理，也有别于企业管理，其信息化管理必须定制化开发，才能更好地有助于促进课程发展、促进学员成才。现代学徒制太仓模式重点在综合管理系统、课程设计系统和实践教学系统三个方面进行了定制化开发探索。

（1）综合管理系统开发

现代学徒制太仓模式综合管理系统是个校企协同育人智慧平台，是在院校传统智慧校园平台的基础上,通过技术重构,集成课程中心教学平台和图书管理、一卡通等资源,将院校、合作企业(包括社会其他合作单位)融为一体,集中进行身份、角色和权限的管理。院校师生和合作企业的相关管理人员、师傅可以通过平台共同开展日常办公、流程审议、合同管理、项目管理、人事管理、学生管理、教学管理、后勤管理、信息管理、招生迎新等工作(图 5-2)。平台的构建采用两层结构,核心保障层包括合同管理、成本管理、过程管理和状态管理,应用实施层包括组建成员、确定目标、组合内容、制订方案、推进项目和评价绩效。通过双元约束、成本分担、过程审议、状态控制保障了现代学徒制双元实施策略的顺利实施(图 5-3)。不仅对数据中心进行了有效管理,彻底消灭了数据孤岛,做到数据源头唯一高度共享。同时,深入实现了业务功能的高度协同,有效支撑院校和企业完成包括课程管理工作的协同育人工作。

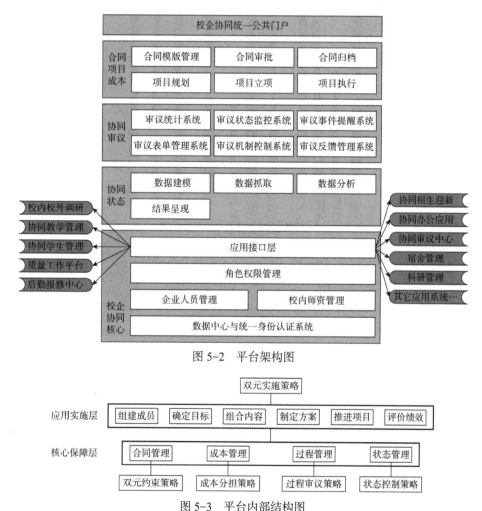

图 5-2 平台架构图

图 5-3 平台内部结构图

（2）课程设计系统开发

现代学徒制太仓模式课程设计系统处于综合管理系统的应用实施层，涵盖了实施层中组建成员、确定目标、组合内容、制订方案等部分，是现代学徒制太仓模式综合管理系统子系统之一。在技术上，现代学徒制太仓模式课程设计系统采用了 C/S 架构，以满足企业的私密性要求，丰富了综合管理系统的混合架构模式，与综合管理系统内部实现了高度的数据整合和功能互通。以现代学徒制人才培养方案开发为例（图5-4），从组建开发团队到推送至各方发布，都在互联网平台上进行，期间经过包括形成分析报告和形成人培方案两个阶段，都由开发、审议、生成报告或方案三个步骤组成。校企专家可通过共享空间在不同地域、同一时间段完成同一份文件，如人才培养方案、课程标准、单元设计的开发。

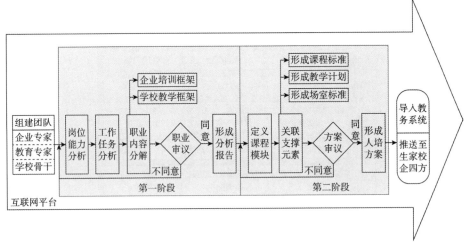

图 5-4　现代学徒制人才培养方案开发流程图

（3）实践教学系统开发

现代学徒制太仓模式实践教学系统由系统登录、计划管理、生产管理、仓库管理、工具管理、设备管理（图5-5）、产品工艺、成绩管理、师生管理、看板管理、基础信息、系统管理等十二个管理模块构成。每个管理模块下都有若干个子模块，每个子模块有若干管理功能。如计划管理包含教学计划、教学订单、教学工单、工单监控四个子模块，其中教学计划子模块有查询、新增、修改、删除、生成订单功能。实践教学系统内容可视化—图文并茂、视频相关，进程实时化—学习进度、成绩实时呈现，过程无纸化—技术资料、质检报告 PAD 端查看。实践教学系统还实现了由单调的文字、图纸转化为形象生动的立体图三维图或小视频、动画；机构的执行动作分解，产品的装配爆炸动画等等。

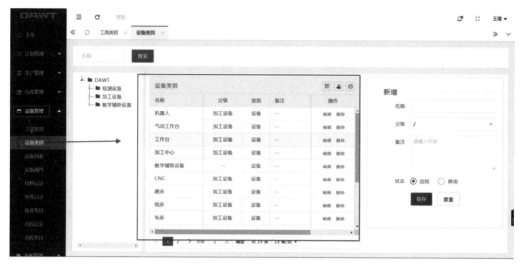

图 5-5　设备管理查询设备类别信息

2. 一体化管理

现代学徒制太仓模式通过开发适合管理标准的课程管理信息化处理系统，对课程资源进行统一信息化管理、实时调度和合理调配，实现现代学徒制课程一体化管理。其主要体现在课程运行管理一体化、课程开发过程管理一体化和实践教学过程管理一体化等方面。

（1）课程运行管理一体化

现代学徒制太仓模式综合管理系统拥有强大的数据中心、身份认证、公共门户和大数据分析系统，具有人事管理、课程开发管理、教学管理、项目管理、合同管理、企业主体管理、企业成员管理、质量督导与控制、审议（流程）中心等功能，让院校和企业的课程管理在线上实行一体化。例如，合同管理子系统规范合同模板，为现代学徒制制订法律文书提供了规范性保障。课程开发管理子系统克服了院校和企业在文化氛围、管理模式、地点差异等方面带来的不便，校企专家利用空余时间，随时随地投入到课程开发之中。教学管理子系统提供了灵活强大的教学班管理和高可视化自动排重的排课系统，同时满足了院校和企业的管理模式分配教学任务。质量督导与控制子系统充分利用了大数据技术，利用管理驾驶舱技术对现代学徒制等各方面进行状态监控、评价与诊断。

（2）课程开发过程管理一体化

在课程开发过程中，校企的课程开发人员和审议人员直接从综合管理系统的师资管理子系统中抽取。课程开发人员通过课程设计系统将"实践专家研讨会"搬到线上，按照领域（岗位或岗位群）、岗位职责和岗位任务的顺序逐项提交意见，然后通过投票机制由所有参与者对已提交的意见进行表决。表决结果按程序提交给审议人员进行审议，审议通过的能力分析最终结果进入版本库，由课程评价委员会通过后进入下一阶段开发。课程开发人员通过课程设计系统逐个选择岗位任务，按照每个岗位任务所需的理论知识与职业态度、要求达到的职业技能、可关联的职业证书、教学中会用到的工量具和场地及注意事项四个维度依次列出相应知识点。根据专业目标确定课程或教学模块的名称，自由选择上一阶段形成的知识点，明确可以使用的课程教学资源、教材和参考书，安排课程的教学周、周学时、理论学时和实践学时等，形成教学课程或模块。最后由专业负责人选择课程开发文本模板，利用系统一键生成对应的培养方案等课程文本，确认后提交审议人员进行审议，审核通过后由课程评价委员会公布执行。

（3）实践教学过程管理一体化

在实践教学过程中，教师（师傅）前期把所有实践教学课程所需要用到的技术图纸、技术要求、学前知识点、加工工艺、质检文件等录入实践教学系统。在具体实施过程中，由教师（师傅）提前在计划管理模块中发布当前的教学计划，并由此生成相应的教学订单，发布给学员个人或教学小组。教学订单发布完成后会生成相应的教学工单并一一对应到每个学员，学员通过PAD端查看自己的教学工单，现场大屏看板中则会显示每个学员的工单状态，包含学号、姓名、工时、进度、工位、质量、速度等信息。学员完成相应的任务后在系统中提交完工，再下载相关的质检文件进行工件的自检，并提交自检报告。教师（师傅）在系统中得到对应学员的自检报告并进行评分及评价。所生成的成绩可在大屏看板上显示，并生成相应的学习柱状图表。如此，实现教学资料、教学实施、教学评价信息化管理一体化。

3. 全面性体验

在任何管理中，信息化是手段，运营是关键，业务流程的优化或重组是核心。现代学徒制太仓模式课程信息化管理实质是对现代学徒制课程运行的改造和创新，是一个系统的管理工程改革，推进的关键在全面性体验。

（1）全员体验

全员体验是指现代学徒制的所有相关主体既是信息化管理者，又是信息化被管理者，都要投身到信息化管理的应用中。全员体验是现代学徒制信息化管理的前提与基础，决定其信息化管理的成败。现代学徒制太仓模式课程信息化管理注重全员体验。无论是院校人员还是企业人员、院校领导还是院校教师、企业管理者还是企业师傅以及其他相关人员，均以个人身份登录课程管理的相关系统，按规定、程序进行相关管理工作。对于个别年龄偏大、信息技术能力较差的人员，配备专门"助手"予以帮助，在信息化管理的进程中，做到一个也不能少，逐步使课程的信息化管理成为全体相关人员的工作常态和习惯。

（2）全程体验

全程体验是指现代学徒制课程运行的开发、实施、评价，全过程都运用信息技术进行课程管理。全程体验是现代学徒制信息化管理的目标与追求，它决定其信息化管理的深度。现代学徒制太仓模式课程信息化管理注重全程体验。特别是在课程开发、课程实施、课程评价环节，结合现代学徒制课程管理实际，通过一步步的信息化流程改造，促进课程改革，提高课程管理效率。关键是要在现代学徒制的课程实施环节实现信息化管理，而不是仅仅停留在课程教学的外围做"表面文章"。现代学徒制课程信息化管理的全程体验并不是一蹴而就，贵在系统设计，分步实施，不断完善。现代学徒制课程信息化管理的全程体验并不是排斥其他有效的管理方式，而是以信息技术为手段辅助管理，降低管理成本、提高管理效益。

（3）全方位体验

全方位体验是指现代学徒制课程管理相关要素、环节与时空都运用信息技术进行课程管理。全方位体验是现代学徒制信息化管理的方向与趋势，决定了信息化管理的广度。现代学徒制太仓模式课程信息化管理注重全方位体验。以课程运行管理信息化为中心，把课程管理相关的方方面面纳入信息化管理范畴，用信息技术改造或创新传统的管理程序，为发展现代学徒制课程服务。例如，利用雷达图对每位教师（师傅）的发展状况进行实时展示，鼓励教师（师傅）自我成长。在招生迎新时，院校和企业使用同一个平台，完成面试、注册、编班等工作。学员可以通过管理平台自行分组，参与组内实时讨论沟通，实现同一时间不同地域共同学习。课程管理平台兼容多终端的接入，利用学员"碎片化时间"，突破时域、地域的限制，实现泛在学习和师生实时互动等等。

参考文献：

1. BILLET S R. Authenticity and a Culture of Practice［J］.Australian and New Zealand Journal of Vocational Education Research，1993（1）：1–29.

2. 百度百科. 主体性［EB/OL］.（2019–5–15）［2021–1–3］https：//baike.baidu.com/item/ 主体性 /4257047？ fr=aladdin.

3. 杜娟，杨翠友. 基于 "PDCA" 循环的现代学徒制课程质量保证体系的构建［J］.职教论坛，2019（5）：66–71.

4. 关晶. 现代学徒制办学模式：内涵、现状与发展策略［J］.职教论坛，2018，（6）：31–36.

5. 关晶. 职业教育现代学徒制的比较与借鉴［M］.长沙：湖南师范大学出版社，2016.

6. 郭汉桥. 基于现代学徒制的机电专业人才培养体系构建——以清远职业技术学院现代学徒制 "新玛基班" 为例［J］.辽宁高职学报，2016（7）：8.

7. 黄河，杨明鄂，旷庆祥. 职业教育 "新型活页式教材" 的内涵及建设路径［J］.教育与职业，2021（2）：99–102.

8. 江小明，李志宏，王国川. 对落实《教育部关于职业院校专业人才培养方案制订与实施工作的指导意见》的认识与思考［J］.中国职业技术教育，2019（23）：5–9.

9. 姜大源. 职业教育学位设置：文本分析与模式识别—基于比较视野的职教法律法规相关条款的解释［J］.中国职业技术教育，2020（16）：5–24.

10. 姜大源. 职业教育学研究新论［M］.北京：教育科学出版社，2007.

11. 姜大源. 中德职业教育合作 30 年大事记［J］.中国职业技术教育，2009（35）：9.

12. 李华. 中国资本主义蓝牙问题论文集［M］.南京：江苏人民出版社，1983：95.

13. 李力，张芸祯. 国外关于工作本位学习的研究述评［J］.比较教育研究，2017（4）：18.

14. 李蔺田. 中国职业技术教育史［M］.北京：高等教育出版社，1994：311.

15. 李祥新，李岩. 现代学徒制教学管理的研究与实践［J］.中国职业技术教育，2018（20）：33–37.

16. 楼一峰，高等职业教育课程资源的开发和利用［J］.职业技术教育，2007（1）：54–55.

17. 马成荣.高职院校高质量发展之"五型"设计［J］.中国职业技术教育,2020（15）：30-35.

18. 马君,李姝仪."扩大学徒制"计划：美国现代学徒制改革的新思路［J］.中国职业技术教育,2019（27）：50-59.

19. 马庆发.职业教育课程资源理念拓展研究［J］.职教论坛,2011（21）1-4.

20. 梅亚萍.积极心理学视野下五年制高职学生柔性化管理模式的构建［J］.中国职业技术教育,2015（26）：90-93.

21. 莫雷.教育心理学［M］.北京：教育科学出版社,2007.

22. 全国人大常委会.中华人民共和国职业教育法（修订草案）［EB/OL］.（2021-6-17）［2021-8-21］.https：//www.xianjichina.com/news/details_270065.html.

23. 人民网.1992年1月18日邓小平同志南巡［EB/OL］.（2013-1-18）［2020-12-25］.

24. 山崴,邓国民.基于工匠精神的中职服务业人才培养路径研究—大连商业学校的探索与实践［J］.中国职业技术教育,2019（31）：81-87.

25. 宋惠昌.人是目的而不是工具［EB/OL］.（2016-4-11）［2021-2-7］.http://www.cssn.cn/dzyx/dzyx_gwpxjg/201604/t20160411_2960710.shtml.

26. 汪治.职业教育专业人才培养方案科学制订的理念与策略［J］.中国职业技术教育,2019（23）：15-19.

27. 王承绪,徐辉.战后英国教育［M］.南昌：江西教育出版社,1992：203.

28. 王世强.新时期高校行政管理工作精准化管理探究［J］.企业管理,2018（12）：62-63.

29. 王星.现代中国早期职业培训中的学徒制及其工业化转型［J］.北京大学教育评论,2016（7）：84-99.

30. 吴刚平.课程资源的理论构想［J］.教育研究,2001（9）：64-64.

31. 吴玉琦.中国职业教育史［M］.长春：吉林教育出版社,1991：12.

32. 细谷俊夫.技术教育概论［M］.北京：清华大学出版社,1984：19.

33. 徐国庆.高职教育发展现代学徒制的策略：基于现代性的分析［J］.江苏高教,2017（1）：79-84.

34. 徐国庆.课程涵义与课程思维［J］.中国职业技术教育,2006（3）：18-20.

35. 徐涵.德国中等职业教育发展趋势—基于1992-2016年的数据分析［J］.中国职业技术教育,2020：30.

36. 许占山.助推区域经济发展的平度"双元制"职业教育［M］.青岛：中国海洋

大学出版社, 2017: 56.

37. 俞启定、和震.中国职业教育发展史［M］.北京：高等教育出版社, 2012.

38. 袁丽英.职校课程管理的特点与趋向［J］.职教论坛, 2019（36）: 66–70.

39. 在职研究生教育信息网.教育学在职研究生教师素质的提高［EB/OL］.（2015–11–27）［2021–2–6］.https://www.eduei.com/jiaoyuxue/baokaozhinan/18883.html.

40. 张爱芹, 徐国庆.从"教学管理"走向"课程管理"——高职院校课程管理基本问题探究［J］.职教论坛, 2009（5）下: 6–9.

41. 张爱芹.高职院校课程管理的主体性缺失及理论归因［J］.职教论坛, 2008（12）下: 9–11.

42. 张荣胜.关于职业教育课程评价的探讨［J］.中国职业技术教育, 2011（29）: 74–76.

43. 张守一.知识.知识经济.知识产业［J］.数量经济技术经济研究, 1998（6）: 79.

44. 赵鹏飞, 李海东, 张志, 刘武军, 陈秀虎, 蒋中午.广东特色现代学徒制实践探索与未来趋向［J］.中国职业技术教育, 2019（20）: 5–12.

45. 赵志群.建设现代学徒制的必要性和实现路径［J］.人民论坛, 2020（03）下59–61.

46. 赵志群, 海尔伯特·罗什.职业教育行动导向的教学［M］.北京：清华大学出版社, 2016.

47. 郑玉清.国外现代学徒制成本分担机制探析——兼论现代学徒制企业的成本与收益［J］.中国职业技术教育, 2016（15）: 63–68.

48. 职场.关于行动导向的教学［EB/OL］.（2019–1–20）［2021–2–5］https://www.hunanhr.cn/zuowendaquan/2019/0120/322280.html.

49. 中共中央.关于制定国民经济和社会发展第十四个五年规划和二〇三五年远景目标的建议［EB/OL］.（2020–10–29）［2020–12–1］.https://www.ndrc.gov.cn/fggz/fgdj/zydj/202011/t20201130_1251646.html.

50. 中华人民共和国国务院.关于国营、公私合营、合作社营、个体经营的企业和事业单位的学徒期限和生活补贴的暂行规定［EB/OL］.（1958/11/16）［2020/12/1］.https://law.lawtime.cn/d658508663602.html.

51. 中华人民共和国国务院.关于加快发展现代职业教育的决定［EB/OL］.（2016–6–22）［2020–12–3］.http://www.gov.cn/zhengce/content/2014-06/22/content_8901.htm.

52. 中华人民共和国国务院.关于加快发展现代职业教育的决定［EB/OL］.（2016–6–22）［2020–12–3］.http://www.gov.cn/zhengce/content/2014-06/22/content_8901.htm.

53. 中华人民共和国国务院. 关于深化产教融合的若干意见 [EB/OL]. (2017-12-19) [2020-12-10] http://www.gov.cn/zhengce/content/2017-12/19/content_5248564.htm

54. 中华人民共和国教育部. 关于开展现代学徒制试点工作的意见 [EB/OL]. (2014-8-27) [2020-12-5] http://www.moe.gov.cn/srcsite/A07/s7055/201408/t20140827_174583.html.

55. 中华人民共和国教育部. 关于开展现代学徒制试点工作的意见 [EB/OL]. (2014-8-27) [2020-12-5] http://www.moe.gov.cn/srcsite/A07/s7055/201408/t20140827_174583.html.

56. 中华人民共和国教育部. 关于全面推进现代学徒制工作的通知 [EB/OL]. (2019-5-15) [2020-12-5] http://www.moe.gov.cn/srcsite/A07/s7055/201906/t20190603_384281.html.

57. 中华人民共和国教育部. 中华人民共和国职业教育法修订草案 (征求意见稿) [EB/OL]. (2019-12-5) [2020-12-10] http://www.moe.gov.cn/jyb_xwfb/s5989/201912/t20191224_413254.html.

58. 中华人民共和国劳动部. 关于技工学校深化改革的意见 [EB/OL]. (1989-5-10) [2020/12/3]. http://www.law-lib.com/law/law_view.asp? id=99097.

59. 中华人民共和国劳动部. 技工学校暂行办法 (草案) [EB/OL]. (1954/5/25) [2020/12/1]. https://baike.baidu.com/item/.

60. 中华人民共和国劳动总局. 关于加强和改进学徒培训工作的意见 [EB/OL]. (1981-5-21) [2020/12/3]. 中华人民共和国劳动总局. 技工学校工作条例 (试行) [EB/OL]. (1979-2-20) [2020/12/2]. https://china.findlaw.cn/fagui/p_1/88983.html.

61. 中华人民共和国劳动总局. 技工学校工作条例 (试行) [EB/OL]. (1979-2-20) [2020/12/2]. http://www.law-lib.com/law/law_view.asp? id=43883.

62. 中华人民共和国人力资源社会保障部, 财政部. 关于全面推行企业新型学徒制的意见 [EB/OL]. (2018-10-27) [2020-12-5] http://www.gov.cn/xinwen/2018-10/27/content_5334950.htm#1.

63. 中华人民共和国人力资源社会保障部, 财政部. 关于全面推行企业新型学徒制的意见 [EB/OL]. (2018-10-27) [2020-12-5] http://www.gov.cn/xinwen/2018-10/27/content_5334950.htm#1.

64. 中华人民共和国人力资源社会保障部办公厅, 财政部办公厅. 关于开展企业新型学徒制试点工作的通知 [EB/OL]. (2015-8-3) [2020-12-5] http://www.mohrss.gov.cn/zynljss/ZYNLJSSzhengcewenjian/201508/t20150803_216721.html.

65. 中华人民共和国人力资源社会保障部办公厅，财政部办公厅 . 关于开展企业新型学徒制试点工作的通知［EB/OL］.（2015-8-3）［2020-12-5］http：//www.mohrss. gov.cn/zynljss/ZYNLJSSzhengcewenjian/201508/t20150803_216721.html.

67. 庄西真 . 从遥不可及到触手可及——"可及性学习型社会"的概念、价值与测评维度［J］. 职教通讯，2019（9）：16-21.

68. 邹成效，衡孝庆 . 论融合性［J］. 学习与探索，2016,（03），27-31.

后　记

今天是教师节，历时十个月的写作与修改，《本土化构建：现代学徒制太仓模式》终于完稿了，这是自己参与江苏省教育科学"十三五"规划重点资助课题"现代学徒制：高素质技术技能人才培养的质量保证与制度创新研究"的研究成果，也是送给第37个教师节的重要礼物，内心十分欣慰。

在此，我首先要感谢杨伟国、张振中、陈坚毅和艾米勒、格莱夫、歇帕斯、彼特、贝克等中德专家20年来对我的启迪和指导；其次要感谢我的同事们20年来对我的理解和支持；再次要感谢在本书撰写过程中关心、帮助我的王振东、邵长孝、陈彦霖等培训师和朱建清、李莹德、王成忠、黄振贤、俞梦迪、张照磊、侯宏强、陆清漪、赵云等老师。另外，特别要感谢亦师亦友的太仓市教师发展中心施国良老先生，是他30多年的无私帮助、默默关心和潜心辅导，才使我有了撰写本书的勇气和信心，才使得本书得以顺利出版。

在这里，我也要感谢我的家人，正是由于他们长期以来对我工作的理解和支持，才使得我能全身心地投入到工作和研究之中，取得了一点点无愧于自己的成绩。

姜大源先生在百忙之中为本书作序，上海教育出版社公雯雯主任为本书的文字修改、编辑做了大量工作，在此深表谢意。

最后，愿本书能抛砖引玉，企盼在探索中国特色学徒制的过程中，涌现出一批批新的成果。

作者

2021 年教师节

图书在版编目（CIP）数据

本土化构建：现代学徒制太仓模式 / 周新源著. —
上海：上海教育出版社，2022.3
ISBN 978-7-5720-1330-0

Ⅰ.①本… Ⅱ.①周… Ⅲ.①职业教育－学徒－教育
制度－研究－中国 Ⅳ.①G719.2

中国版本图书馆CIP数据核字(2022)第053829号

责任编辑　公雯雯
装帧设计　周　吉

本土化构建：现代学徒制太仓模式
周新源　著

出版发行	上海教育出版社有限公司
官　　网	www.seph.com.cn
地　　址	上海市闵行区号景路159弄C座
邮　　编	201101
印　　刷	昆山市亭林印刷有限责任公司
开　　本	787×1092　1/16　印张 15.25
字　　数	276 千字
版　　次	2022年6月第1版
印　　次	2022年6月第1次印刷
书　　号	ISBN 978-7-5720-1330-0/G·1041
定　　价	65.00 元

如发现质量问题，读者可向本社调换　电话：021-64373213